Guttentag'sche Sammlung
Nr. 97. Deutscher Reichsgesetze. Nr. 97.
Text-Ausgaben mit Anmerkungen.

Das

Schutzgebietsgesetz

nebst der Verordnung betr. die Rechtsverhältnisse in den Schutzgebieten und dem Gesetz über die Konsulargerichtsbarkeit in Anwendung auf die Schutzgebiete sowie den Ausführungsbestimmungen und ergänzenden Vorschriften.

Erläutert von

Johannes Gerstmeyer,
Wirkl. Legationsrat u. vortr. Rat im Reichs-Kolonialamt.

Berlin 1910.
J. Guttentag, Verlagsbuchhandlung,
G. m. b. H.

Vorwort.

Das Grundgesetz für die deutschen Kolonien ist das Schutzgebietsgesetz. Es bildet den Schlüssel zum Verständnis der zahlreichen übrigen für die Kolonien in Gesetzen und Verordnungen ergangenen Rechtsvorschriften. Wer sich über das Kolonialrecht unterrichten will, muß auf das Schutzgebietsgesetz zurückgehen. Die vorliegende, in erster Linie zum Handgebrauch für Richter, Verwaltungsbeamte und Anwälte bestimmte Ausgabe dieses Gesetzes bringt zunächst einen Abdruck des Textes, wie er auf Grund des Gesetzes vom 25. Juli 1900 durch die Bekanntmachung des Reichskanzlers vom 10. September 1900 festgestellt ist. Dann folgt ein knapp gefaßter Kommentar, der immerhin so eingehend gehalten ist, daß er für den Handgebrauch genügen dürfte. Namentlich ist überall auf die Ausführungsbestimmungen und das sonst zur Ergänzung des Schutzgebietsgesetzes in Betracht kommende Material an gesetzlichen Vorschriften, Verordnungen, Erlassen und internationalen

Vereinbarungen hingewiesen. Im Hauptteile des Buches sind sodann noch die Kaiserliche Verordnung, betreffend die Rechtsverhältnisse in den Schutzgebieten vom 9. November 1900, die erst die praktische Anwendung des Schutzgebietsgesetzes ermöglicht, sowie die in dem letzteren angezogenen Vorschriften des Gesetzes über die Konsulargerichtsbarkeit wiedergegeben und in der gleichen Weise wie das Schutzgebietsgesetz selbst erläutert. Als Anhang sind endlich die vom Reichskanzler zum Schutzgebietsgesetze und der Verordnung vom 9. November 1900 erlassenen Ausführungsbestimmungen sowie eine Reihe weiterer, das Schutzgebietsgesetz ergänzender oder für die Praxis besonders interessierender Vorschriften abgedruckt. Wo es für das Verständnis oder die Anwendung erforderlich erschien, sind diese ebenfalls mit Erläuterungen versehen.

In den Anmerkungen ist überall, soweit hierfür ein praktisches Bedürfnis sprach, auch auf die Literatur des Kolonialrechts hingewiesen und ebenso ist nach Möglichkeit die Rechtsprechung berücksichtigt worden. Der Verfasser war dabei auf Grund einer ihm von dem Herrn Staatssekretär des Reichs-Kolonialamts, Sr. Exzellenz Dernburg, erteilten Erlaubnis, für die er auch an dieser Stelle seinen Dank ausspricht, in der Lage, neben dem in Sammlungen veröffentlichten auch das in den Akten des Reichs-Kolonialamts enthaltene Material an Entscheidungen verwerten zu können.

Indem der Verfasser wünscht, daß das Buch seinen Zweck erfüllen und gleichzeitig mit dazu beitragen möge, das Interesse für das Kolonialrecht in weitere Kreise zu verbreiten, bemerkt er schließlich noch, daß ihm Mitteilungen über Mängel des Buches stets willkommen sein werden.

Berlin, im März 1910.

Johannes Gerstmeyer.

Inhaltsverzeichnis.

Anhang.

Abkürzungen und Literaturverzeichnis.

Die Anführungsweise folgt im allgemeinen den Vorschlägen des Deutschen Juristentages (Berlin 1905, J. Guttentag). Hervorzuheben sind folgende Abkürzungen:

A. A. = Anderer Ansicht.
AAKA. = Auswärtiges Amt, Kolonial-Abteilung.
AErl. = Allerhöchster Erlaß.
AG. = Ausführungsgesetz.
AG. BGB. = Preuß. Ausf. Ges. z. Bürgerl. Gesetzbuch (Pr. GS. 1899, 177).
Anh. = Anhang.
AusfBest. = Ausführungsbestimmungen.
Begr. = Begründung (in Nr. V = Begr. zum KGG. v. 7. April 1900, RT. 98/00, Drucks. Nr. 515, StenB. Anl. Bd. 175 S. 2812).
Bek. = Bekanntmachung.
Best. = Bestimmung.
BGB. = Bürgerliches Gesetzbuch.
BGBl. = Bundesgesetzblatt des Norddeutschen Bundes.
DKolZtg. = Deutsche Kolonialzeitung (Organ der deutschen Kolonialgesellschaft, Berlin).
DOA. = Deutsch-Ostafrika.
DNG. = Deutsch-Neu-Guinea.
DSWA. = Deutsch-Südwestafrika.
EG. = Einführungsgesetz.
FGG. = Gesetz über die Angelegenheiten der freiwilligen Gerichtsbarkeit (RGBl. 1898, 771; 1906, 387).

G. = Gesetz.
GebO. = Gebührenverordnung.
GenG. = G. betr. die Erwerbs- und Wirtschaftsgenossenschaften (RGBl. 1898, 810).
GKG. = Gerichtskostengesetz (RGBl. 1898, 659; 1909, 475).
GmbHG. = G. betr. die Gesellschaften mit beschränkter Haftung (RGBl. 1898, 846).
GS. = Preußische Gesetzsammlung.
GouvV. = Gouvernementsverordnung.
Gruch. = Gruchots Beiträge zur Erläuterung des deutschen Rechts.
GVG. = Gerichtsverfassungsgesetz (RGBl. 1898, 371; 1905, 533; 1909, 475).
HGB. = Handelsgesetzbuch (RGBl. 1897, 219; 1902, 218).
KBl. = Deutsches Kolonialblatt.
KG. = Kammergericht.
KGG. = Gesetz über die Konsulargerichtsbarkeit.
KO. = Konkursordnung (RGBl. 1898, 612).
KolGG. = Deutsche Kolonial-Gesetzgebung, begr. von Riebow, fortges. von Zimmermann, z. Z. herausgegeben v. Köbner und Gerstmeyer, Berlin (Mittler & Sohn).
KolRundsch. = Koloniale Rundschau, Berlin (Reimer).
Ksl. = Kaiserliche.
Mot. = Motive.
MStGB. = Militärstrafgesetzbuch.
Pr. = Preußisch.
Pr. OVG. = Entscheidungen des Preuß. Oberverwaltungsgerichts.
RA. = Rechtsanwalt.
RErl. = Runderlaß.
RGBl. = Reichs-Gesetzblatt.
RGStr(Z). = Entscheidungen des Reichsgerichts in Strafsachen (Zivilsachen).
RK. = Reichskanzler.
RKA. = Reichs-Kolonialamt.

RMA. = Reichs-Marineamt.
RT. = Reichstag.
RV. = Reichsverfassung.
RZBl. = Zentralbl. für das D. Reich.
SchGG. = Schutzgebietsgesetz.
SchtrO. = Schutztruppenordnung.
SeemO. = Seemannsordnung (RGBl. 1902, 175).
StempStG. = Stempelsteuergesetz (RGBl. 1909, 833).
StenB. = Stenographischer Bericht.
StGB. = Strafgesetzbuch.
StPO. = Strafprozeßordnung (RGBl. 1877, 253; 1898, 252; 1902, 227).
SUVG. = Seeunfallversicherungsgesetz (RGBl. 1900, 716).
U. = Urteil.
V. = Verordnung.
VBl. f. K. = Verordnungsblatt für Kiautschou.
Vf. = Verfügung.
WO. = Wechselordnung (RGBl. 1908, 326).
ZGebO. = Gebührenordnung für Zeugen u. Sachverständige (RGBl. 1898, 689).
ZKolPol. = Zeitschr. für Kolonialpolitik, Kolonialrecht und Kolonialwirtschaft, Berlin (Süsserott).
ZollTG. = Zolltarifgesetz (RGBl. 1902, 303).
ZPO. = Zivilprozeßordnung (RGBl. 1898, 410; 1905, 536; 1909, 475).
ZVG. = G. über die Zwangsversteigerung u. Zwangsverwaltung (RGBl. 1898, 713).

Gareis = Gareis, Deutsches Kolonialrecht, 2. Aufl. Gießen 1902.
Hoffmann = Edler v. Hoffmann, Deutsches Kolonialrecht Leipzig (Göschen) 1907.
Höpfner = W. Höpfner, Das Schutzgebietsgesetz, Berlin 1907.
Köbner = Otto Köbner, Deutsches Kolonialrecht, in v. Holtzendorff-Kohler, Enzyklopädie der Rechtswissenschaft, Leipzig u. Berlin 1904, Bd. 2 S. 1077f.

Laband = Laband, Das Staatsrecht des Deutschen Reichs, 4 Bde, Tübingen u. Leipzig 1901.
Planck = Planck, Bürgerl. Gesetzbuch und Einführungsgesetz, 6 Bde., 3. Aufl. Berlin 1903 usw.
Sassen = Sassen, Das Gesetzgebungs- und Verordnungsrecht in den deutschen Kolonien, Tübingen 1909.
Stengel = Karl Freiherr v. Stengel, Die Rechtsverhältnisse der deutschen Schutzgebiete, Tübingen u. Leipzig 1901.
Vorwerk = A. F. Vorwerk, Das Reichsgesetz über die Konsulargerichtsbarkeit, 2. Ausg. Berlin 1908.

Aus der Literatur über Kolonialrecht, Kolonialpolitik und Kolonialverwaltung mögen ferner noch erwähnt werden:

Bendix, Kolonialjuristische und -politische Studien, Berlin 1903.
Edler v. Hoffmann, Das deutsche Kolonialgewerberecht, Berlin 1906.
Derselbe, Verwaltungs- und Gerichtsverfassung der deutschen Schutzgebiete, Leipzig 1908.
Fitzner, Deutsches Kolonial-Handbuch, 9. Ausg. 1909.
Fleischmann, Auslieferung und Nacheile nach deutschem Kolonialrecht, Berlin 1906.
Florack, Die Schutzgebiete, ihre Organisation in Verfassung und Verwaltung, Tübingen 1905.
Hauschild, Die Staatsangehörigkeit in den Kolonien, Tübingen 1906.
Köbner, Die Organisation der Rechtspflege in den Kolonien, Berlin 1903.
Derselbe, Einführung in die Kolonialpolitik, Jena 1908.
Naendrup, Entwickelung und Ziele des Kolonialrechts, Münster 1907.
v. Poser und Groß-Naedlitz, Die rechtliche Stellung der deutschen Schutzgebiete, Breslau 1903.
Sabersky, Der koloniale Inlands- und Auslandsbegriff, Berlin 1907.

Schlimm, Das Grundstücksrecht in den deutschen Kolonien, Leipzig 1905.
Schnee, Unsere Kolonien, Leipzig 1908.
Seelbach, Grundzüge der Rechtspflege in den deutschen Kolonien, Bonn 1904.
Seitz, Grundsätze über Aufstellung und Bewirtschaftung des Etats der deutschen Schutzgebiete, Berlin 1905.
Frh. v. Stengel, Die deutschen Schutzgebiete (Abdr. aus den Ann. des Reichs), München u. Leipzig 1895.
Tesch, Die Laufbahn der deutschen Kolonialbeamten, Berlin 1908.
Zimmermann, Kolonialpolitik, Leipzig 1905.
Zorn, Deutsche Kolonialgesetzgebung, Berlin 1901.

Jahrbuch über die deutschen Kolonien, von Schneider, Essen (Bädeker), seit 1908 alljährlich.
Taschenbuch für Südwestafrika, von Schwabe, Kuhn, Fock, Berlin, seit 1908 alljährlich.
Desgl. für Deutsch-Ostafrika, von v. St. Paul Illaire, Kuhn, Schwabe, Berlin, seit 1910 alljährlich.

Berichtigungen.

Seite 16 Zeile 3 von unten muß es statt „eingegrenzt" heißen: „eingeschränkt."

Seite 96 Zeile 8 von oben lies statt „welcher": „welchen".

Seite 177 Zeile 4 von unten lies statt „notweneig": „notwendig".

Einleitung.

Das Recht der deutschen Kolonien ist zum erstenmal durch das Gesetz, betreffend die Rechtsverhältnisse der deutschen Schutzgebiete vom 17. April 1886 (RGBl. 75) geregelt worden. Das Gesetz, welches in seinen Grundzügen bis heute maßgebend geblieben ist, hat seine Gestalt durch den Reichstag erhalten. Der von der Regierung vorgelegte Entwurf (Drucks. Nr. 81 des RT., 6. LegPer., 2. Sess. 1885/86, StenB. Anl. Bd. 89 S. 441) wollte lediglich die Rechtspflege ordnen und beschränkte sich auf die Bestimmung, daß die Ausübung der Gerichtsbarkeit in den Schutzgebieten sowie die Mitwirkung der deutschen Behörden hierbei und die zur Anwendung kommenden Vorschriften des bürgerlichen Rechts und Strafrechts durch Kaiserliche Verordnung mit Zustimmung des Bundesrats zu regeln seien. Eine Beteiligung des Reichstages war nur insofern vorgesehen, als ihm die erlassenen Verordnungen sofort bzw. bei seinem nächsten Zusammentreten zur Kenntnisnahme vorgelegt werden sollten. Der Reichstag (vgl. insbesondere den Bericht der XIV. Kommission, Drucks. 85/86 Nr. 201, StenB. Anl. Bd. 90 S. 985) hielt indes eine umfassendere Ordnung der Rechtsverhältnisse der

Schutzgebiete für geboten. Er fügte in das Gesetz, dessen Titel entsprechend geändert wurde, eine mit dem § 1 des jetzigen Schutzgebietsgesetzes übereinstimmende Vorschrift ein, um die Machtbefugnisse des Kaisers mit Beziehung auf die Schutzgebiete klarzustellen. Aus Zweckmäßigkeitsgründen wurde es dabei für richtig erachtet, die Ausübung der Hoheitsrechte des Reichs einschl. der Gesetzgebungsgewalt grundsätzlich in die Hände des Kaisers zu legen. Gleichzeitig hielt man es aber für nötig, die Rechtspflege dem Verordnungsrecht des Kaisers zu entziehen und sie zu dem Zwecke in der Hauptsache schon im Gesetze selbst zu regeln. Es geschah dies, indem man im § 2 auf das bürgerliche Recht, das Strafrecht, gerichtliche Verfahren und im wesentlichen auch auf die Gerichtsverfassung das Gesetz über die Konsulargerichtsbarkeit vom 10. Juli 1879 (RGBl. 197) und im § 4 auf das Standesamtswesen das Gesetz betr. die Eheschließung und Beurkundung des Personenstandes im Auslande vom 4. Mai 1870 (BGBl. 599) für anwendbar erklärte. Dem Kaiser sollte jedoch nach §§ 3, 4 vorbehalten bleiben, in einzelnen näher aufgeführten Punkten den Verhältnissen in den Schutzgebieten durch abweichende Vorschriften Rechnung zu tragen. Auch wurde ihm überlassen, den Zeitpunkt des Inkrafttretens der §§ 2, 4 festzusetzen. Durch eine Novelle vom 7. Juli 1887 (RGBl. 307) wurde dann später das Verordnungsrecht des Kaisers noch dahin erweitert, daß ihm auch die Befugnis gewährt wurde, die Rechtsverhältnisse an unbeweglichen Sachen abweichend von den im Gesetz über die Konsulargerichtsbarkeit für maßgebend erklärten Vorschriften zu regeln, die sich vielfach für die Schutzgebiete als nicht passend erwiesen hatten. Das Gesetz über die Konsulargerichtsbarkeit ist — abgesehen von Deutsch-Neu-Guinea und den Marshallinseln, wo es durch die Verordnungen vom 5. Juni bzw. 13. September 1886 (RGBl. 187 und 291) schon am 1. September bzw. 1. Dezember 1886 in Kraft gesetzt wurde — erst, nachdem jene Änderung erfolgt war, in den einzelnen Schutzgebieten eingeführt worden, so in Deutsch-Südwestafrika am 1. Januar 1888 (V. v. 21. Dezember 1887, RGBl. 535), in Deutsch-Ostafrika am 1. Februar 1888 (V v. 18. November 1887, RGBl. 527), in Kamerun und Togo sogar erst am 1. Oktober 1888 (V. v. 2. Juli 1888, RGBl. 211).

Schon bald hatte es sich herausgestellt, daß auch mit dem Zusatz des Gesetzes vom 7. Juli 1887 der § 3 des Gesetzes vom 17. April 1886 die Grenzen des Kaiserlichen Verordnungsrechts zu eng gezogen hatte. Namentlich war ein Bedürfnis dafür hervorgetreten, das gerichtliche Verfahren zu vereinfachen und in leichteren Strafsachen von der Zuziehung von Beisitzern abgesehen, auf der anderen Seite aber den Schutzgebietsgerichten auch die Schwurgerichtssachen zu überweisen und ebenso die zweite Instanz in vollem Umfange in die Schutzgebiete selbst zu verlegen. Ferner ließen die gemachten Erfahrungen es wünschenswert erscheinen, gesetzlich die Möglichkeit zu eröffnen, an Beamte der Schutzgebiete gewisse konsularische Befugnisse zu übertragen sowie Ausländern nach Niederlassung in den Schutzgebieten die Reichsangehörigkeit und Eingeborenen das Recht zur Führung der Reichsflagge zu verleihen. Endlich war es noch als ein Mißstand empfunden worden, daß die Befugnis, Verordnungen polizeilicher Art unter Strafandrohungen zu erlassen, nur den mit der Gerichtsbarkeit bekleideten Beamten, dagegen nicht auch dem Reichskanzler und den die Landesverwaltung führenden Kolonialgesellschaften zustand. Ein von der Regierung vorgelegter Gesetzentwurf, der eine entsprechende Ergänzung des Gesetzes von 1886 vorsah (Drucks. Nr. 72 der RT., 7. LegPer. 2. Sess. 1887/88, StenB. Anl. Bd. 103 S. 389), fand mit einigen Änderungen die Genehmigung der gesetzgebenden Körperschaften, und der Reichstag (vgl. namentlich den Bericht der XII. Kommission, Drucks. 87/88 Nr. 146, StenB. Anl. Bd. 103 S. 645) fügte noch Bestimmungen über die Verhältnisse der Kolonialgesellschaften und die Verleihung der Rechtsfähigkeit an diese hinzu. Der Text des Gesetzes, betr. die Rechtsverhältnisse der Schutzgebiete wurde so, wie er sich nach dem neuen Gesetz (vom 15. März 1888, RGBl. 71) gestaltete, gemäß einer in dem letzteren erteilten Ermächtigung vom Reichskanzler am 19. März 1888 im Reichs-Gesetzblatt (S. 75) in zusammenhängender Fassung bekannt gegeben. In dieser Form ist das Gesetz bis Ende 1900 in Geltung geblieben, demnächst nur noch ergänzt durch eine Novelle vom 2. Juli 1899 (RGBl. 365), welche bezweckte, den Kolonialgesellschaften eine Betätigung auch in nicht unter deutscher Herrschaft stehenden Gebieten zu ermöglichen. (Vgl. Drucks. Nr. 371 des RT. 1898/1900 StenB. Anl. Bd. 174 S. 2397.)

Die umfassende Neugestaltung des Privatrechts durch das Bürgerliche Gesetzbuch und seine Nebengesetze zu Beginn des Jahres 1900 machte gleichzeitig auch eine Revision des Gesetzes über die Konsulargerichtsbarkeit vom 10. Juli 1879 notwendig (vgl. Drucks. Nr. 515 des RT., 10. LegPer., 1. Sess. 1898/1900, StenB. Anl. Bd. 175 S. 2812). Das letztere wurde durch das Gesetz vom 7. April 1900 (RGBl. 213) ersetzt, dessen Vorschriften nach § 79 auch für die Schutzgebiete an Stelle der dort eingeführten Vorschriften des älteren Gesetzes in Geltung traten. Um jene Vorschriften den Verhältnissen der Schutzgebiete anzupassen sowie auch aus redaktionellen Gründen entschloß man sich, das Gesetz über die Rechtsverhältnisse der Schutzgebiete ebenfalls in einzelnen Punkten umzugestalten. Der Regierungsvorlage (Drucks. Nr. 881 des RT., 10. LegPer. 1. Sess. 1898/1900, StenB. Anl. Bd. 178 S. 5639) stimmte der Reichstag mit der Maßgabe zu, daß noch ein die Religionsgesellschaften betreffender neuer Paragraph (der jetzige § 14) eingeschaltet wurde. Das so zustande gekommene Gesetz (vom 25. Juli 1900, RGBl. 809) ermächtigte gleichzeitig den Reichskanzler, den Text des Gesetzes über die Rechtsverhältnisse der Schutzgebiete, das jetzt die Überschrift „Schutzgebietsgesetz" erhielt, unter fortlaufender Reihenfolge der Paragraphenzahlen und Nummern sowie gleichzeitiger Berichtigung der Verweisungen auf inzwischen aufgehobene oder abgeänderte Gesetzesbestimmungen in neuer Redaktion im Reichs-Gesetzblatt bekanntzumachen. Diese Bekanntmachung ist am 10. September 1900 (RGBl. 812) erfolgt. Zur Ausführung des neuen Schutzgebietsgesetzes erging demnächst die Kaiserliche Verordnung vom 9. November 1900 (RGBl. 1005), welche den Inhalt der älteren, auf Grund der Gesetze von 1886, 1887 und 1888 für die einzelnen Schutzgebiete ergangenen Ausführungs-Verordnungen zusammenfaßte und gleichzeitig den im Gesetz vom 25. Juli 1900 noch offengelassenen Termin seines Inkrafttretens auf den 1. Januar 1901 festsetzte.

Abgesehen von einzelnen Änderungen, welche die Verordnung vom 9. November 1900 durch die Kaiserlichen Verordnungen, betreffend die Rechte an Grundstücken (vom 21. November 1902, RGBl. 283) und betreffend das Gericht zweiter Instanz für das Schutzgebiet Kiautschou (vom 28. September 1907, RGBl. 735) erfahren hat, sind das Schutzgebietsgesetz und jene Verordnung noch heute im vollen Umfang in Geltung. Ein größerer Eingriff in den durch sie geschaffenen Rechtszustand steht freilich bevor, da ein Gesetz in Aussicht genommen ist, durch das die Einführung der Revision gegen die zweitinstanzlichen Entscheidungen der Obergerichte an einen in Deutschland zu errichtenden obersten kolonialen Gerichtshof zugelassen werden soll. Voraussichtlich werden jedoch der Text des Schutzgebietsgesetzes und in der Hauptsache auch derjenige der Verordnung vom 9. November von der geplanten Reform unberührt bleiben.

Außer dem Schutzgebietsgesetz und den erwähnten Kaiserlichen Verordnungen kommen als Quellen des Kolonialrechts noch zahlreiche weitere Vorschriften in Betracht, die teils im Schutzgebietsgesetz und den darin angezogenen Vorschriften des Gesetzes über die Konsulargerichtsbarkeit ihre Grundlage finden und vom Kaiser (z. B. gemäß § 1 SchGG.) oder Reichskanzler oder von Beamten der Schutzgebiete (vgl. insbesondere §§ 8, 15 SchGG.) als Verordnungen, Verfügungen usw. erlassen sind, teils aber auch in Gesetzen, Verordnungen sowie internationalen Verträgen enthalten sind, die neben dem Schutzgebietsgesetz einhergehen. Die für die Praxis wichtigsten dieser in einer ganzen Reihe von Publikationsorganen (RGBl., D. Kolonialblatt, Verordnungsblatt für Kiautschou, den Amtsblättern der Schutzgebiete usw.) zerstreuten Vorschriften sind im Anhange des vorliegenden Buches abgedruckt. Allerdings konnte hier nur ein verschwindender Bruchteil des gesamten Materials berücksichtigt werden. Eine vollständige Sammlung findet sich in dem vom Gerichtsassessor Riebow begründeten, demnächst vom Legationsrat Dr. Zimmermann fortgesetzten und z. Zt. von dem Wirkl. Admiralitätsrat Prof. Dr. Köbner sowie dem Verfasser dieses Buches herausgegebenen Werke „Die Deutsche Kolonial-Gesetzgebung" (Berlin, Mittler & Sohn), von dem alljährlich Fortsetzungen erscheinen. Eine für den Handgebrauch bestimmte Sammlung enthält ferner das Buch von Zorn, Deutsche Kolonialgesetzgebung (Berlin, 1901, J. Guttentag), in welchem das im Reichsgesetzblatt und mit Auswahl auch das im Kolonialblatt bis zum Jahre 1901 veröffentlichte Material wiedergegeben ist.

I.

Gesetz, betreffend Aenderungen des Gesetzes über die Rechtsverhältnisse der deutschen Schutzgebiete (Reichs-Gesetzbl. 1888 S. 75, Reichs-Gesetzbl. 1899 S. 365).

Vom 25. Juli 1900. (RGBl. S. 809.)

Wir Wilhelm, von Gottes Gnaden Deutscher Kaiser, König von Preußen ꝛc. verordnen im Namen des Reichs, nach erfolgter Zustimmung des Bundesraths und des Reichstags, was folgt:

Art. 1. Das Gesetz, betreffend die Rechtsverhältnisse der deutschen Schutzgebiete (Reichs-Gesetzbl. 1888 S. 75, Reichs-Gesetzbl. 1899 S. 365), erhält die Ueberschrift „Schutzgebietsgesetz" und wird geändert, wie folgt:

. . . .

Art. 2. Der Reichskanzler wird ermächtigt, den Text des Schutzgebietsgesetzes, wie er sich aus den Aenderungen ergiebt, die im Artikel 1 sowie in dem Gesetze, betreffend Abänderung und Ergänzung des Gesetzes über die Rechtsverhältnisse der deutschen Schutzgebiete, vom 2. Juli 1899 (Reichs-Gesetzbl. S. 365) vorgesehen sind, unter fortlaufender Reihen=

folge der Paragraphenzahlen und Nummern durch das Reichs-Gesetzblatt bekannt zu machen.[1]) Hierbei sind die in dem bisherigen Gesetz enthaltenen Verweisungen auf die Vorschriften von Gesetzen, die durch neuere Gesetze aufgehoben oder geändert worden sind, durch Verweisungen auf die an die Stelle jener Vorschriften getretenen neuen Vorschriften zu ersetzen.

Soweit in Reichsgesetzen oder Landesgesetzen auf Vorschriften des Gesetzes, betreffend die Rechtsverhältnisse der deutschen Schutzgebiete, verwiesen ist, treten die entsprechenden Vorschriften des von dem Reichskanzler bekannt gemachten Textes an die Stelle.

[1]) Bek. v. 10. Sept. 1900 (unten II).

Art. 3. Die Vorschriften des Artikel 2 Abs. 1 treten mit dem Tage der Verkündung[1]) in Kraft.

Im Uebrigen tritt dieses Gesetz an einem durch Kaiserliche Verordnung festzusetzenden Tage[2]) in Kraft.

[1]) 13. Sept. 00.

[2]) 1. Jan. 01. § 1 V. v. 9. Nov. 00.

Urkundlich unter Unserer Höchsteigenhändigen Unterschrift und beigedrucktem Kaiserlichen Insiegel.

Gegeben Bergen, an Bord M. Y. Hohenzollern, den 25. Juli 1900.

Wilhelm.

Fürst zu Hohenlohe.

II.

Bekanntmachung wegen Redaktion des Schutzgebietsgesetzes.

Vom 10. September 1900. (RGBl. S. 812.)

Auf Grund des Artikel 2 des Gesetzes vom 25. Juli 1900 (Reichs-Gesetzbl. S. 809) wird der Text des Schutzgebietsgesetzes nachstehend bekannt gemacht.

Berlin, den 10. September 1900.

Der Reichskanzler.

Fürst zu Hohenlohe.

Schutzgebietsgesetz.

§ 1. Die Schutzgewalt in den deutschen Schutzgebieten übt der Kaiser im Namen des Reichs aus.

§ 2. Auf die Gerichtsverfassung in den Schutzgebieten finden die Vorschriften der §§ 5, 7 bis 15, 17, 18 des Gesetzes über die Konsulargerichtsbarkeit vom 7. April 1900 (Reichs-Gesetzbl. S. 213) mit der Maßgabe entsprechende Anwendung, daß an die Stelle des Konsuls der von dem Reichskanzler zur Ausübung der Gerichtsbarkeit ermächtigte Beamte und an die Stelle des Konsulargerichts das in Gemäßheit der Vorschriften über das letztere zusammengesetzte Gericht des Schutzgebiets tritt.

§ 3. In den Schutzgebieten gelten die im § 19 des Gesetzes über die Konsulargerichtsbarkeit bezeichneten Vorschriften der Reichsgesetze und preußischen Gesetze. Die Vorschriften der §§ 20 bis 22, des § 23 Abs. 1 bis 3 und 5, der §§ 26, 29 bis 31, 33 bis 35, 37 bis 45, 47, 48, 52 bis 75 des Gesetzes über die Konsulargerichtsbarkeit finden entsprechende Anwendung.

§ 4. Die Eingeborenen unterliegen der im § 2 geregelten Gerichtsbarkeit und den im § 3 bezeichneten Vorschriften nur insoweit, als dies durch Kaiserliche Verordnung bestimmt wird. Den Eingeborenen können durch Kaiserliche Verordnung bestimmte andere Theile der Bevölkerung gleichgestellt werden.

§ 5. Die Militärgerichtsbarkeit wird durch dieses Gesetz nicht berührt.

§ 6. Durch Kaiserliche Verordnung kann:

1. in Vorschriften über Materien, welche nicht Gegenstand des Strafgesetzbuchs für das Deutsche Reich sind, Gefängniß bis zu einem Jahre, Haft, Geldstrafe und Einziehung einzelner Gegenstände angedroht werden;
2. vorgeschrieben werden, daß in Strafsachen
   a) die Mitwirkung einer Staatsanwaltschaft mit der Maßgabe eintritt, daß, soweit die

Staatsanwaltschaft zuständig ist, die Vorschriften der §§ 56, 65 und des § 71 Abs. 2 Satz 1 des Gesetzes über die Konsulargerichtsbarkeit außer Anwendung bleiben;

b) eine Voruntersuchung stattfindet, deren Regelung der Verordnung vorbehalten bleibt;

c) der § 9 Abs. 2 des Gesetzes über die Konsulargerichtsbarkeit keine Anwendung findet;

3. angeordnet werden, daß in Strafsachen, wenn der Beschluß über die Eröffnung des Hauptverfahrens eine Handlung zum Gegenstande hat, welche zur Zuständigkeit der Schöffengerichte oder zu den in den §§ 74, 75 des Gerichtsverfassungsgesetzes bezeichneten Vergehen gehört, in der Hauptverhandlung eine Zuziehung von Beisitzern nicht erforderlich ist;

4. die Gerichtsbarkeit in den zur Zuständigkeit der Schwurgerichte gehörenden Sachen den Gerichten der Schutzgebiete in der Weise übertragen werden, daß für diese Sachen, soweit nicht auf Grund der Nr. 2 etwas Anderes bestimmt wird, die Vorschriften Anwendung finden, welche für die im § 8 Abs. 2 des Gesetzes über die Konsulargerichtsbarkeit bezeichneten Strafsachen gelten;

5. an Stelle der Enthauptung eine andere, eine Schärfung nicht enthaltende Art der

Vollstreckung der Todesstrafe angeordnet werden;

6. die nach dem Gesetz über die Konsulargerichtsbarkeit begründete Zuständigkeit des Reichsgerichts einem Konsulargericht oder einem Gerichtshof in einem Schutzgebiet übertragen und über die Zusammensetzung des letzteren Gerichtshofs sowie über das Verfahren in Berufungs- und Beschwerdesachen, die vor einem dieser Gerichte zu verhandeln sind, mit der Maßgabe Anordnung getroffen werden, daß das Gericht aus einem Vorsitzenden und mindestens vier Beisitzern bestehen muß;
7. für die Zustellungen, die Zwangsvollstreckung und das Kostenwesen die Anwendung einfacherer Bestimmungen vorgeschrieben werden;
8. für die gerichtliche und notarielle Beurkundung von Rechtsgeschäften mit Ausschluß der Verfügungen von Todeswegen ein einfacheres Verfahren vorgeschrieben sowie die Zuständigkeit der Notare eingeschränkt werden;
9. die Verlängerung aller zur Geltendmachung von Rechten und zur Erfüllung von Pflichten gesetzlich festgestellten Fristen angeordnet werden.

§ 7. Auf die Eheschließung und die Beurkundung des Personenstandes in den Schutzgebieten finden die §§ 2 bis 9, 11, 12 und 14 des Gesetzes vom 4. Mai 1870 (Bundes-Gesetzbl. S. 599, Reichs-Gesetzbl. 1896 S. 614) entsprechende Anwendung. Die Ermächtigung zur Eheschließung und zur Beurkundung des Personenstandes wird durch den Reichskanzler ertheilt.

Die Form einer Ehe, die in einem Schutzgebiete geschlossen wird, bestimmt sich ausschließlich nach den Vorschriften des bezeichneten Gesetzes.

Die Eingeborenen unterliegen den Vorschriften der Abs. 1, 2 nur insoweit, als dies durch Kaiserliche Verordnung bestimmt wird. Den Eingeborenen können durch Kaiserliche Verordnung bestimmte andere Theile der Bevölkerung gleichgestellt werden.

§ 8. Die Befugnisse, welche den deutschen Konsuln im Auslande nach anderen als den beiden in den §§ 2 und 7 bezeichneten Gesetzen zustehen, können durch den Reichskanzler Beamten in den Schutzgebieten übertragen werden.

§ 9. Ausländern, welche in den Schutzgebieten sich niederlassen, sowie Eingeborenen kann durch Naturalisation die Reichsangehörigkeit von dem Reichskanzler verliehen werden. Der Reichskanzler ist ermächtigt, diese Befugniß einem anderen Kaiserlichen Beamten zu übertragen.

Auf die Naturalisation und das durch dieselbe begründete Verhältniß der Reichsangehörigkeit finden die Bestimmungen des Gesetzes über die Erwerbung und den Verlust der Bundes- und Staatsangehörigkeit vom 1. Juni 1870 (Bundes-Gesetzbl. S. 355, Reichs-Gesetzbl. 1896 S. 615) sowie Artikel 3 der Reichsverfassung und § 4 des Wahlgesetzes für den Deutschen

Reichstag vom 31. Mai 1869 (Bundes-Gesetzbl. S. 145) entsprechende Anwendung.

Im Sinne des § 21 des bezeichneten Gesetzes sowie bei Anwendung des Gesetzes wegen Beseitigung der Doppelbesteuerung vom 13. Mai 1870 (Bundes-Gesetzbl. S. 119) gelten die Schutzgebiete als Inland.

§ 10. Durch Kaiserliche Verordnung können Eingeborene der Schutzgebiete in Beziehung auf das Recht zur Führung der Reichsflagge (Gesetz, betreffend das Flaggenrecht der Kauffahrteischiffe, vom 22. Juni 1899, Reichs-Gesetzbl. S. 319) den Reichsangehörigen gleichgestellt werden.

Die Führung der Reichsflagge infolge der Verleihung dieses Rechtes hat nicht die Wirkung, daß das betreffende Schiff als deutsches Seefahrzeug im Sinne des § 1 Abs. 1 Nr. 1 und § 3 Abs. 1 des See-Unfallversicherungsgesetzes vom 30. Juni 1900 (Reichs-Gesetzbl. S. 716) gilt.

§ 11. Deutschen Kolonialgesellschaften, welche die Kolonisation der deutschen Schutzgebiete, insbesondere den Erwerb und die Verwerthung von Grundbesitz, den Betrieb von Land- oder Plantagenwirthschaft, den Betrieb von Bergbau, gewerblichen Unternehmungen und Handelsgeschäften in denselben zum ausschließlichen Gegenstand ihres Unternehmens und ihren Sitz entweder im Reichsgebiet oder in einem Schutzgebiet oder in einem Konsulargerichtsbezirke haben oder denen durch Kaiserliche Schutzbriefe die Ausübung von Hoheitsrechten in den deutschen Schutzgebieten übertragen ist, kann auf Grund eines vom Reichskanzler genehmigten Gesellschaftsvertrags (Statuts) durch Beschluß des Bundesraths die Fähigkeit beigelegt werden, unter ihrem Namen Rechte, insbesondere Eigenthum und andere dingliche Rechte an Grundstücken zu erwerben, Verbindlichkeiten einzugehen, vor Gericht zu klagen und verklagt zu werden. In solchem Falle haftet den Gläubigern für alle Verbindlichkeiten der Kolonialgesellschaft nur das Vermögen derselben.

Das Gleiche gilt für deutsche Gesellschaften, welche den Betrieb eines Unternehmens der im Abs. 1 bezeichneten Art in dem Hinterland eines deutschen Schutzgebiets oder in sonstigen dem Schutzgebiete benachbarten Bezirken zum Gegenstand und ihren Sitz entweder im Reichsgebiet oder in einem Schutzgebiet oder in einem Konsulargerichtsbezirke haben.

Der Beschluß des Bundesraths und im Auszuge der Gesellschaftsvertrag sind durch den Reichsanzeiger zu veröffentlichen.

§ 12. Der Gesellschaftsvertrag hat insbesondere Bestimmungen zu enthalten:

1. über den Erwerb und den Verlust der Mitgliedschaft;
2. über die Vertretung der Gesellschaft Dritten gegenüber;
3. über die Befugnisse der die Gesellschaft leitenden und der die Leitung beaufsichtigenden Organe derselben;

4. über die Rechte und Pflichten der einzelnen Mitglieder;
5. über die Jahresrechnung und Vertheilung des Gewinns;
6. über die Auflösung der Gesellschaft und die nach derselben eintretende Vermögensvertheilung.

§ 13. Die Gesellschaften, welche die im § 11 erwähnte Fähigkeit durch Beschluß des Bundesraths erhalten haben, unterstehen der Aufsicht des Reichskanzlers. Die einzelnen Befugnisse desselben sind in den Gesellschaftsvertrag aufzunehmen.

§ 14. Den Angehörigen der im Deutschen Reiche anerkannten Religionsgemeinschaften werden in den Schutzgebieten Gewissensfreiheit und religiöse Duldung gewährleistet. Die freie und öffentliche Ausübung dieser Kulte, das Recht der Erbauung gottesdienstlicher Gebäude und der Einrichtung von Missionen der bezeichneten Religionsgemeinschaften unterliegen keinerlei gesetzlicher Beschränkung noch Hinderung.

§ 15. Der Reichskanzler hat die zur Ausführung des Gesetzes erforderlichen Anordnungen zu erlassen.

Der Reichskanzler ist befugt, für die Schutzgebiete oder für einzelne Theile derselben polizeiliche und sonstige die Verwaltung betreffende Vorschriften zu erlassen und gegen die Nichtbefolgung derselben Gefängniß bis zu drei Monaten, Haft, Geldstrafe und Einziehung einzelner Gegenstände anzudrohen.

Die Ausübung der Befugniß zum Erlasse von Ausführungsbestimmungen (Abs. 1) und von Verordnungen der im Abs. 2 bezeichneten Art kann vom Reichskanzler der mit einem Kaiserlichen Schutzbriefe für das betreffende Schutzgebiet versehenen Kolonialgesellschaft sowie den Beamten des Schutzgebiets übertragen werden.

§ 16. Für Schutzgebiete, in denen das Gesetz über die Konsulargerichtsbarkeit vom 10. Juli 1879 (Reichs-Gesetzbl. S. 197) und das Gesetz, betreffend die Eheschließung und die Beurkundung des Personenstandes von Reichsangehörigen im Auslande, vom 4. Mai 1870 noch nicht in Kraft gesetzt sind, wird der Zeitpunkt, in welchem die §§ 2 bis 7 dieses Gesetzes in Kraft treten, durch Kaiserliche Verordnung bestimmt.

III.

Schutzgebietsgesetz

in der Fassung der Bekanntmachung vom 10. September 1900.

(RGBl. 1900 S. 813.)

---

§ 1. Die Schutzgewalt [1]) in den deutschen Schutzgebieten [2]) [3]) [4]) übt der Kaiser im Namen des Reichs aus. [5]) [6]) [7])

[1]) Die deutschen Schutzgebiete sind ungeachtet ihrer gesetzlichen Bezeichnung Kolonien im eigentlichen Sinne (Nebenländer, Pertinenzien des Reichs), nicht etwa Protektorate im völkerrechtlichen Sinne. Das Reich hat durch völkerrechtlich maßgebende Rechtstitel (Okkupation und Verträge) die volle Souveränität über sie erworben. Die Schutzgewalt umfaßt dementsprechend alle in der Staatsgewalt liegenden Hoheitsrechte (Laband 2, 273; Stengel 32; Köbner 1082f.). Dies alles gilt auch für Kiautschou, obwohl es dem Reiche von China durch den Vertrag v. 6. März 98 (KolGG. 4, 163) nur „pachtweise, vorläufig auf 99 Jahre" überlassen ist (Stengel 23; Köbner 1087).

Die Abmachungen in den dem Erwerbe der älteren Kolonien vorausgegangenen sog. Schutzverträgen, nach welchen den Häuptlingen einzelne Hoheitsrechte über die einheimische Bevölkerung belassen wurden, sind inzwischen größtenteils, wie z. B. in Kamerun infolge Zeitablaufs, bedeutungslos oder, wie z. B. in DSüdwestafrika durch den Aufstand 1904/07, hinfällig geworden. Nur den Kapitänen der Berſebaleute und Baſtards in DSüdweſtafrika ſteht vertragsmäßig noch die Gerichtsbarkeit über die Stammesangehörigen zu. Die Souveränität des Reiches iſt im übrigen durch jene Abmachungen nicht berührt worden. Dieſe hatten, da die betreffenden farbigen Stämme nicht als Glieder der völkerrechtlichen Gemeinſchaft anerkannt waren, nicht die Bedeutung völkerrechtlicher Verträge. Das Reich hat vielmehr die betreffenden Gebiete durch Okkupation erworben und hierdurch die Souveränität über ſie erlangt (vgl. Laband 2, 260 f., 275 und Köbner 1082).

[2]) Die einzelnen Schutzgebiete ſind: A. Unter der Verwaltung des Reichs-Kolonialamts: a) Deutſch-Oſtafrika (Verträge des Reichs mit der Deutſch-Oſtafrikaniſchen Geſellſchaft v. 20. Nov. 90, 5. Febr. 94, 10. April 00, 15. Nov. 02; KolGG. 1, 382 bzw. 6 S. 70, 243, 547); b) Deutſch-Südweſtafrika; c) Kamerun; d) Togo; e) Deutſch-Neuguinea (Kſl. V. v. 27. März 99, KBl. 227, KolGG. 4, 50) mit dem Inſelgebiet der Karolinen, Palau, Marianen (Vertrag mit Spanien v. 30. Juni 99, KBl. 469, Kol.-GG. 4, 76; Allerh. Erl. v. 18. Juli 99, RGBl. 541) und der Marſhall-Inſeln (die durch Kſl. V. v. 18. Jan. 06, RGBl. 138 mit dem Inſelgebiet der Karolinen uſw. vereinigt ſind, welches ſeinerſeits einen Teil von Deutſch-Neuguinea bildet, Kſl. V. v. 18. Juli 99, KBl. 00, 93, KolGG. 4, 80; Bf. d. RK. v. 27. Febr. 07, KolGG. 120); f) Samoa (Allerh. Erl. v. 17. Febr. 00, RGBl. 135). B. Unter der Verwaltung des Reichs-Marineamts: g) Kiautſchou (Vertrag mit China v. 6. März 98, KolGG. 4, 163; Allerh. Erl. v. 27. April 98, RGBl. 171, KolGG. 4, 165).

Wegen der noch nicht erwähnten, für die einzelnen Schutzgebiete in Betracht kommenden Verträge, Schutzbriefe uſw. ſ. Laband 2, 260 f., Stengel 10 f., Gareis 5. Wichtige völkerrechtliche Verträge, welche für mehrere

Schutzgebiete von Bedeutung sind, sind u. a. die Kongoakte v. 26. Febr. 85 (RGBl. 215); die Generalakte der Brüsseler Antisklavereikonferenz nebst Deklaration v. 2. Juli 90 (RGBl. 92, 605), die Brüsseler Konventionen v. 8. Juni 99 (KBl. 00 S. 531, 739, KolGG. 5, 1) u. 3. Nov. 06 (RGBl. 08, 5, KBl. 08, 105, KolGG. 07, 40) betr. die Spirituosenzölle in bestimmten Gebieten Afrikas, sowie das Brüsseler Protokoll v. 22. Juli 08 (KBl. 991, KolGG. 430) betr. Verbot der Einfuhr von Feuerwaffen, Munition und Schießpulver in Westafrika; die Erklärungen, betr. die Abgrenzung der deutschen und englischen Machtsphären und betr. die gegenseitige Handels- und Verkehrsfreiheit in den deutschen und englischen Besitzungen im Westlichen Stillen Ozean, v. 6. u. 10. April 86 (KolGG. 1, S. 83, 86); das Abkommen zwischen Deutschland und England v. 1. Juli 90 (KolGG. 1, 92); das deutsch-englische Abkommen, betr. Samoa und Togo v. 14. Nov. 99 (KBl. 803, KolGG. 4, 129).

[3]) Die Schutzgebiete besitzen völkerrechtlich keine selbständige Persönlichkeit. Sie werden nach außen hin durch das Reich und dessen Organe mit vertreten (Laband 2, 282; Stengel 34; Köbner 1090). Indes bilden sie völkerrechtlich mit dem Reiche keine Einheit. Völkerrechtliche Verträge gelten für sie nur insoweit, als ein dahingehender Wille der Vertragsstaaten zum Ausdruck gekommen ist, also z. B. im allgemeinen nicht die Auslieferungsverträge. (Doch sind für die Schutzgebiete vom Reiche eine Reihe besonderer Auslieferungsverträge abgeschlossen, so mit dem Kongostaat am 25. Juli 90, RGBl. 91, 91; mit Großbritannien am 5. Mai 94, RGBl. 535; mit den Niederlanden am 21. Sept. 97, RGBl. 747.) Ebenso sind die Schutzgebiete nicht Bestandteile des Reichsgebiets, welches durch Art. 1 RV. und die ergänzenden Gesetze (9. Juni 71 für Elsaß-Lothringen, 15. Dez. 90 für Helgoland) fest umgrenzt ist (so daß z. B. § 81 Nr. 3 StGB. auf die Schutzgebiete nicht bezogen werden kann). Laband 2, 278. Köbner 1090. (Daher können die

Schutzgebiete auch nicht mit Stengel 32 als „überseeische Provinzen" des Reichs bezeichnet werden.) Dementsprechend erlangen Reichsgesetze in den Schutzgebieten nur insoweit Geltung, als sie ausdrücklich für die Schutzgebiete erlassen sind oder ihre Geltung dort aus dem SchGG. (§ 3 in Verbindung mit § 19 KGG.) folgt oder Kaiserliche, auf Grund des SchGG. (vgl. §§ 1, 6 Nr. 2 u. 6, sowie Anm. 5, 6 zu § 1) ergangene Verordnungen sie inhaltlich in den Schutzgebieten für anwendbar erklären. Stengel 137. — Wegen der Frage, ob die Schutzgebiete als Inland oder Ausland zu betrachten sind, s. Anm. 10 zu SchGG. § 9 u. Anm. 1 zu KGG. § 26, ferner wegen der vermögensrechtlichen Persönlichkeit Anm. 1 zu § 5 G. v. 30. März 92 (Anh. 21).

[4]) Da nach völkerrechtlichen Grundsätzen zum originären Erwerb von Kolonien Besitzergreifung erforderlich ist, so hatten große Teile derjenigen Gebiete, innerhalb deren Deutschland durch völkerrechtliche Verträge Herrschaftsrechte zugestanden waren, ursprünglich nur den Charakter sog. Interessensphären (vgl. Stengel 4, Köbner 1085). Für die afrikanischen Interessensphären bestimmte eine Ksl. V. v. 2. Mai 94 (RGBl. 461): „Der Reichskanzler wird ermächtigt, für diejenigen innerhalb einer deutschen Interessensphäre in Afrika gelegenen, zu dem Schutzgebiete bisher nicht gehörenden Gebietstheile, hinsichtlich deren der fortschreitende Einfluß der deutschen Verwaltung die Vereinigung mit dem Schutzgebiete angezeigt erscheinen läßt, die hierzu erforderlichen Anordnungen in Betreff der Organisation der Verwaltung und Rechtspflege nach Maßgabe der für das Schutzgebiet geltenden Vorschriften zu treffen." Inzwischen ist die Besitzergreifung der deutschen Gebiete sowohl in Afrika als auch in der Südsee durch allmähliche Ausdehnung des Machtbereichs der Verwaltung überall soweit fortgeschritten, daß gegenwärtig von dem Vorhandensein von Interessensphären innerhalb der vertragsmäßigen Grenzen der deutschen Schutzgebiete nicht mehr wird ge-

sprochen werden können. (Die Zone von 50 km im Umkreise der Kiautschou-Bucht, in welcher der deutschen Regierung durch Art. I des Vertr. mit China v. 6. März 98 gewisse Rechte eingeräumt sind, ist nicht zu den „Interessensphären“ zu rechnen. Köbner 1087.) Mit der Angliederung der Interessensphären an die Schutzgebiete haben dort auch die für die letzteren erlassenen Gesetze und Verordnungen ohne weiteres Geltung erlangt, soweit sich nicht aus diesen selbst ein anderes ergibt (vgl. Stengel 56, Sassen, Gesetzgeb.- u. V.-R. in den Kol., Tüb. 09 S. 63).

[5]) Wie hierdurch gesetzlich klargestellt ist, steht die Schutzgewalt dem Reiche zu (so daß Träger der Schutzgewalt die verbündeten Regierungen als Träger der Souveränität im Reiche sind). Sie ist aber (aus Zweckmäßigkeitsgründen) dem Kaiser zur Ausübung übertragen. Der Kaiser ist demnach in den Schutzgebieten nicht auf die ihm durch die RV. gewährten Befugnisse beschränkt, sondern er übt dort grundsätzlich sämtliche staatlichen Hoheitsrechte aus, und zwar einschließlich desjenigen der Gesetzgebung (U. d. Obergerichts Windhuk v. 10. Febr. 09, U. 80/08). Indes sind seiner Machtvollkommenheit gewisse Schranken gezogen. Zunächst sind eine Reihe von Rechtsgebieten auch für die Schutzgebiete schon reichsgesetzlich geregelt, so namentlich durch das Schutzgebietsgesetz selbst (§§ 2, 3) die Gerichtsverfassung, das bürgerliche Recht, Strafrecht und gerichtliche Verfahren für Weiße (so daß der Kaiser im wesentlichen nur für das Eingeborenenrecht und das Verwaltungsrecht freie Hand hat). Sodann ist durch das G. v. 30. März 92 (Anh. 21) vorgeschrieben, daß die Feststellung der Etats der Schutzgebiete sowie die Aufnahme von Anleihen und Übernahme von Garantien für deren Bedürfnisse durch Gesetz erfolgen muß. Dadurch ist gleichzeitig das freie Bestimmungsrecht des Kaisers weiter noch insofern wesentlich eingegrenzt, als er bei Maßnahmen, mit denen Ausgaben verbunden sind, sich innerhalb der etatsrechtlichen Grenzen halten muß, und den gesetzgebenden

Körperschaften des Reichs ist auch ein Einfluß auf die laufende Verwaltung und die Behördenorganisation gesichert. Vgl. über alles Vorstehende Laband 2, 283, 293; Gareis 9; Stengel 38; Köbner 1100.

[6]) Dem Kaiser ist die Ausübung der Schutzgewalt lediglich durch gesetzliche Delegation, und zwar in seiner Eigenschaft als Kaiser, d. h. als Inhaber des Bundespräsidiums im Reiche (Art. 11 RV.) übertragen. Er ist mithin auch bei Wahrnehmung seiner aus der Schutzgewalt folgenden Befugnisse an die Bestimmungen der Reichsverfassung gebunden. Da er nach dieser (Art. 5) förmliche Gesetze nicht erlassen kann, so kann er sein Gesetzgebungsrecht für die Schutzgebiete nur auf dem Verordnungswege ausüben. Die erlassenen Verordnungen bedürfen ebenso wie alle seine sonstigen in der Schutzgewalt fußenden Anordnungen und Verfügungen (einschl. der auf gesetzlichen Sonderermächtigungen, z. B. §§ 4, 6 SchGG. u. §§ 20, 21 KGG., beruhenden Verordnungen) gemäß Art. 17 RV. der Gegenzeichnung des Reichskanzlers (so ebenfalls Laband 2, 283; Köbner 1101). Die gesetzgebenden Körperschaften haben ferner durch die in § 1 SchGG. ausgesprochene Delegation ihrerseits auf das Gesetzgebungsrecht mit Beziehung auf die Schutzgebiete nicht völlig verzichtet, so daß sie jederzeit in der Lage sind, noch weitere Verhältnisse gesetzlich zu regeln und dadurch das Verordnungsrecht des Kaisers noch mehr einzuengen, als dies durch das SchGG. usw. geschehen ist. Die ergangenen gesetzlichen Vorschriften können nach allgemeinen Rechtsgrundsätzen auch nur im Wege der Reichsgesetzgebung, nicht durch Kaiserliche Verordnungen abgeändert werden. Soweit reichsgesetzliche Regelung erfolgt, bestimmt sich die Mitwirkung des Kaisers nach Art. 16, 17 RV. A. A. Hoffmann 34, 36; Sassen 33f., 37f., welche aus dem Umstande, daß die Schutzgebiete nicht zum Reichsgebiet gehören und daher die Reichsverfassung in ihnen keine territoriale Geltung hat, folgern, diese sei überhaupt nicht für die koloniale Gesetzgebung maßgebend. Gewohnheits-

rechtlich habe sich zwar eine Mitwirkung des Reichstags und des Bundesrats bei der Gesetzgebung und die Notwendigkeit der Gegenzeichnung des Reichskanzlers herausgebildet. Der Kaiser sei aber gleichberechtigter Faktor bei der Gesetzgebung. Dem ist entgegenzuhalten, daß die Kolonialangelegenheiten an sich Reichsangelegenheiten sind, und in allen Reichsangelegenheiten können der Kaiser, der auch bei Ausübung der Schutzgewalt lediglich als Organ des Reiches handelt, sowie ebenfalls der Bundesrat und Reichstag nur nach Maßgabe der Reichsverfassung tätig werden. Ferner ist die Geltung der auf Grund der letzteren erlassenen Gesetze, wie Laband 2, 70 zutreffend ausführt, nicht etwa auf das Reichsgebiet beschränkt, sondern sie können auch darüber hinaus (sogar im Auslande) Wirksamkeit äußern. (Vgl. Art. 4 Nr. 1, 7 RV. Nr. 1 erwähnt übrigens auch ausdrücklich die „Kolonisation". Dabei hatte man zunächst die Errichtung von Flottenstationen im Auge. Es war aber nach einer Erklärung des Bundeskommissars v. Savigny im konstituierenden RT. 1867, StenB. 1, 271, auch an die Möglichkeit gedacht, daß das Reich sich überhaupt mit Kolonisationsfragen befassen könne.) Die Reichsverfassung gilt daher, wenn auch nicht in den Schutzgebieten, so doch für die Schutzgebiete. (Mit dieser Auffassung befindet sich auch die Praxis im Einklang. Die auf die Schutzgebiete bezüglichen Gesetzentwürfe werden dem Bundesrat und Reichstag zur „verfassungsmäßigen" Beschlußnahme vorgelegt und demnächst dem Kaiser „zur Vollziehung" überreicht.) Die für die Schutzgebiete ergehenden Reichsgesetze sind dem Vorstehenden entsprechend im Reichsgesetzblatt zu verkünden (gemäß Art. 2 RV.), desgl. die Kaiserl. Verordnungen (gemäß § 1 V. v. 26. Juli 67, BGBl. 24). A. A. Meyer, Staatsr. Stellung der Schutzgebiete 1888 S. 193, Stengel 53, Sassen 54, welche annehmen, daß der Kaiser bezüglich der Verkündung der V. freie Hand hat. Auch die Praxis ist nicht immer gleichmäßig verfahren. Doch ist in den letzten Jahren die Verkündung der V. im

RGBl. Regel gewesen. (Laband 2, 99, 283 stimmt im Ergebnis überein, will aber auch auf die Ksl. Verordnungen Art. 2 RV. anwenden. Vgl. demgegenüber RGZ. 40, 76; 48, 84.)

[7]) Da der Kaiser die Schutzgewalt namens des Reichs als dessen Organ ausübt, so erstreckt sich die verfassungsmäßige Zuständigkeit des Reichskanzlers als des höchsten Beamten und verantwortlichen Ministers des Reichs auch auf die Verwaltung der Schutzgebiete. Laband 2, 284. (Stengel 65, Sassen 56, Gareis 10 bezeichnen ihn nicht ganz zutreffend als den verantwortlichen „Kolonialminister". Sassen u. ebenso Hoffmann 38 wollen ihm diese Stellung auch nur auf Grund eines Gewohnheitsrechts zuweisen. Vgl. hierzu Anm. 6.) Ihm stehen als Zentralbehörden (mit der Eigenschaft oberster Reichsbehörden im Sinne des Reichsbeamtengesetzes, Ksl. V. v. 27. Dez. 99 u. 24. April 08, RGBl. 730 u. 159) für die afr. u. Südsee-Schutzgebiete das Reichs-Kolonialamt (Allerh. Erl. v. 17. Mai 07, Anh. 20a; vgl. auch wegen der Aufhebung des Kolonialrats und der Bildung von Kommissionen beim RKA. den Allerh. Erl. v. 17. Febr. 08, Anh. 20c), für Kiautschou das Reichs-Marine-Amt (Allerh. Order v. 27. Jan. 98, Anh. 33) zur Seite. Unter ihm stehen als oberste Beamte der einzelnen Schutzgebiete die Gouverneure. (Siehe für Kiautschou die AO. v. 1. März 98, Anh. 33, Anm. Für die afrikanischen und Südsee-Schutzgebiete fehlt es, soweit die Zivilverwaltung in Betracht kommt, an einer entsprechenden Bestimmung. Die Stellung der Gouverneure im Behördenorganismus beruht hier, soweit nicht Spezialbestimmungen Platz greifen, auf Gewohnheitsrecht, welches z. T. an die den früheren Ksl. Kommissaren erteilten Instruktionen anknüpft.) Sie bilden, etwa wie die heimischen Provinzialbehörden, eine Mittelinstanz zwischen den Zentralbehörden und den Lokalbehörden. Danach bestimmen sich insbesondere auch ihre Befugnisse auf dem Gebiete der laufenden Verwaltung, soweit diese

nicht im Verordnungswege geregelt sind. (Vertreter des Kaisers in dem Sinne, daß sie auch ohne besondere Delegation alle dem Kaiser kraft der Schutzgewalt zustehenden Hoheitsrechte ausüben könnten, sind die Gouverneure nicht.) Wegen der militärischen Zuständigkeit der Gouverneure von DOstafrika, DSüdwestafrika und Kamerun s. § 2 der SchtrO. (KolGG. 08, 309 u. Anm. zu § 1 SchtrG., Anh. 26). In betreff der Rangverhältnisse der Gouverneure s. den Allerh. Erl. v. 7. Juni 09 (Anh. 27 c). Den Gouverneuren der afrikanischen und Südsee-Schutzgebiete stehen als beratende Körperschaften die aus Beamten und vom Gouverneur berufenen weißen Einwohnern zusammengesetzten Gouvernementsräte (Vf. d. RK. v. 24. Dez. 03, Anh. 23) zur Seite (mit Ausnahme von Deutsch-Südwestafrika, wo an die Stelle des Gouvernementsrats ein z. T. aus gewählten Mitgliedern bestehender Landesrat getreten ist, Vf. d. RK., betr. die Selbstverwaltung in DSWA. v. 28. Jan. 09, KBl. 141 u. AusfV. d. Gouv. v. 10. Nov. 09, KBl. 10, 45). Eine ähnliche Einrichtung findet sich auch in Kiautschou, wo jedoch die nicht beamteten Mitglieder des Gouvernementsrats von der Bürgerschaft gewählt werden (V. d. Gouv. v. 14. März 07, VBl. f. K. 16, KolGG. 440). Als Lokalbehörden unter den Gouverneuren bestehen die Bezirksämter (z. T. mit Nebenstellen), Distriktsämter, Stationen und (in den Gebieten der afrikanischen Schutzgebiete, wo die Verwaltung sich gegenüber den Eingeborenen einstweilen auf die Überwachung und Beeinflussung der Sultane oder Häuptlinge beschränkt) die Residenturen. Auch die Zuständigkeitsverhältnisse der Lokalbehörden bestimmen sich mangels eines umfassenden Organisationsgesetzes z. T. lediglich nach Gewohnheitsrecht. (Eine durchgreifende gesetzliche Regelung haben nur die Zwangs- und Strafbefugnisse der Verwaltungsbehörden in den Schutzgebieten Afrikas und der Südsee durch die Ksl. V. v. 15. Juli 05, Anh. 25, erfahren.) — Die Rechtsverhältnisse der Beamten der Schutzgebiete einschl. der Gouverneure sind geregelt durch die Ksl. V. v. 9. Aug. 96 u. 23. Mai 01 (Anh. 27a, b). — Dienstflagge im Bereich des RKolA. s. Ksl. V. v. 9. Okt. 07 (RGBl. 753), des RMarA. Ksl. V. v. 8. Nov. 92 (RGBl. 1050).

Dem Reichskanzler ist auf dem Gebiete der Polizei und sonstigen Verwaltung (SchGG. § 15) und für die afrikanischen und Südsee-Schutzgebiete auch bezüglich der Behördenorganisation und Eingeborenenrechtspflege (Ksl. V. v. 3. Juni 08, Anh. 11) ein weitgehendes Verordnungsrecht eingeräumt. Ein entsprechendes Verordnungsrecht ist z. T. auch den Gouverneuren und anderen Beamten der Schutzgebiete übertragen. Vgl. hierüber Anm. 7 zu § 15 SchGG. u. Anm. 1 zu § 2 V. v. 3. Juni 08 (Anh. 11).

Zur Aufrechterhaltung der öffentlichen Ordnung und Sicherheit sind in den drei großen afrikanischen Schutzgebieten besondere Kolonialtruppen (Schutztruppen) gebildet. (G. v. 7. Juli 96, Anh. 26. Vgl. auch § 5 SchGG.) In Ausführung des G. v. 7. Juli 96 ist vom Reichskanzler die Schutztruppenordnung (KolGG. 08, 309) erlassen. Die Schutztruppen sind dem Reichskanzler und mit gewissen Maßgaben auch den Gouverneuren unterstellt (§ 2 SchtrO.). Höchste militärische Vorgesetzte in den einzelnen Schutzgebieten sind die Kommandeure. Für Togo ist zwar gesetzlich eine Schutztruppe vorgesehen; es hat sich aber bisher eine Polizeitruppe als ausreichend erwiesen, die nach militärischem Muster von Offizieren ausgebildet wird und deren einzelne Abteilungen den lokalen Verwaltungsbehörden unterstellt sind. Derartige Polizeitruppen bestehen außerdem auch in den übrigen afrikanischen Schutzgebieten noch neben der Schutztruppe, und zwar in Deutsch-Südwestafrika unter dem Namen „Landespolizei" mit eigenartiger Organisation auf Grund der Ksl. V. v. 4. Okt. 07 (RGBl. 736). In DNGuinea finden sich lediglich einzelne den lokalen Verwaltungsbehörden angegliederte Abteilungen von Polizeisoldaten, für die allerdings ebenfalls der Name „Polizeitruppe" gebraucht wird. In Samoa stellt die „Fitafita“ eine der Polizeitruppe ähnliche Einrichtung dar. (Mit Ausnahme derjenigen von Deutsch-Südwestafrika sind in den Schutz- und Polizeitruppen nur die Chargen mit Europäern besetzt. Die Gemeinen, z. T. auch die Unteroffiziere, sind Farbige.) — Die militärische Besatzung von Kiautschou bildet einen Teil der aktiven Marine. Köbner 1108.

Wegen der Einrichtung von kommunalen Verbänden in den Schutzgebieten vgl. die Ksl. V. v. 3. Juli 99 (Anh. 22) sowie (für DSüdwestafrika) die V. d. RK. v. 28. Jan./14. Mai 09 (KBl. 141, 523). Wegen der Ausf.-Best. zu beiden V. s. die Anm. zur Ksl. V. v. 3. Juli 99.

§ 2. Auf die Gerichtsverfassung in den Schutzgebieten finden die Vorschriften der §§ 5, 7 bis 15, 17, 18 des Gesetzes über die Konsulargerichtsbarkeit vom 7. April 1900 (Reichs-Gesetzbl. S. 213)[1])[2]) mit der Maßgabe entsprechende Anwendung, daß an die Stelle des Konsuls der von dem Reichskanzler zur Ausübung der Gerichtsbarkeit ermächtigte[3]) Beamte und an die Stelle des Konsulargerichts das in Gemäßheit der Vorschriften über das letztere zusammengesetzte Gericht des Schutzgebiets tritt.[4])[5])

[1]) Das GVG. bleibt daher in den Schutzgebieten außer Anwendung, soweit seine Geltung nicht aus den angezogenen oder anderen gesetzlichen Vorschriften (z. B. § 3 SchGG. in Verbindung mit § 19 KolGG.) folgt. Demnach ist insbesondere auch der § 1 GVG. als solcher in den Schutzgebieten nicht eingeführt. Der Grundsatz der Unabhängigkeit der Rechtspflege gilt indes trotzdem auch für die letzteren, da er schon aus den gemäß § 3 SchGG. dort anwendbaren Bestimmungen der StPO. (vgl. § 260) und der ZPO. (vgl. §§ 286, 287) folgt. U. des Disziplinarhofes Leipzig v. 13. Jan. 09, F 6/07.

²) § 2 KGG. ist nicht mit erwähnt. Dadurch (vgl. auch den Wortlaut des § 3 SchGG. mit dem Eing. des § 19 KGG.) ist zum Ausdruck gebracht, daß die Kolonialgerichtsbarkeit einen territorialen Charakter hat. Ihr sind daher auch Ausländer unterworfen. Vgl. Stengel 138, Köbner 1088 u. RT. 10. LP. Sess. 98/00 Drucks. 881, StenB. Anl. (Bd. 178) S. 5640.

³) Die Ermächtigung, welche lediglich die Bedeutung einer Betrauung mit richterlichen Geschäften hat (vgl. § 6 KGG. u. RT. 6. LP. Sess. 85/86 Drucks. 201, StenB. Anl. Bd. 90 S. 992) ist von der Anstellung im beamtenrechtlichen Sinne (Art. 1, 4 Ksl. V. v. 9. Aug. 98, §§ 2, 4 RBG.) zu unterscheiden. Sie hat weder eine bestimmte Befähigung (juristische Vorbildung) noch die Bekleidung einer richterlichen Beamtenstelle zur Voraussetzung. Sie kann daher auch an Verwaltungsbeamte erteilt werden. Der Grundsatz der Trennung der Justiz von der Verwaltung ist in den Schutzgebieten gesetzlich nicht anerkannt, auch nicht in dem Sinne (vgl. § 4 EG. GVG.), daß es ausgeschlossen wäre, den Richtern in dieser ihrer Eigenschaft Verwaltungsgeschäfte zu übertragen.

⁴) Wegen der Gerichtsbarkeit II. Instanz s. § 6 Nr. 6 SchGG. Die Gerichtsbehörden I. Instanz führen die Bezeichnungen „Bezirksgerichte", in Kiautschou „Kaiserliches Gericht", die Gerichtsbehörden II. Instanz die Bezeichnung „Obergerichte". §§ 1 Vf. d. RK. v. 25. Dez. 00 (Anh. 1) u. (Kiautschou) 23. Okt. 07 (Anh. 29).

⁵) Die Gerichtssprache vor den Schutzgebietsgerichten ist die deutsche (GVG. §§ 186f., KGG. § 19, SchGG. § 3). Schriftliche prozessuale Erklärungen, die allein in fremder Sprache abgegeben sind, entbehren als Prozeßhandlungen der rechtlichen Wirksamkeit. RGZ. 31, 428 u. U. v. 30. April 00 in Gruch. 44, 1177 (betr. das Verfahren vor den Konsulargerichten). Vgl. indes wegen der Klageschriften ZPO. § 500.

§ 3. In den Schutzgebieten[1]) gelten die im § 19 des Gesetzes über die Konsulargerichtsbarkeit bezeichneten Vorschriften der Reichsgesetze und preußischen Gesetze.[2]) Die Vorschriften der §§ 20 bis 22, des § 23 Abs. 1 bis 3 und 5, der §§ 26, 29 bis 31, 33 bis 35, 37 bis 45, 47, 48, 52 bis 75 des Gesetzes über die Konsulargerichtsbarkeit finden entsprechende Anwendung.

[1]) Vgl. Anm. 2 zu § 2.

[2]) Diese Gesetze sind in den Schutzgebieten so anzuwenden, als ob sie statt für das Reich oder für Preußen für das betreffende Schutzgebiet erlassen wären. Dieser Gesichtspunkt wird regelmäßig dahin führen, daß, wo in einem unter § 19 KGG. fallenden Gesetz vom Reichsgebiet (oder Inland im Sinne der Beschränkung auf das Reichsgebiet, vgl. Anm. 1 zu KGG. § 26) die Rede ist, darunter das betreffende Schutzgebiet zu verstehen ist, demgegenüber dann das Reichsgebiet und die übrigen Schutzgebiete als Ausland zu behandeln sind (so z. B. im Sinne des § 119 StPO.) Entsprechendes gilt, wenn im Sinne eines preußischen Gesetzes (wie z. B. des Art. 7 AG. BGB.) zwar die Schutzgebiete nicht zum Ausland zu rechnen sind, aber dort zwischen Preußen und anderen Bundesstaaten unterschieden wird. (Daher ist in den Schutzgebieten Art. 7 § 1 Abs. 1 AG. BGB. nur auf solche juristische Personen zu beziehen, die in dem betreffenden Schutzgebiet ihren Sitz haben. Für juristische Personen, deren Sitz sich in Preußen oder einem anderen Bundesstaate oder Schutzgebiete befindet, kommt § 2 Abs. 1 a. a. O. zur Anwendung.)

Unter Umständen wird indes auch eine für das Reichsgebiet oder Preußen gegebene Gesetzesvorschrift, weil ausschließlich hierfür bestimmt, in den Schutzgebieten ganz außer Anwendung bleiben müssen (so z. B. § 81 Nr. 3 StGB.). Es ist deshalb jedesmal nach Inhalt und Zweck der betreffenden Gesetzesbestimmung zu prüfen, was als die Absicht des Gesetzgebers erachtet werden kann.

§ 4. Die Eingeborenen [1]) unterliegen der im § 2 geregelten Gerichtsbarkeit und den im § 3 bezeichneten Vorschriften nur insoweit, als dies durch Kaiserliche Verordnung bestimmt wird.[2]) Den Eingeborenen können durch Kaiserliche Verordnung bestimmte andere Theile der Bevölkerung gleichgestellt werden.[3]) [4]) [5])

[1]) Das Gesetz gibt keine Definition des Begriffs „Eingeborene". Es sind darunter die Angehörigen der im Schutzgebiet heimischen farbigen Stämme zu verstehen, einschließlich der Mischblutstämme, z. B. der Bastards in DSWA. (vgl. die jetzt obsolete Vf. des Ksl. Kommissars v. 1. Dez. 93, KBl. 94, 122).

[2]) Vgl. § 6 der Ksl. V. betr. die Rechte an Grundstücken v. 21. Nov. 02 (Anh. 5).

[3]) Siehe § 2 V. v. 9. Nov. 00. Mit den dort vorgesehenen Maßgaben nehmen nunmehr im allgemeinen sämtliche Angehörige farbiger Rassen die aus § 4 Satz 1 SchGG. folgende Rechtsstellung ein. Nicht zu den Eingeborenen und den ihnen gemäß § 2 V. v. 9. Nov. 00 gleichgestellten Bevölkerungselementen sind jedoch nach völkerrechtlichen Grundsätzen solche Farbige zu rechnen, welche (z. B. auf Grund einer Verleihung gemäß § 9 SchGG.) die Reichsangehörigkeit besitzen oder als Angehörige zivilisierter Staaten kraft völkerrechtlicher Verträge oder Herkommens den Reichsangehörigen gleichstehen. RT. 85/86, Drucks. Nr. 201, StenB. Anl. (Bd. 90) S. 993; Köbner 1099. Für die Rechtsstellung von Mischlingen, bezüglich deren das SchGG. Vorschriften nicht enthält, werden die Verhältnisse der Eltern entscheidend sein müssen. Sie werden daher als Eingeborene zu behandeln sein, sofern sie

nicht in einer dem Rechte des § 3 SchGG. unterworfenen Ehe oder unehelich von einer weißen Mutter geboren sind.

In der Praxis (auch in Verordnungen usw.) ist es üblich, alle Bevölkerungsteile, welche die Rechtsstellung der Eingeborenen einnehmen, unter diesem Begriff zusammenzufassen und ihnen die übrigen (Weiße, Japaner usw.) für welche §§ 2, 3 SchGG. gelten, als „Nichteingeborene" gegenüberzustellen. (In Samoa wird für die letzteren im Anschluß an die jetzt als obsolet zu betrachtende Bek. d. Gouv. v. 1. Juli 00, KBl. 704, KolGG. 5, 104, auch die nicht empfehlenswerte Bezeichnung „Fremde" gebraucht.)

[4]) Aus § 4 ist zu entnehmen, daß in Ermangelung von Vorschriften nach Satz 1 die deutschen Gesetze nicht nur für den Rechtsverkehr der Eingeborenen unter sich, sondern auch für ihre Rechtsbeziehungen zu Weißen (Gebiet des sog. gemischten Rechts) außer Anwendung bleiben müssen. Vgl. Vhdl. d. RT. v. 12. Juni 00 Sess. 99/00, StenB. (Bd. 171) S. 6006, 6007. Da das SchGG. für das Recht der Eingeborenen einschließlich des gemischten Rechts positive Vorschriften nicht enthält, so steht die Regelung dem Kaiser kraft seines Rechts zur Ausübung der Schutzgewalt (SchGG. § 1) zu. U. d. Obergerichts Windhuk v. 10. Febr. 09, U 80/08. Für die Fälle der sog. gemischten Gerichtsbarkeit, wo Weiße und Farbige in einer Rechtssache zugleich beteiligt sind, gilt der aus allgemeinrechtlichen Gesichtspunkten folgende Grundsatz, daß der Gerichtsstand des Beklagten bzw. Angeklagten entscheidet. Dieser bestimmt sich für Nichteingeborene nach § 2 SchGG. Falls daher ein Eingeborener einen Europäer im Klagewege in Anspruch nehmen will, muß er sich für den betreffenden Rechtsstreit trotz § 4 SchGG. den Vorschriften der §§ 2, 3 SchGG. unterwerfen. Mit der hieraus folgenden Maßgabe hat der Kaiser auch bezüglich der Regelung der gemischten Gerichtsbarkeit freie Hand.

[5]) Grundlegend für die Regelung der Eingeborenenrechtspflege (einschließlich des gemischten Rechts usw.) ist

jetzt in den afrikanischen und Südseeschutzgebieten die Ksl. V. v. 3. Juni 08 (Anh. 11). Für Kiautschou vgl. die (auf § 2 Ksl. V. v. 27. April 98, RGBl. 173 und die Vf. d. RK. v. 27. April 98, KolGG. 4, 167 u. Anh. 34 beruhende) GouvV., betreffend die Rechtsverhältnisse der Chinesen v. 15. April 99 (Anh. 31).

§ 5. Die Militärgerichtsbarkeit wird durch dieses Gesetz nicht berührt.[1])

[1]) Es gelten für die afrikanischen Schutzgebiete die V., betr. Einführung der deutschen Militärstrafgesetze dort v. 26. Juli 96 (RGBl. 669); der AllhErl., betr. die Disziplinarstrafordnung für die Schutztruppen v. 26. Juli 96 (KBl. 515, KolGG. 2, 262) mit den aus § 14 SchtrO. (KolGG. 08, 309) ersichtlichen Änderungen; die V., betr. das strafgerichtliche Verfahren gegen Militärpersonen der Schutztruppen v. 2. Nov. 09 (RGBl. 943, KBl. 1079, AusfBest. v. 6. Nov. 09 RGBl. 954, KBl. 1085); für Kiautschou (wo die in Betracht kommenden Militärpersonen Marineangehörige sind, so daß das MStGB. und die Disziplinarstrafordnung ohne weiteres Anwendung finden) das G., betr. die militärische Strafrechtspflege dort v. 25. Juni 00 (RGBl. 304) nebst G. über die Verlängerung der Gültigkeitsdauer dieses G. v. 21. Dez. 05 (RGBl. 793). Vgl. ferner in betreff der farbigen Angehörigen der Schutztruppen § 33 SchtrO. (KolGG. 08, 309), sowie für DOA. die Best. über das Strafverfahren v. 18. März 97 nebst RErl. des Gouv. v. 24. März 97 (DOA. LandesGG. 1, 391) und RErl v. 6. Aug. 04 (KolGG. 208); für Kamerun die Vorschr. d. RK., betr. strafrechtliche und Disziplinarverhältnisse v. 22. März 05 (KolGG. 85).

§ 6. Durch Kaiserliche Verordnung[1]) kann:

1. in Vorschriften über Materien, welche nicht Gegenstand des Strafgesetzbuchs für das Deutsche

Reich sind,[2]) Gefängniß bis zu einem Jahre, Haft, Geldstrafe und Einziehung einzelner Gegenstände angedroht werden;[3])

2. vorgeschrieben werden, daß in Strafsachen
   a) die Mitwirkung einer Staatsanwaltschaft mit der Maßgabe eintritt, daß, soweit die Staatsanwaltschaft zuständig ist, die Vorschriften der §§ 56, 65 und des § 71 Abs. 2 Satz 1 des Gesetzes über die Konsulargerichtsbarkeit außer Anwendung bleiben,
   b) eine Voruntersuchung stattfindet,[4]) deren Regelung der Verordnung vorbehalten bleibt,
   c) der § 9 Abs. 2 des Gesetzes über die Konsulargerichtsbarkeit keine Anwendung findet;[4])
3. angeordnet werden, daß in Strafsachen, wenn der Beschluß über die Eröffnung des Hauptverfahrens eine Handlung zum Gegenstande hat, welche zur Zuständigkeit der Schöffengerichte oder zu den in den §§ 74, 75 des Gerichtsverfassungsgesetzes bezeichneten Vergehen gehört, in der Hauptverhandlung eine Zuziehung von Beisitzern nicht erforderlich ist;
4. die Gerichtsbarkeit in den zur Zuständigkeit der Schwurgerichte gehörenden Sachen den Gerichten der Schutzgebiete in der Weise übertragen werden, daß für diese Sachen, soweit nicht auf Grund der Nr. 2 etwas Anderes bestimmt wird, die Vorschriften Anwendung finden, welche für die im § 8 Abs. 2 des Ge-

setzes über die Konsulargerichtsbarkeit bezeichneten Strafsachen gelten;

5. an Stelle der Enthauptung eine andere, eine Schärfung nicht enthaltende Art der Vollstreckung der Todesstrafe angeordnet werden;

6. die nach dem Gesetz über die Konsulargerichtsbarkeit begründete Zuständigkeit des Reichsgerichts einem Konsulargericht oder einem Gerichtshof in einem Schutzgebiet übertragen und über die Zusammensetzung des letzteren Gerichtshofs sowie über das Verfahren in Berufungs und Beschwerdesachen, die vor einem dieser Gerichte zu verhandeln sind, mit der Maßgabe Anordnung getroffen werden, daß das Gericht aus einem Vorsitzenden und mindestens vier Beisitzern bestehen muß;

7. für die Zustellungen, die Zwangsvollstreckung und das Kostenwesen die Anwendung einfacherer Bestimmungen vorgeschrieben werden;

8. für die gerichtliche und notarielle Beurkundung von Rechtsgeschäften mit Ausschluß der Verfügungen von Todeswegen ein einfacheres Verfahren vorgeschrieben[4]) sowie die Zuständigkeit der Notare eingeschränkt werden;

9. die Verlängerung aller zur Geltendmachung von Rechten und zur Erfüllung von Pflichten gesetzlich festgestellten Fristen angeordnet werden.

[1]) Vgl. zu Nr. 2a, 3, 4, 5, 6, 7 u. 8 die §§ 5—11 Ksl. V. v. 9. Nov. 00; zu Nr. 6 auch (für Kiautschou) die Ksl. V. v. 28. Sept. 07 (Anh. 28).

[2]) Vgl. §§ 2, 5 EG. StGB.

[3]) Vgl. die Strafbestimmungen in den Bergverordnungen (RGBl. 05, 727; 06, 363), sowie in den V. v. 15. Juni 06 (RGBl. 843) u. (für Kiautschou) v. 16. Okt. 01 (RGBl. 379), betr. das Telegraphenwesen, v. 16. Jan. 09, betr. den Handel mit südwestafr. Diamanten (RGBl. 270, in Kraft getreten am 1. März 09, V. d. RK. v. 26. Febr. 09, KBl. 241) u. v. 15. Febr. 09, betr. Ausfuhr von Angoraziegen und von Straußen und Straußeneiern aus DSWA. (RGBl. 403, 404, in Kraft getreten am 1. Juli 09, GouvV. v. 21. Juni 09, KBl. 768). Vgl. ferner auch die V., betr. das Zollwesen v. 7. Nov. 02 (RGBl. 903).

[4]) Bisher nicht vorgeschrieben. Vgl. jedoch zu Nr. 2c den § 8 Abs. 3 V. v. 9. Nov. 00 und zu Nr. 8 die §§ 3f., 18f. der Ksl. V., betr. die Rechte an Grundstücken v. 21. Nov. 02 (Anh. 5).

§ 7. Auf die Eheschließung und die Beurkundung des Personenstandes in den Schutzgebieten finden die §§ 2 bis 9, 11, 12 und 14 des Gesetzes vom 4. Mai 1870 (Bundes-Gesetzbl. S. 599, Reichs-Gesetzbl. 1896 S. 614)[1]) entsprechende Anwendung. Die Ermächtigung zur Eheschließung und zur Beurkundung des Personenstandes wird durch den Reichskanzler erteilt.[2])

Die Form einer Ehe, die in einem Schutzgebiete geschlossen wird,[3]) bestimmt sich ausschließlich nach den Vorschriften des bezeichneten Gesetzes.[4])

Die Eingeborenen[5]) unterliegen den Vorschriften der Abs. 1, 2 nur insoweit, als dies durch Kaiserliche Verordnung bestimmt wird. Den Eingeborenen können durch Kaiserliche Verordnung bestimmte andere Teile der Bevölkerung gleichgestellt werden.[6]) [7])

¹) Siehe Anh. 9. Das G. v. 6. Febr. 75 (RGBl. 23) bleibt in den Schutzgebieten außer Anwendung, u. zwar einschl. der §§ 11, 14 Abs. 2, 65, 66 (so daß dort auch §§ 69, 70 FGG. nicht gelten, sondern die Standesbeamten nur der allgemeinen Dienstaufsicht als Verwaltungsbeamte unterliegen) sowie §§ 67 f. (vgl. § 19 Anm. 8 u. § 20 KGG.).

²) Vgl. Vf. d. RK. v. 27. März 08 (Anh. 10) und (für Kiautschou) den Erl. d. RK. v. 21. Jan. 01 (KolGG. 6, 572).

³) Das G. v. 4. Mai 70 hat daher in den Schutzgebieten territoriale Geltung, so daß es auch auf Eheschließungen von Ausländern Anwendung findet. RT. 98/00 Drucks. Nr. 881, StenB. Anl. (Bd. 178) S. 5641.

⁴) Damit ist auch in den Schutzgebieten der Grundsatz der obligatorischen Zivilehe eingeführt. Köbner 1118.

⁵) Vgl. Anm. 1 zu § 4 SchGG..

⁶) Siehe § 2 V. v. 9. Nov. 00 u. Anm. 3 zu § 4 SchGG.

⁷) Über die Frage, ob in den Schutzgebieten Ehen zwischen Nichteingeborenen und Eingeborenen (sog. Mischehen) zulässig sind, enthält das SchGG. ausdrückliche Vorschriften nicht. Von materiellrechtlichen Gesichtspunkten aus wird sich diese nicht verneinen lassen. Im Sinne des BGB. bildet die Zugehörigkeit zu einer anderen Rasse kein Ehehindernis und ebensowenig wird sich etwas Derartiges vom Standpunkte des Eingeborenenrechts behaupten lassen, mag man nun Stammesrecht oder allgemeinrechtliche Gesichtspunkte (die jedenfalls, da es sich um eine Frage des sog. gemischten Rechts handelt, mit beachtet werden müssen) zur Anwendung bringen. (Insbesondere lassen sich Mischehen auch nicht schlechthin als unsittlich bezeichnen. Abgesehen von einem Teil der Vereinigten Staaten von Amerika sind sie fast überall, so namentlich auch in Deutschland selbst und in den Kolonien fremder Länder einschließlich der englischen und französischen, zulässig.) Weitere Zweifel entstehen dann allerdings noch wegen der Fassung des Abs. 2 u. 3 des § 7. Indes folgt aus Abs. 3 zunächst doch nur, daß für den

Abschluß von Ehen seitens Eingeborener standesamtliche Form nicht nötig ist, vielmehr die dem Stammesrecht oder christlichen Kirchenrecht entsprechenden Formen genügen. Will man nun nicht etwa letzteres auch für die Mischehen annehmen, so muß man dazu gelangen, Abs. 2 auch für diese als maßgebend zu erachten und damit ebenfalls auf sie die in Abs. 1 angezogenen Vorschriften des Personenstandsgesetzes anzuwenden. (Dies liegt offenbar auch im Sinne des Gesetzgebers. Die Absicht bei der Formulierung des § 7 ging dahin, die Eingeborenen wie bezüglich der Unterwerfung unter die Gerichtsbarkeit zu behandeln. RT. 98/00 Drucks. Nr. 881, StenB. Anl., Bd. 178, S. 5641. Auch auf dem Gebiete der letzteren finden aber u. U., wenn Eingeborene zu Nichteingeborenen in rechtliche Beziehungen treten, auf sie trotz § 4 SchGG. die für die letzteren geltenden Vorschriften Anwendung.) Ebenso im Ergebnis Schreiber ZKolPol. 09, 88 und Fuchs DKolZtg. 09 Nr. 3. Vgl. auch v. Bornhaupt ebenda Nr. 7. A. A. Friedrich KolRundsch. 09, 361. In der Praxis sind (in DSWA., Samoa u. Kiautschou) Mischehen mehrfach standesamtlich abgeschlossen worden. In neuerer Zeit hat freilich der Gouverneur von DSWA. den Standesbeamten im Verwaltungswege die Schließung derartiger Ehen untersagt. (Das RKolA. hat bisher in der Angelegenheit noch nicht Stellung genommen. Vom kolonial-politischen Standpunkt sind zweifellos die Mischehen nicht erwünscht, so daß ein Verbot — unter Vorbehalt von Ausnahmen für besondere Fälle — gerechtfertigt erscheint. Hierzu wird es aber nach dem vorstehenden einer Änderung der Gesetzgebung bedürfen.)

§ 8. Die Befugnisse, welche den deutschen Konsuln im Auslande nach anderen als den beiden in den §§ 2 und 7 bezeichneten Gesetzen zustehen, können durch den Reichskanzler Beamten in den Schutzgebieten übertragen werden.[1])

1) Vgl. auch § 5 SeemO. v. 2. Juni 02 (RGBl. 175): „Seemannsämter ... sind ... in den Schutzgebieten die vom Reichskanzler bestellten Behörden ...“ Als AusfBest. kommen in Betracht §§ 1 f. d. Vf. d. RK. v. 27. Sept. 03 (Anh. 24 u. die Vf., betr. das Seemannsamt in Kiautschou v. 12. Sept. 98 (MVBl. 98 Anh.).

§ 9. Ausländern, welche in den Schutzgebieten sich niederlassen, sowie Eingeborenen[1]) kann durch Naturalisation die Reichsangehörigkeit von dem Reichskanzler verliehen werden.[2])[3]) Der Reichskanzler ist ermächtigt, diese Befugniß einem anderen Kaiserlichen Beamten zu übertragen.[4])

Auf die Naturalisation und das durch dieselbe begründete Verhältniß der Reichsangehörigkeit finden die Bestimmungen des Gesetzes über die Erwerbung und den Verlust der Bundes- und Staatsangehörigkeit vom 1. Juni 1870 (Bundes-Gesetzbl. S. 355, Reichs-Gesetzbl. 1896 S. 615) sowie Artikel 3 der Reichsverfassung[5]) und § 4 des Wahlgesetzes für den Deutschen Reichstag vom 31. Mai 1869 (Bundes-Gesetzbl. S. 145)[6]) entsprechende Anwendung.[7])

Im Sinne des § 21 des bezeichneten Gesetzes[8]) sowie bei Anwendung des Gesetzes wegen Beseitigung der Doppelbesteuerung vom 13. Mai 1870 (Bundes-Gesetzbl. S. 119)[9]) gelten die Schutzgebiete als Inland.[10])[11])

1) Siehe Anm. 1 u. 3 zu § 4 SchGG.

2) Demnach kann auf Grund des § 9 die **Reichsangehörigkeit unmittelbar** erworben werden, während sie nach dem G. v. 1. Juni 70 (§ 1) nur durch die Staats-

angehörigkeit in einem Bundesstaate erlangt wird. Cahn, G. über die Reichs- und Staatsangehörigkeit 3, 20; Köbner 1095; Hauschild, Staatsangehörigkeit in den Kolonien (Tüb. 06) 32 f. (Vgl. auch Hesse, Gibt es eine unmittelbare Reichsangehörigkeit? 03, 36 f.) Zu unterscheiden von dieser Reichsangehörigkeit ist die Schutzgebietsangehörigkeit (sog. Landesangehörigkeit in einem Schutzgebiete), unter welcher die staatsrechtliche Zugehörigkeit der einheimischen (insbesondere der eingeborenen) Bevölkerung eines Schutzgebiets zu dem letzteren verstanden wird. Die Schutzgebietsangehörigen stehen zu dem Reiche lediglich in einem Verhältnis der Untertanenschaft (und zwar in einem dauernden im Gegensatz zu den sich in einem Schutzgebiete aufhaltenden Ausländern, die nur sog. de facto-Untertanen sind) und haben die hieraus folgenden Pflichten und Rechte. So z. B. haben sie Anspruch auf Schutz des Reiches gegenüber dem Auslande, dürfen nach den bestehenden Verträgen (vgl. Anm 3 zu § 1) nicht ausgeliefert werden und es kann ihnen nach Art. 32 der Brüsseler Akte (Anm. 2 Abs. 2 zu § 1) die Führung der deutschen Schiffsflagge gestattet werden. Der Erwerb und Verlust der Schutzgebietsangehörigkeit ist bisher nur für DOA. durch die Ksl. V. v. 24. Okt. 03 (KBl. 573, Kol.-GG. 03, 227) geregelt. Vgl. zum vorstehenden Köbner 1097 f., Hauschild a. a. O. 26 f., Hesse a. a. O. 31 f.

[3]) Lediglich durch die Anstellung als Beamter eines Schutzgebiets (V. v. 9. Aug. 96, Anh. 27a) wird die Reichsangehörigkeit nicht erworben. A. A. Cahn 97 u. Köbner 1096, Hauschild 47 f., letztere unter Berufung auf § 9 Abs. 2 G. v. 1. Juni 70. Die Schutzgebiete sind aber nicht Bundesstaaten, und eine entsprechende Anwendung des (dem öffentlichen Recht angehörigen) G. v. 1. Juni 70 auf die Schutzgebiete ist nur insoweit möglich als dies gesetzlich vorgesehen ist. Hier kommt allein § 9 Abs. 2 SchGG. in Betracht, und dieser erklärt das G. v. 1. Juni 70 nur auf das gemäß Abs. 1 begründete Verhältnis der Reichs-

angehörigkeit für anwendbar. (Ebenso kommt das G., betr. die Naturalisation von Ausländern, welche im Reichsdienst angestellt sind, v. 20. Dez 75, RGBl. 324, auf welches Cahn hinweist, für die Schutzgebietsbeamten nicht in Frage, da diese ihr Diensteinkommen nicht aus der Reichskasse, sondern aus Fonds der Schutzgebiete beziehen. Art. 1 V. v. 9. Aug. 96.)

[4]) Bisher nicht geschehen.

[5]) Betrifft das gemeinsame Indigenat. Auch Reichsangehörige aus § 9 sind demnach in jedem Bundesstaat als Inländer zu behandeln. Das Recht der Freizügigkeit ist durch Art. 3 RV. nicht gewährleistet, sondern beruht im Reiche auf dem gemäß Art. 4 Nr. 1 RV. erlassenen G. v. 1. Nov. 67 (BGBl. 67, 55, RGBl. 96, 613). Das letztere hat (als dem öffentlichen Recht angehörig) in den Schutzgebieten keine Geltung. Die Behörden haben dementsprechend in der Handhabung des aus der Polizeihoheit folgenden Rechts der Ausweisung freie Hand, so daß diese auch gegenüber Reichsangehörigen zulässig ist. Stengel 110 u. ZKolPol. 09, 861 f., Fleischmann, KolRundsch. 09, 645 f., Hauschild a. a. O. 40. U. d. Landgerichts I Berlin v. 14. Mai 09, 71 O 65/09. Ebenso sind die Schutzgebietsbehörden nicht verhindert, Teile eines Schutzgebiets für den freien Verkehr und Aufenthalt von Nichteingeborenen einschl. der Reichsangehörigen zu sperren oder Einwanderer (z. B. mittellose oder gemeingefährliche) einschl. solcher aus dem Reiche abzuweisen, wie dies während der letzten Jahre mehrfach auf dem Verordnungswege geschehen bzw. für zulässig erklärt worden ist. (Siehe Jahrg. 05—08 der KolGG.)

[6]) Betrifft die Wählbarkeit zum Reichstagsabgeordneten. Das passive Wahlrecht für den Reichstag wird mithin auch durch einjährige Reichsangehörigkeit gemäß § 9 Abs. 1 SchGG. erworben. (Das aktive Wahlrecht der auf Grund des § 9 Abs. 1 Naturalisierten wird dagegen regelmäßig ruhen, da nach §§ 1, 7 G. v. 31. Mai 69 dessen Ausübung einen Wohnsitz in einem Bundesstaat und bestimmten Wahlbezirke zur Voraussetzung hat.)

[7]) Da hiernach auf die durch Naturalisation gemäß Abs. 1 erworbene Reichsangehörigkeit auch § 21 Abs. 4 u. 5 G. v. 1. Juni 70 entsprechende Anwendung findet, so ist im Falle des Verlustes der letzteren durch zehnjährigen Aufenthalt im Auslande (d. h. außerhalb des Reichsgebiets und der Schutzgebiete) ebenfalls Wiederverleihung (Renaturalisation) und Wiederaufnahme möglich. (Vgl. Hauschild a. a. O. 62f., sowie auch Hesse a. a. O. 38f. u. Köbner 1096 Anm. 1, die jedoch unzutreffend im Falle des Abs. 4 von einer „Aufnahme" sprechen.) An die Stelle der Zuständigkeit der bundesstaatlichen Behörden tritt dabei im Sinne des Abs. 4 und, falls die Niederlassung in einem Schutzgebiete erfolgt, auch im Sinne des Abs. 5 diejenige des Reichskanzlers (oder des nach § 9 Abs. 1 SchGG. beauftragten Beamten). Vgl. Hesse a. a. O. 40. — Soweit die Bestimmungen des G. v. 1. Juni 70 eine entsprechende Anwendung nicht zulassen (z. B. §§ 1, 7, 15 Abs. 1), haben sie für die Schutzgebiete keine Bedeutung. Begr. z. G. v. 15. März 88, RT. 87/88 Drucks. Nr. 72, Anl. StenB. (Bd. 103) S. 392. So bezüglich des § 7 auch Grill, Staatsangehörigkeitsges., München 06, S. 29 Anm. 5. A. A. Cahn 21, 51.

[8]) Betrifft Verlust der Staatsangehörigkeit durch zehnjährigen unterbrochenen Aufenthalt im Auslande.

[9]) Vgl. hierzu auch das abändernde G. v. 22. März 09 (RGBl. 329).

[10]) An sich können unter Ausland nur Gebiete verstanden werden, welche entweder der Souveränität eines anderen Staates oder gar keiner Staatsgewalt unterworfen sind. Da nun die Schutzgebiete unter der Souveränität des Reichs stehen (§ 1 SchGG.), so können sie grundsätzlich weder völkerrechtlich noch staatsrechtlich zum Ausland gerechnet werden, wennschon sie (vgl. Anm. 3 zu § 1 SchGG.) in beiden Beziehungen mit dem Reiche nicht völlig eine Einheit bilden. Stengel 35, Köbner 1090, Florack, Schutzgebiete, Tüb. 05, S. 16. Vgl. auch Zorn, Staatsrecht

d. R. 1, 577 f. A. A. z. T. Georg Meyer, D. Staatsrecht[6] 213, Laband 2, 278. In der Gesetzgebung wird indes vielfach in dem Sinne zwischen Inland und Ausland unterschieden, daß unter Inland nicht die Gesamtheit der zum Reich gehörigen Gebiete, sondern nur das im § 1 RV. umschriebene Bundesgebiet (mitunter sogar noch unter Ausschluß einzelner Teile des letzteren, wie im G. über den Unterstützungswohnsitz, RGBl. 08, 380, im Brausteuerges., RGBl. 09, 773) verstanden und vom Ausland im Gegensatz zu diesem engeren Inlandsbegriffe gesprochen wird. In diesem Sinne können auch die Schutzgebiete als Ausland in Betracht kommen (und umgekehrt auch vom Standpunkte der Gesetzgebung eines Schutzgebietes gegenüber diesem das eigentliche Bundesgebiet oder andere Schutzgebiete). Es wird mithin darauf ankommen, bei Auslegung der einzelnen Gesetzesbestimmungen, denen die Unterscheidung von Inland (oder auch „Bundesgebiet", vgl. Anm. 11, oder „Deutschland") und Ausland zugrunde liegt, zu prüfen, was dem Zweck und der Absicht des Gesetzes entspricht, wobei namentlich die Gesichtspunkte, welche der Unterscheidung zugrunde liegen, zu würdigen sein werden. Für zwei besonders wichtige Fälle ist die Frage, ob die Schutzgebiete als Inland oder Ausland zu behandeln sind, durch § 9 Abs. 2 im ersteren Sinne entschieden. Als Inland gelten die Schutzgebiete ferner im Sinne der SeemO. v. 2. Juni 02 nach der ausdrücklichen Bestimmung des § 6 Abs. 1 d. l. Sonst werden sie auf dem Gebiete des Staatsrechts im allgemeinen als Ausland zu erachten sein, da die einschlägigen Gesetze unter „Inland" meist nur ihren räumlichen Geltungsbereich begreifen, der auf das in Art. 1 RV. umgrenzte Reichsgebiet beschränkt ist (Anm. 3 zu § 1 SchGG.). Als Ausland sind die Schutzgebiete namentlich auch im Sinne der Zollgesetze (vgl. § 1 ZollTG. v. 25. Dez. 02, RGBl. 303), der Reichssteuergesetze, z. B. des StempStG. (RGBl. 09, 833), der Militärgesetze (RT. 87/88 Drucks. Nr. 146, StenB.

Anl., Bd. 103, S. 653) sowie der G. über die Kranken-, Unfall- u. Invalidenversicherung anzusehen. In betreff der Behandlung des Reichsgebietes als Zollausland gegenüber den einzelnen Schutzgebieten s. z. B. die §§ 1 d. ZollV. für DSWA., DOA. und Neu-Guinea (KolGG. 03, S. 12, 244; 08, S. 211). Vgl. im übrigen wegen alles Näheren Stengel 35f., Köbner 1090f. u. Sabersky, Der koloniale Inlands- und Auslandsbegriff 07, S. 18f. Siehe ferner wegen der Behandlung der Schutzgebiete als Inland oder Ausland im Sinne der privat-, straf- u. prozeßrechtlichen Gesetze § 26 KGG. u. vgl. auch Anm. 2 zu § 3 SchGG.

11) Im G. v. 13. Mai 70 kommen die Worte „Inland" und „Ausland" selbst nicht vor. Abs 3 kann daher nur so verstanden werden, daß, wo in jenem Gesetz von den Bundesstaaten und dem Bundesgebiet gesprochen wird, die betreffenden Bestimmungen auf die Schutzgebiete mit zu beziehen sind. Vgl. Stengel 94, Sabersky a. a. O. 20. Siehe auch § 1 Nr. 1a u. b des Preuß. Einkommensteuergesetzes (GS. 06, 260). — Kolonialbeamte haben ihren dienstlichen Wohnsitz in dem betr. Schutzgebiet. Vgl. Erl. d. RK. v. 24. Jan. 94 (KolGG. 2, 71).

§ 10. Durch Kaiserliche Verordnung können Eingeborene der Schutzgebiete in Beziehung auf das Recht zur Führung der Reichsflagge (Gesetz, betreffend das Flaggenrecht der Kauffahrteischiffe, vom 22. Juni 1899, Reichs-Gesetzbl. S. 319)[1]) den Reichsangehörigen gleichgestellt werden.[2])

Die Führung der Reichsflagge in Folge der Verleihung dieses Rechtes hat nicht die Wirkung, daß das betreffende Schiff als deutsches Seefahrzeug im Sinne des § 1 Abs. 1 Nr. 1 und § 3 Abs. 1 des

See-Unfallversicherungsgesetzes vom 30. Juni 1900 (Reichs-Gesetzbl. S. 716) gilt.[3])

[1]) Vgl. hierzu auch das abändernde G. v. 29. Mai 01 (RGBl. 184) u. die Ksl. V. v. 5. Juli 03 (RGBl. 257, KolGG. 149).

[2]) Siehe für DOA. die Ksl. V. v. 28. Juli 91 (KolGG. 1, 131), sowie die GouvV. v. 1. März u. 20. Juni 93 (KolGG. 2, S. 6, 25), 3. Aug. 98 (KolGG. 3, 118), für die Marshallinseln die Ksl. V. v. 19. Sept. 93 (KBl. 443, KolGG. 2, 38) u. die V. d. Landeshauptmanns v. 1. März 95 (KBl. 96, 36, KolGG. 2, 145). Vgl. ferner auch noch Art. 32 der Brüsseler Akte v. 2. Juli 90 (KolGG. 1, 127) und für DOA. § 3 Abs. 3 der Ksl. V. v. 24. Okt. 03 (KBl. 573, KolGG. 03, 227).

[3]) Es finden also die Bestimmungen des SUVG. über die Versicherung der Schiffsbesatzung deutscher Seefahrzeuge gegen Betriebsunfälle auf die betreffenden Schiffe keine Anwendung.

§ 11. Deutschen Kolonialgesellschaften, welche die Kolonisation der deutschen Schutzgebiete, insbesondere den Erwerb und die Verwerthung von Grundbesitz, den Betrieb von Land- oder Plantagenwirthschaft, den Betrieb von Bergbau, gewerblichen Unternehmungen und Handelsgeschäften in denselben zum ausschließlichen Gegenstand ihres Unternehmens und ihren Sitz entweder im Reichsgebiet oder in einem Schutzgebiet oder in einem Konsulargerichtsbezirke haben oder denen durch Kaiserliche Schutzbriefe die Ausübung von Hoheitsrechten in den deutschen Schutzgebieten übertragen ist,[1]) kann auf Grund eines vom Reichskanzler genehmigten Gesellschaftsvertrags (Statuts) durch Beschluß des Bundesraths die Fähigkeit beigelegt werden, unter ihrem

Namen Rechte, insbesondere Eigenthum und andere dingliche Rechte an Grundstücken, zu erwerben, Verbindlichkeiten einzugehen, vor Gericht zu klagen und verklagt zu werden [2]) In solchem Falle haftet den Gläubigern für alle Verbindlichkeiten der Kolonialgesellschaft nur das Vermögen derselben.[3])

Das Gleiche gilt für deutsche Gesellschaften, welche den Betrieb eines Unternehmens der im Abs. 1 bezeichneten Art in dem Hinterland[4]) eines deutschen Schutzgebiets oder in sonstigen dem Schutzgebiete benachbarten Bezirken zum Gegenstand und ihren Sitz entweder im Reichsgebiet oder in einem Schutzgebiet oder in einem Konsulargerichtsbezirke haben.[5])

Der Beschluß des Bundesraths und im Auszuge der Gesellschaftsvertrag sind durch den Reichsanzeiger zu veröffentlichen.

[1]) Kolonialgesellschaften der letzten Art bestehen zurzeit nicht mehr.

[2]) Wegen der Verpflichtung der Kolonialgesellschaften, ihre Firma in das Handelsregister eintragen zu lassen, s. HGB. §§ 1—3, 33f. u. Staub[8] Anm. 2f. zu § 33 HGB. Neuerdings verlangt das RKolA. von allen Kolonialgesellschaften, daß sie sich statutarisch verpflichten, die Aufnahme ins Handelsregister zu beantragen. (Vgl. Nachtr. II zu den in Anm. 1 zu § 12 SchGG. erwähnten Mustersatzungen.)

[3]) Daneben können Gesellschaften, die in den Kolonien tätig sind, auch eine der übrigen reichsgesetzlich zugelassenen Formen (Aktiengesellschaft, Gesellschaft m. b. H. usw.) annehmen. Vgl. § 3 SchGG., § 19 KGG. In diesem Falle unterliegen sie den Vorschriften der §§ 11—13 SchGG. nicht. Stengel 213.

[4]) Hinterland ist hier nicht, wie Stengel (5) u. Höpfner (102 Anm.) annehmen, im Sinne von Interessensphäre zu verstehen, so daß es sich um okkupationsfähiges Gebiet handeln müßte, sondern, wie schon der Zusammenhang ergibt, im geographischen Sinne. Man wollte den Kolonialgesellschaften gerade auch ermöglichen, ihre Hauptthätigkeit in Gebieten zu entwickeln, „die nicht unter deutscher Herrschaft stehen", wie z. B. in der Provinz Schantung. Begr. z. Entw. d. G. wegen Änderung des SchGG. 99, RT. 98/00, Drucks. Nr. 371, StenB. Anl. (Bd. 174) S. 2397. Vgl. auch Fleischmann, Ausl. u. Nacheile 06 S. 63 Anm. 75.

[5]) Nach § 32 G. über die Konsulargerichtsbarkeit v. 7. April 00 (RGBl. 213) finden die §§ 11—13 SchGG. entsprechende Anwendung auf deutsche Gesellschaften, die den Betrieb eines im § 11 Abs. 1 SchGG. bez. Unternehmens in einem Konsularbezirke zum Gegenstand und ihren Sitz entweder im Reichsgebiet oder in einem deutschen Schutzgebiete oder in einem Konsulargerichtsbezirke haben.

§ 12. Der Gesellschaftsvertrag[1]) hat insbesondere Bestimmungen zu enthalten:[2])[3])

1. über den Erwerb und den Verlust der Mitgliedschaft;
2. über die Vertretung der Gesellschaft Dritten gegenüber;
3. über die Befugnisse der die Gesellschaft leitenden und der die Leitung beaufsichtigenden Organe derselben;
4. über die Rechte und Pflichten der einzelnen Mitglieder;
5. über die Jahresrechnung und Vertheilung des Gewinns;

6. über die Auflösung der Gesellschaft und die nach derselben eintretende Vermögensvertheilung.

[1]) Für den Gesellschaftsvertrag ist im RKolA. ein Muster ausgearbeitet worden, von welchem Abdrücke dort und bei der Handelskammer in Berlin zu erhalten sind.

[2]) Für die Verfassung der Kolonialgesellschaften sind, wie aus §§ 11 Abs. 1, 12 SchGG. folgt, in erster Linie die Bestimmungen des Gesellschaftsvertrages maßgebend. Subsidiär finden die allgemeinen Vorschriften des BGB. über Vereine Anwendung. Die Kolonialgesellschaften sind nicht, wie Dernburg, Bürgl. Recht 1[3] § 71 S. 212 annimmt, juristische Personen des öffentlichen Rechts, sondern, da sie in erster Linie private Zwecke verfolgen, privatrechtliche Vereine (ebenso Cosak, Lehrbuch d. Bürgl. Rechts[4] 1, 89), und für solche gelten mit der aus Art. 32 EG. z. BGB. sich ergebenden Einschränkung die §§ 24 bis 53 BGB. auch dann, wenn ihre Rechtsfähigkeit auf neben dem BGB. bestehenden reichsgesetzlichen Vorschriften beruht (RGZ. 57, S. 93, Planck[3] 1, 92). So ein den Gouvernements der afr. und Südsee-Schutzgebiete durch RErl. d. Ausw. Amts, KolAbt., v. 7. März 06, KA. 1028/06, mitgeteiltes Gutachten des Reichs-Justizamts. Vgl. auch § 2a der in Anm. 1 erwähnten Mustersatzungen.

Wegen der Stempelpflichtigkeit der Anteilscheine, Gewinnanteilscheine und Genußscheine der Kolonialgesellschaften s. RStempG. v. 15. Juli 09 (RGBl. 833), Tarif Nr. 1b, Anm. zu Nr. 1 u. 2, Nr. 3Aa. u. Nr. 4a3. Die erwähnten Tarifbestimmungen finden jedoch nur auf solche Kolonialgesellschaften Anwendung, die ihren Sitz im Reichsgebiet haben. Schr. d. StS. d. RSchatzA. v. 28. Nov. 09, II 14310.

[3]) Die satzungsgemäß zu bewirkenden öffentlichen Bekanntmachungen der Kolonialgesellschaften haben nach den Bestimmungen der Gesellschaftsverträge (vgl. § 63 der in Anm. 1 erwähnten Mustersatzungen) regelmäßig im Reichs-

anzeiger zu erfolgen. Ferner sind, wie das RKolA. neuerdings fordert (Nachtr. II zu den Mustersatzungen), der Geschäftsbericht (im Auszuge), die Bilanz nebst Gewinn- und Verlustrechnung sowie die Verteilung des Gewinnes im KBl. zu veröffentlichen.

§ 13. Die Gesellschaften, welche die im § 11 erwähnte Fähigkeit durch Beschluß des Bundesraths erhalten haben, unterstehen der Aufsicht des Reichskanzlers. Die einzelnen Befugnisse desselben sind in den Gesellschaftsvertrag aufzunehmen.[1])

[1]) Die Aufsicht beschränkt sich in der Praxis regelmäßig darauf, daß die Geschäftsführung im Einklang mit den gesetzlichen Vorschriften und den Bestimmungen des Gesellschaftsvertrages erfolgt, so daß also den Kolonialgesellschaften in wirtschaftlichen Angelegenheiten freie Hand gelassen wird. Ferner werden alle Änderungen des Gesellschaftsvertrages von der Genehmigung der Aufsichtsbehörde abhängig gemacht. Vgl. § 62 der in Anm. 1 zu § 12 SchGG erwähnten Mustersatzungen.

§ 14. Den Angehörigen der im Deutschen Reiche anerkannten Religionsgemeinschaften[1]) werden in den Schutzgebieten Gewissensfreiheit und religiöse Duldung gewährleistet. Die freie und öffentliche Ausübung dieser Kulte, das Recht der Erbauung gottesdienstlicher Gebäude und der Einrichtung von Missionen der bezeichneten Religionsgemeinschaften unterliegen keinerlei gesetzlicher Beschränkung noch Hinderung.[2])[3])[4])[5])

[1]) Da sich die Zuständigkeit des Reichs auf kirchliche Angelegenheiten nicht erstreckt (vgl. Art. 4 RV.), so kommt

es darauf an, ob eine Religionsgemeinschaft in einem der Bundesstaaten nach dessen Recht als „anerkannt" zu gelten hat. (So zutreffend Freytag in ZKolPol. 08, 300f., 342f.) Daher fallen z. B. unter § 14 die katholischen und die evangelischen Kirchen, die Juden, die Herrnhuter, Altlutheraner, Baptisten, Mennoniten, aber nicht der Islam und Buddhismus. In betreff der „Angehörigkeit" entscheidet das Bekenntnis, nicht die Zugehörigkeit zu einer bestimmten inländischen Organisation, so daß auch Ausländer den Schutz des § 14 genießen. (Vgl. Freytag a. a. O. 313f. u. Jacobi, ZKirchR. 3. Folge Bd. 14, 374). — Wegen des Ausschlusses des Ordens der Gesellschaft Jesu und der ihm verwandten Orden und Kongregationen s. G. v. 4. Juli 72 (RGBl. 253), sowie RT. 85/86 Drucks. Nr. 201, StenB. Anl. (Bd. 90) S. 994 und Höpfner 104, Freytag a. a. O. 345.

[2]) Religions- und geistliche Gesellschaften, die keine Korporationsrechte haben, können solche in den Schutzgebieten nur durch Gesetz erlangen. Art. 13 PrVerf. (Art. 84 EG. z. BGB.), der als Vorschrift des bürgerl. Rechts und daher gemäß §§ 3 SchGG., 19 KGG. als auch in den Schutzgebieten geltend zu erachten ist. (Zu den bezeichneten Gesellschaften gehören jedoch Gesellschaften, die sich lediglich mit der Mission beschäftigen, nicht.)

[3]) Für die zum Geltungsbereich der Kongoakte (Anm. 2 Abs. 2 zu § 1 SchGG.) gehörigen Teile der Schutzgebiete kommt neben § 14 noch Art. 6 der Kongoakte in Betracht:

„Alle Mächte, welche in den gedachten Gebieten Souveränitätsrechte oder einen Einfluß ausüben, verpflichten sich, die Erhaltung der eingeborenen Bevölkerung und die Verbesserung ihrer sittlichen und materiellen Lebenslage zu überwachen und an der Unterdrückung der Sklaverei und insbesondere des Negerhandels mitzuwirken; sie werden ohne Unterschied der Nationalität oder des Kultus alle religiösen, wissenschaftlichen und wohltätigen Einrichtungen und Unternehmungen schützen und begünstigen, welche zu jenem Zweck geschaffen und organisiert sind, oder dahin zielen, die Eingeborenen zu unterrichten und ihnen die Vorteile der Zivilisation verständlich und wert zu machen.

Christliche Missionare, Gelehrte, Forscher, sowie ihr Gefolge, ihre Habe und ihre Sammlungen bilden gleichfalls den Gegenstand eines besonderen Schutzes.

Gewissensfreiheit und religiöse Duldung werden sowohl den Eingeborenen wie den Landesangehörigen und Fremden ausdrücklich gewährleistet. Die freie und öffentliche Ausübung aller Kulte, das Recht der Erbauung gottesdienstlicher Gebäude und der Einrichtung von Missionen, welcher Art Kultus dieselben angehören mögen, soll keinerlei Beschränkung noch Hinderung unterliegen."

Vgl. ferner noch Art. 2 der Brüsseler Akte (Anm. 2 Abs. 2 zu § 1 SchGG.) Nr. 1 und 3. („Die Stationen ... haben ... die Nebenbestimmungen: 3. ohne Unterschied des Kultus die bereits bestehenden oder noch zu begründenden Missionen zu schützen"), Art. 22 des Vertrages mit Zanzibar v. 20. Dez. 85 (RGBl. 86, 261), und Art. 10 des deutsch-englischen Abkommens v. 1. Juli 90 (Anm. 2 Abs. 2 zu § 1 SchGG.). — Für die Südseeschutzgebiete sind außer § 14 noch zu berücksichtigen Art. II der Erklärung v. 10. April 86 und die Schlußerklärung des deutsch-englischen Abkommens betr. Samoa und Togo v. 14. Nov. 99, sowie wegen der spanischen religiösen Ordensgesellschaften auf den Karolinen, Palau und Marianen Art. 2 des Vertrages v. 30. Juni 99. (Vgl. wegen dieser Verträge ebenfalls Anm. 2 Abs. 2 zu § 1 SchGG.)

[4]) Durch § 14 SchGG. sind die Behörden der Schutzgebiete in der Handhabung ihrer allgemeinen polizeilichen Befugnisse auch gegenüber den Angehörigen der anerkannten Religionsgemeinschaften nicht behindert. Sie sind also z. B. zu bau- und sicherheitspolizeilichen Anordnungen mit Beziehung auf ihre gottesdienstlichen Gebäude befugt und ferner in der Lage, ihre Missionare aus sicherheitspolizeilichen Gründen ausweisen zu können. Laband 2, 296. Stengel, ZKolPol.

09, 867. — Auf Geistliche und Missionare finden nach § 20 Schutztruppengesetzes (Anh. 26) die Bestimmungen der §§ 18, 19 dieses G. über die Wehrpflicht keine Anwendung.

[5]) Das deutsche und preußische Kirchenrecht hat, weil es nicht unter § 19 KGG. fällt, sondern dem öffentlichen Recht angehört, in den Schutzgebieten keine Geltung. RT. 85/86 Drucks. Nr. 201, StenB. Anl. (Bd. 90) S. 992. Die evangelische Seelsorge liegt im allgemeinen in den Händen selbständiger Missionsgesellschaften. Nur in Daressalam (DOA.) sowie in Windhuk, Swakopmund und Karibib (DSWA.) bestehen Kirchengemeinden, welche sich der altpreußischen Landeskirche angeschlossen haben und vom Oberkirchenrat in Berlin beaufsichtigt werden. Für die katholische Kirche sind in den Schutzgebieten ebenfalls Missionare tätig, diese jedoch unter Eingliederung in die Organisation der Gesamtkirche. Ihnen sind in den einzelnen Schutzgebieten apostolische Präfekten oder Vikare (letztere mit Bischofsweihe) vorgesetzt. Die Oberaufsicht führt die Congregatio de propaganda fide (Propaganda) in Rom. — Vgl. noch in betreff des Kirchenwesens in den Schutzgebieten Gareis 43f., Hoffmann 63f., Schreiber ZKolPol. 04, 871f.

In den Händen der Missionare liegt zum Teil auch das Unterrichtswesen in den Schutzgebieten. Daneben bestehen für farbige und vereinzelt auch für weiße Kinder Regierungsschulen (Elementar-, Handwerker-, Ackerbau- und in DSWA. sowie Kiautschou höhere Schulen, in Kiautschou sogar eine Hochschule für Chinesen). Für die Kinder der weißen Bevölkerung ist in DSWA. durch die GouvV. v. 20. Okt. 06 (KBl. 797, 798, KolGG. 06, 325, 326) Schulpflicht eingeführt.

§ 15. Der Reichskanzler hat die zur Ausführung des Gesetzes erforderlichen Anordnungen zu erlassen.[1])[2])

Der Reichskanzler ist befugt, für die Schutzgebiete oder für einzelne Theile derselben polizeiliche[3]) und sonstige die Verwaltung betreffende[4]) Vorschriften zu erlassen und gegen die Nichtbefolgung derselben Gefängniß bis zu drei Monaten, Haft, Geldstrafe und Einziehung einzelner Gegenstände anzudrohen.[5])[6])

Die Ausübung der Befugnis zum Erlasse von Ausführungsbestimmungen (Abs. 1) und von Verordnungen der im Abs. 2 bezeichneten Art kann vom Reichskanzler der mit einem Kaiserlichen Schutzbriefe für das betreffende Schutzgebiet versehenen Kolonialgesellschaft sowie den Beamten des Schutzgebiets übertragen werden.[7])[8])[9])

[1]) Vgl. die Vf. v. 25. Dez. 00/8. Mai 09 betr. die Ausübung der Gerichtsbarkeit in den afr. und Südsee-Schutzgebieten (Anh. 1), die Vf. v. 21. Dez. 09 (KBl. 10, 41) betr. die Ausübung der Gerichtsbarkeit in DNGuinea, sowie die DAnw. v. 23. Okt. 07 für die Ausübung der Gerichtsbarkeit in Kiautschou (Anh. 29).

[2]) Die Ausführungsvorschriften des RK. müssen sich innerhalb der Grenzen, d. h. zum mindesten innerhalb der Zweckbestimmung des SchGG. halten. Vgl. Stengel, ZKolPol. 09, 263 u. Sassen, Gesetzgebungs- und Verordnungsrecht in den Kolonien, Tübingen 09 S. 94 sowie RGZ. 57, 126 u. PrOVG. 35, 117. Die Grenzen werden freilich bei der Lückenhaftigkeit und dem skizzenartigen Charakter des SchGG. nicht zu eng gezogen werden dürfen. Ebenso wird Abs. 1 nicht bloß auf sog. Verwaltungsverordnungen, sondern auch auf Rechts- u. organisatorische V. (vgl. hierüber Anm. 4) zu beziehen sein. Stengel a. a. O. Vgl. auch G. Meyer, D. Staatsrecht[6] 573.

[3]) Wegen des Begriffs „polizeilich" vgl. den Zusatz zur V. v. 14. Juli 05 (Anh. 25).

[4]) Gemeint sind hier nicht sog. Verwaltungsverordnungen (Dienstanweisungen, allgemeine Verfügungen usw.), welche sich lediglich an die Behörden wenden, um die Tätigkeit der letzteren zu regeln, und zu deren Erlasse jede vorgesetzte Behörde ohne weiteres zuständig ist, sondern Rechtsverordnungen (d. h. allgemeinverbindliche, durch Gebote oder Verbote in den Rechtszustand der einzelnen eingreifende Vorschriften), welche sich auf Gegenstände der Verwaltung erstrecken. Vgl. Laband 2, 93 u. Stengel S. 51, 52. Durch die Worte „und sonstige die Verwaltung betreffende (Vorschriften)" ist zum Ausdruck gebracht, daß das Verordnungsrecht sich nicht auf das Gebiet der (früher als „Sicherheitspolizei" bezeichneten) Polizei im engeren Sinne beschränken, sondern die gesamte Verwaltung einschl. des Zoll- und Steuerwesens sowie überhaupt der Finanzverwaltung umfassen solle. So ein i. S. B. W. & Co. wider Fiskus ergangener Schiedsspruch v. 23. März 09 unter Berufung auf RT. 87/88 Drucks. Nr. 146, StenB. Anl. (Bd. 103) S. 654, in Übereinstimmung mit der Praxis. Vgl. auch den (in Anm. 7) erwähnten RErl. v. 4. Mai 08 zu Nr. 1. A. A. Stengel in ZKolPol. 09, 258f., Gierke, ZKolPol. 07, 426f., Backhaus, Verordnungsrecht in d. Kol., Berl. S. 33 u. Sassen a. a. O. 107f., welche eine Befugnis des RK., auf Grund des § 15 durch V. öffentliche Abgaben und Zölle in den Schutzgebieten einzuführen, verneinen. — Nicht unter § 15 Abs. 2 SchGG. fallen auch organisatorische (die Einrichtung der Verwaltung betreffende) Vorschriften, für welche § 1 Nr. 1 d. Ksl. V. v. 3. Juni 08 (Anh. 11) maßgebend ist. Vgl. den hierzu ergangenen RErl. d. StS. d. RKA. v. 15. Aug. 08 (KolGG. 353) Nr. VI.

[5]) Das dem RK. durch § 15 Abs. 2 zugestandene Verordnungsrecht ist ein unmittelbar aus dem Gesetze folgendes, welches auf den bezeichneten Gebieten neben dem Ver-

ordnungsrecht des Kaisers aus § 1 SchGG. einhergeht. Die V. des RK. dürfen sich aber mit bestehenden Ksl. V. nicht in Widerspruch setzen. Die letzteren sind auch für den RK. Gesetz und widersprechende V. des RK. daher nichtig. Vgl. Rosin, Polizeiverordnungsrecht, Berlin 95, S. 92 u. Backhaus a. a. O. 30. A. A. Sassen a. a. O. 95.

[6]) Die erlassenen Vorschriften gelten, soweit sich nicht aus ihnen selbst ein anderes ergibt, auch für die Eingeborenen, und zwar einschl. der Strafandrohungen, sofern nicht bezüglich der letzteren ein Vorbehalt gemacht ist (z. B. durch die in den afrikanischen Schutzgebieten übliche Bestimmung, daß Eingeborene nach Maßgabe der Vf. d. RK. v. 22. April 96, Anh. 13, zu bestrafen sind). Vgl. Köbner 1135.

[7]) Wegen Ausführung des Abs. 3 siehe §§ 5 u. 6 der Vf. d. RK. v. 27. Sept. 03 (Anh. 24) sowie (für Kiautschou, wo die Übertragung lediglich an den Gouverneur erfolgt ist, der seine V. ohne Verzug dem Reichskanzler, RMar.-Amt, zur Genehmigung vorzulegen hat), § 1 des Erl. d. RK. v. 27. April 98 (MVBl. 151, KolGG. 4, 167 u. Anh. 34). Vgl. ferner wegen der bei der Abfassung, Verkündung usw. der V. der Schutzgebietsbehörden in Betracht kommenden Gesichtspunkte den RErl. d. StS. d. RKA. v. 4. Mai 08 (KolGG. 168). Nach Nr. 9 d. Erl. ist von jeder V. eine von dem zuständigen Beamten oder dessen Vertreter mit seinem ungekürzten Namen zu unterschreibende Ausfertigung zu den Akten zu bringen, welche mit dem verkündeten Text der V. übereinstimmen muß. Vgl. auch Laband, D. Reichsstaatsrecht 07, 132.

Die übertragene Verordnungsbefugnis kann ohne rechtliche Ermächtigung nicht weiter übertragen werden. V. können dementsprechend nur von dem ermächtigten Beamten oder seinem von zuständiger Seite bestellten Vertreter, nicht aber von einem untergeordneten Beamten „im Auftrage“ erlassen werden. RErl. v. 4. Mai 08 zu Nr. 8. Laband 2, 92. Die V. der unteren Instanz dürfen denjenigen der höheren Instanz nicht widersprechen. Rosin a. a. O. S. 92f. Vgl. auch Anm. 5 a. E. — V. können grundsätzlich nur von derjenigen Stelle, von welcher sie ausgegangen sind, oder einer übergeordneten Stelle aufgehoben oder abgeändert werden, und zwar nur durch eine neue förmliche und zu verkündende V., nicht lediglich durch eine Verwaltungsverfügung. RErl. v. 4. Mai 08 zu Nr. 11. Rosin a. a. O. 270f. Vgl. auch Backhaus a. a. O. 30.

[8]) Die rechtsgültig erlassenen V. sind auch für die Behörden (einschl. derjenigen, von welcher sie ausgehen) bindend, so daß diese weder weitergehende Anforderungen stellen noch ohne ausdrückliche rechtliche Ermächtigung Ausnahmen oder Abweichungen zulassen dürfen. Rosin a. a. O. 34, 100f. PrOVG. 9, 332; 24, 378. Letzteres gilt auch, soweit eine V. auf Eingeborene Bezug hat (vgl. Anm. 6).

[9]) Die Verkündung der V. des RK. für die afrikanischen und Südseeschutzgebiete hat nach einer V. d. RK. v. 24. Dez. 01 (KBl. 10, 1) im „Deutschen Kolonialblatt" zu erfolgen. Beschränkt sich der Geltungsbereich einer V. auf ein einzelnes Schutzgebiet, so kann sie in dem vom Gouvernement des letzteren für seine amtlichen Veröffentlichungen benutzten Blatte verkündet werden. Doch soll alsdann ein nachträglicher Abdruck im KBl. stattfinden. Wegen der öffentlichen Bekanntmachung der Verordnungen der Gouverneure usw. in den bez. Schutzgebieten vgl. § 7 Vf. v. 27. Sept. 03 (Anh. 24). In Kamerun (V. v. 1. März 08, KBl. 782, KolGG. 68), Togo (V. v. 8. Jan. 06., KBl. 124, KolGG. 9), DNeuguinea (V. v. 15. Jan. 09, KBl. 302) und Samoa (V. v. 1. März 00, KBl. 312, KolGG. 5, 34) ist Veröffentlichung der GouvV. im Amtsblatt bzw. (in Samoa) im Gouvernementsblatt vorgeschrieben. Für DOA. und DSWA. sind entsprechende V. in Vorbereitung. (Z. Zt. erfolgt die Verkündung der V. in DOA. üblicherweise im „Amtlichen An-

zeiger", in DSWA. in den Zeitungen oder durch Aushang). Für Kiautschou werden V. des RK. im „Verordnungsblatt f. d. Kiautschougebiet", GouvV. im Amtsblatt veröffentlicht. Die bezeichneten Blätter (KBl. usw.) dienen gleichzeitig der Bekanntgabe wichtiger Verwaltungsverfügungen. (Im KBl. werden vielfach auch V. der Schutzgebietsbehörden abgedruckt, die für weitere Kreise interessieren, ohne daß indes diesem Abdruck eine rechtliche Bedeutung zukäme.)

§ 16. Für Schutzgebiete, in denen das Gesetz über die Konsulargerichtsbarkeit vom 10. Juli 1879 (Reichs-Gesetzbl. S. 197) und das Gesetz, betreffend die Eheschließung und die Beurkundung des Personenstandes von Reichsangehörigen im Auslande, vom 4. Mai 1870 noch nicht in Kraft gesetzt sind, wird der Zeitpunkt, in welchem die §§ 2 bis 7 dieses Gesetzes in Kraft treten, durch Kaiserliche Verordnung bestimmt.[1])

[1]) 1. Jan. 01. S. V. v. 9. Nov. 00 §§ 14 Abs. 2, 1.

IV.

Verordnung, betreffend die Rechtsverhältnisse in den deutschen Schutzgebieten.

Vom 9. November 1900 (RGBl. S. 1005).

Wir Wilhelm, von Gottes Gnaden Deutscher Kaiser, König von Preußen ꝛc. verordnen im Namen des Reichs, was folgt:

§ 1. Das Gesetz, betreffend Aenderungen des Gesetzes über die Rechtsverhältnisse der deutschen Schutzgebiete (Reichs-Gesetzbl. 1888 S. 75, Reichs-Gesetzbl. 1899 S. 365), vom 25. Juli 1900 (Reichs-Gesetzbl. S. 809) tritt in den Schutzgebieten am 1. Januar 1901 in Kraft.

§ 2. Den Eingeborenen werden im Sinne des § 4 und des § 7 Abs. 3 des Schutzgebietsgesetzes die Angehörigen fremder farbiger Stämme[1]) gleichgestellt, soweit nicht der Gouverneur (Landeshauptmann) mit Genehmigung des Reichskanzlers Ausnahmen bestimmt.[2]) Japaner gelten nicht als Angehörige farbiger Stämme.

[1]) Vgl. Anm. 3 zu § 4 SchGG.

²) Durch allgemeine Anordnung oder im Einzelfalle. — Allgemeine Ausnahmen sind bestimmt für DOA. durch GouvV. v. 3. Okt. 04 (KBl. 749, KolGG. 234) für die Goanesen und Parsen. (Eine entsprechende V. für die nicht mohammedanischen Syrer daselbst ist in Vorbereitung).

§ 3. [Die im § 19 des Gesetzes über die Konsulargerichtsbarkeit vom 7. April 1900 (Reichs-Gesetzbl. S. 213) bezeichneten, dem bürgerlichen Rechte angehörenden Vorschriften bleiben außer Anwendung, soweit sie die Rechte an Grundstücken, das Bergwerkseigenthum sowie die sonstigen Berechtigungen betreffen, für welche die sich auf Grundstücke beziehenden Vorschriften gelten.][1]) Soweit diese Verhältnisse noch nicht durch Kaiserliche Verordnung geregelt sind, ist der Reichskanzler und mit dessen Genehmigung der Gouverneur (Landeshauptmann) bis auf Weiteres befugt, die erforderlichen Bestimmungen zu treffen.

¹) Satz 1 ist aufgehoben durch § 28 Nr. 8 der Ksl. V. v. 21. Nov. 02 (Anh. 5). — Das Liegenschaftsrecht ist jetzt für sämtliche Schutzgebiete durch diese V. und die zu ihrer Ausführung ergangenen Vf. des RK. v. 30. Nov. 02 (Anh. 6) einheitlich geregelt. In Betracht kommen außerdem noch die V. über den Erwerb von Kronland und herrenlosem Land (s. Anm. zu § 5 V. v. 30. Nov. 02) sowie die V. betr. die Enteignung von Grundeigentum in den Schutzgebieten Afrikas und der Südsee v. 14. Febr. 03 (RGBl. 27, KolGG. 39) nebst AusVf. d. RK. v. 12. Nov. 03 (KBl. 605, KolGG. 236). — In betreff des Bergrechts sind jetzt maßgebend: a) Für Deutsch-Südwestafrika die Bergverordnung v. 8. Aug. 05 (RGBl. 727). Dazu die V. d. RK. v. 26. Febr. 09

(KBl. 242) u. v. 27. Dez. 09 (KBl. 10, 77) u. AusfVf. d. AAKA. v. 3. Dez. 05 (KBl. 732, KolGG. 9, 275) sowie des RKA. v. 2. Febr. 09 (KBl. 153). Vgl. auch wegen des Bergbaues im Gebiet der D. Kolonialgesellschaft f. SWA. die Vf. d. StS. d. RKA. v. 22. Sept. 08 (KBl. 934, KGG. 397) sowie die Vereinbarungen v. 28. Jan. und 26. März 09 (KBl. 569, 571); wegen des Bergbaues im Gebiete der South West Africa Co. den Vertrag zwischen dieser u. d. StS. d. RKA. v. 21. Febr./25. März 08 (KBl. 09, 429, KolGG. 57) sowie das von ihr erlassene Bergregulativ v. 18. Nov. 08 (KolGG. 499); wegen der Diamanten die Ksl. V. v. 16. Jan. 09 (RGBl. 270), die V. des RK. v. 25. Febr. 10 (KBl. 162) u. 25. Mai (mit Nachtr. v. 19. Okt.) 09 (KBl. 10 S. 2, 7), die GouvV. v. 25. Okt. 09 (KBl. 10, 7), die Satzungen der „Diamanten-Regie" (KBl. 09, 379), desgl. der „Diamanten-Pacht-Gesellschaft" (KBl. 09, 981) u. deren Pachtvertrag mit dem Fiskus v. 14. Juli 09 (KBl. 990; Nachtr. KBl. 10, 118) sowie Betriebsvertrag mit der „Kolonialen Bergbau-Gesellschaft m. b. H." v. 29. Juli 09 (KBl. 10, 8), endlich die GouvV. betr. Ausfuhrzoll auf D. v. 28. Febr. 09 (KBl. 478) u. 4. Febr. 10 (KBl. 262); b) für die übrigen afrikanischen und die Südseeschutzgebiete die Bergverordnung v. 27. Febr. 06 (RGBl. 363). Dazu AusfVf. d. AAKA. v. 26. Juli 06 (KBl. 07, 833, KolGG. 06, 284) und d. RKA. v. 2. Febr. 09 (KBl. 152); AusfBest. DOA. v. 27. Juli 06 (KBl. 627, KolGG. 06, 291); AusfBest. Kamerun v. 23. Dez. 06 (KBl. 07, 100, KolGG. 06, 346), v. 22. Aug. 07 (KBl. 08, 457, 458, KolGG. 07, 358) und v. 6. März 08 (KBl. 458, KolGG. 88); AusfBest. D.Neuguinea v. 10. Mai 06 (KolGG. 192); c) für Kiautschou die V. des RK. betr. das Bergwesen v. 16. Mai 03 (VBl. f. K. XVIII, KolGG. 306). Nach den erwähnten V. gilt in den afrik. u. Südseeschutzgebieten im allgemeinen der Grundsatz der Bergbaufreiheit (Die BergV. lehnen sich an das Pr. BergG.

v. 24. Juni 65, GS. 705, an). Doch sind vielfach an Gesellschaften, Privatpersonen oder auch die Landesfisci Sonderberechtigungen zum ausschließlichen Bergbau in bestimmten Gebieten und für bestimmte Mineralien (Metalle, Edelsteine, Kohlen, Salze usw., in der Südsee auch Phosphate) erteilt. Für Kiautschou ist zugunsten des Fiskus des Schutzgebiets ein Bergregal eingeführt.

§ 4. Die Vorschriften der Gesetze über den Schutz von Werken der Literatur und Kunst, von Photographien, von Erfindungen, von Mustern und Modellen, von Gebrauchsmustern und von Waarenbezeichnungen finden Anwendung.[1][2][3])

[1]) § 4 stützt sich auf KGG. § 22.

[2]) Es kommen in Betracht: G. betr. das Urheberrecht an Mustern und Modellen v. 11. Jan. 76 (RGBl. 11); Patentgesetz v. 7. April 91 (RGBl. 79); G. betr. Schutz v. Gebrauchsmustern v. 1. Juni 91 (RGBl. 261); G. zum Schutz der Warenbezeichnungen v. 12. Mai 94 (RGBl. 441); G. über das Verlagsrecht v. 19. Juni 01 (RGBl. 217); G. betr. Urheberrecht an Werken der Literatur u. Tonkunst v. 19. Juni 01 (RGBl. 227); G. betr. das Urheberrecht an Werken der bildenden Künste und der Photographie v. 9. Jan. 07 (RGBl. 7).

[3]) Vgl. auch die V. über den Schutz von Werken der Literatur und Kunst in den D. Schutzgebieten v. 15. Okt. 08 (RGBl. 627), durch welche die Bestimmungen der Berner Übereinkunft v. 9. Sept. 86 auf die Schutzgebiete ausgedehnt worden sind, sowie den AErl. v. 15. Okt. 08 (RGBl. 628) u. die Bek. d. RK. v. 14. Nov. 08 (RGBl. 629), betr. den Beitritt für die Schutzgebiete zu dem internationalen Verbande zum Schutze von Werken der Literatur und Kunst. — Vgl. ferner die Bek. d. RK. v. 20. Nov. 08 (RGBl. 631) über den Beitritt der Schutzgebiete zu der deutsch-französischen Übereinkunft, betr. den

Schutz an Werken der Literatur und Kunst und an Photographien v. 8. April 07 (RGBl. 419).

§ 5. In Strafsachen tritt, sofern es sich um Verbrechen oder Vergehen handelt, die Mitwirkung einer Staatsanwaltschaft bei der Hauptverhandlung in erster Instanz, bei der Einlegung von Rechtsmitteln und bei dem Verfahren in zweiter Instanz ein.

Der Staatsanwalt wird von dem Gouverneur (Landeshauptmann), in dem Inselgebiete der Karolinen, Palau und Marianen von dem durch den Gouverneur zu bestimmenden Beamten bestellt. Die Auswahl erfolgt aus der Zahl der Beamten des Schutzgebiets. Sofern dies nicht ausführbar ist, können andere geeignete Personen als Staatsanwälte bestellt werden. Der Staatsanwalt untersteht der Aufsicht und Leitung desjenigen Beamten, welcher ihn bestellt hat.

Soweit der Staatsanwalt zuständig ist, bleiben die Vorschriften des § 65 und des § 71 Abs. 2 Satz 1 des Gesetzes über die Konsulargerichtsbarkeit außer Anwendung.

§ 6. In Strafsachen findet die Hauptverhandlung ohne die Zuziehung von Beisitzern statt, wenn der Beschluß über die Eröffnung des Hauptverfahrens eine Handlung zum Gegenstande hat, welche zur Zuständigkeit der Schöffengerichte[1]) oder zu den in den §§ 74, 75 des Gerichtsverfassungsgesetzes[2]) bezeichneten Vergehen gehört.[3])

Diese Vorschrift findet für das Schutzgebiet von Kiautschou keine Anwendung.

[1]) Nach § 27 GVG. Übertretungen, leichtere Vergehen, welche mit Gefängnis bis zu 3 Monaten oder Geldstrafe bis 600 Mark bedroht sind usw., Privatklagesachen, Fälle des Diebstahls usw., wenn der Wert des Gestohlenen usw. 150 Mark nicht übersteigt.

[2]) § 74 GVG. betrifft die Strafsachen, in denen die Strafkammern ausschließlich zuständig sind (Zuwiderhandlungen gegen § 145a StGB. usw.), § 75 die Strafsachen, in welchen an sich die Strafkammern zuständig sind, die aber auf Antrag der Staatsanwaltschaft durch die Strafkammer dem Schöffengericht überwiesen werden können, sofern anzunehmen ist, daß auf keine höhere Strafe als Gefängnis von 6 Monaten oder Geldstrafe von 1500 Mark allein oder neben Haft usw. zu erkennen sein werde.

[3]) Maßgebend sind die jeweilig geltenden Vorschriften des GVG., so daß zurzeit der Kreis der unter Abs. 1 fallenden Vergehen sich nach dem G. betr. Abänderung des GVG. v. 5. Juni 05 (RGBl. 533) bestimmt. Vgl. das mit RErl. d. AAKA. v. 21. Aug. 05 (KolGG. 245) bekanntgegebene Gutachten des StS. des RJustizA. A. A. Bendix in ZKolPol. 06, 885.

§ 7. Die Gerichtsbarkeit in den zur Zuständigkeit der Schwurgerichte gehörenden Sachen wird den Gerichten erster Instanz[1]) übertragen. Für diese Sachen finden die Vorschriften Anwendung, welche für die im § 8 Abs. 2 des Gesetzes über die Konsulargerichtsbarkeit vom 7. April 1900 bezeichneten Strafsachen gelten.

[1]) D. h. den Bezirksgerichten bzw. dem Ksl. Gericht von Kiautschou. Vgl. Anm. 4 zu § 2 SchGG.

§ 8. Die nach dem Gesetz über die Konsulargerichtsbarkeit vom 7. April 1900 begründete Zuständigkeit des Reichsgerichts[1]) wird für das Schutzgebiet von Togo der Gerichtsbehörde zweiter Instanz im Schutzgebiete von Kamerun, [für das Schutzgebiet von Kiautschou dem Kaiserlichen Konsulargericht in Schanghai,][2]) für das Inselgebiet der Karolinen, Palau und Marianen der Gerichtsbehörde zweiter Instanz im Schutzgebiete von Deutsch-Neu-Guinea, für die übrigen Schutzgebiete der in einem jeden derselben errichteten Gerichtsbehörde zweiter Instanz mit der Maßgabe übertragen, daß das Gericht aus dem zur Ausübung der Gerichtsbarkeit zweiter Instanz ermächtigten Beamten und vier Beisitzern besteht.[2])

Auf die Beisitzer und den Gerichtsschreiber finden die Vorschriften des § 11 Abs. 1 und der §§ 12, 13 des Gesetzes über die Konsulargerichtsbarkeit entsprechende Anwendung.

Auf das Verfahren in der Berufungs- und Beschwerdeinstanz finden, soweit für dieses nicht besondere Vorschriften getroffen sind, die das Verfahren in erster Instanz betreffenden Vorschriften entsprechende Anwendung. Der § 9 des Gesetzes über die Konsulargerichtsbarkeit bleibt außer Anwendung.

In bürgerlichen Rechtsstreitigkeiten, in Konkurssachen und in den Angelegenheiten der freiwilligen Gerichtsbarkeit erfolgt die Entscheidung über das Rechtsmittel der Beschwerde unter Mitwirkung der

Beisitzer, wenn die angefochtene Entscheidung unter Mitwirkung von Beisitzern ergangen ist.

In den im § 7 bezeichneten Strafsachen ist die Vertheidigung auch in der Berufungsinstanz nothwendig. In der Hauptverhandlung ist die Anwesenheit des Vertheidigers erforderlich; der § 145 der Strafprozeßordnung[4]) findet Anwendung.

[1]) S. KGG. § 14. — Für die Fälle des § 136 Nr. 1 GVG. (des Hoch- und Landesverrats, insofern diese Verbrechen gegen den Kaiser oder das Reich gerichtet sind) enthält das KGG. keine Sonderbestimmungen. Es greift daher auch für die Konsulargerichtsbezirke (vgl. § 4 RStGB., § 55 KGG.) die Zuständigkeit des Reichsgerichts aus § 136 Nr. 1 GVG. Platz. Da nun nach § 8 Abs. 1 in den Schutzgebieten lediglich die durch das KGG. begründete Zuständigkeit des Reichsgerichts den Gerichtsbehörden II. Instanz übertragen ist, so sind diese für die genannten Verbrechen nicht zuständig, sondern es verbleibt auch für die Schutzgebiete bei der durch § 136 Nr. 1 GVG. begründeten Zuständigkeit des Reichsgerichts. So richtig Höpfner S. 20 Anm. u. Seelbach, Grundz. d. Rechtspfl. i. d. Kol., Bonn 04 S. 50. A. A. Dörr ZKolPol. 09, 170 (unter Berufung auf § 55 KGG., der aber die Zuständigkeit des Reichsgerichts nicht begründet, sondern voraussetzt) u. Hoffmann in ZKolPol. 06, 453.

[2]) Abgeändert durch Ksl. V. v. 28. Sept. 07 (RGBl. 735, Anh. 28), durch welche für Kiautschou ein eigenes Gericht II. Instanz in diesem Schutzgebiete errichtet worden ist.

[3]) Gerichte II. Instanz sind in sämtlichen Schutzgebieten die Obergerichte. Vgl. Anm. 4 zu § 2 SchGG.

[4]) Danach hat im Falle des Ausbleibens usw. des Verteidigers der Vorsitzende sogleich einen andern Ver-

teidiger zu bestellen. Das Gericht kann jedoch eine Aussetzung der Verhandlung beschließen.

§ 9. Die Todesstrafe ist durch Enthaupten, Erschießen oder Erhängen zu vollstrecken.

Der Gouverneur (Landeshauptmann) bestimmt, welche der drei Vollstreckungsarten im einzelnen Falle stattzufinden hat.

§ 10. Für die Zustellungen, die Zwangsvollstreckungen und das Kostenwesen können einfachere Bestimmungen zur Anwendung kommen.

Der Reichskanzler und mit dessen Genehmigung der Gouverneur (Landeshauptmann) sind befugt, die erforderlichen Anordnungen zu treffen.[1])

[1]) Siehe für die afr. und Südseeschutzgebiete die Vf. d. RK. v. 25. Dez. 00 (Anh. 1) §§ 4, 5 (betr. Zustellungen und Zwangsvollstreckungen) sowie 28. Nov. 01/28. Aug. 08 (Anh. 2, betr. Kostenwesen), für Kiautschou die V. d. Gouv. v. 21. Juni 04 (genehmigt v. RK. am 1. Okt. 04, Anh. 30.)

§ 11. Der Reichskanzler ist befugt, Notare zu ernennen.[1])

Die Zuständigkeit der Notare wird auf die Beurkundung von Rechtsgeschäften unter Lebenden beschränkt.

[1]) Wegen der Dienstverhältnisse der Notare s. für die afr. und Südseeschutzgebiete Vf. d. RK. v. 25. Dez 00/8. Mai 08 (Anh. 1) § 3a, für Kiautschou die V. d. RK. v. 18. Febr. 03 (VBl. f. K. IX, KolGG. 291), nach welcher die Notare der Aufsicht des Oberrichters unterstehen, und die

DAnw. d. Gouv. v. 3. Mai 03 (genehmigt v. RK. am 17. Aug. 03, VBl. f. K. XXI, KolGG. 302). — Gebühren der Notare s. § 19 KGG., Pr. GO. f. Notare (GS. 99, 374), ferner für Afr. u. Südsee § 3 Vf. d. RK. v. 28. Nov. 01, für Kiautschou § 18 DAnw. 3. Mai 03. Auf Grund des § 3 cit. ist vom Gouv. DSWA. die Vf. v. 4. Dez. 08 (KBl. 09, 621, KolGG. 08, 530) erlassen worden, wonach den Notaren Gebühren im doppelten Betrage der sich aus § 19 KGG. ergebenden Sätze zustehen. In Kiautschou betragen gemäß § 18 cit. die Gebühren so viel Dollars und Cents wie in Preußen Mark und Pfennige.

§ 12. Der Gouverneur (Landeshauptmann) ist befugt, im Gnadenweg einen Strafaufschub bis zu sechs Monaten zu bewilligen.[1])

[1]) Durch AO. v. 4. Febr. 05 (KolGG. 1) ist dem RK. (für Kiautschou RMarA., im übrigen RKolA.) sowie den Gouverneuren, für das Inselgebiet DNeuguinea neben dem Gouverneur auch den von diesem zu bestimmenden Beamten, die Befugnis übertragen worden, über die Frist des § 12 hinaus im Gnadenwege die Aussetzung oder Teilung der Strafvollstreckung zu bewilligen. Hierzu ist die Vf. d. Gouv. DNeuGuinea v. 11. Okt. 07 (KolGG. 398) ergangen, durch welche die in Rede stehende Befugnis dem Bezirksrichter in Jap für die Westkarolinen, Palau und Marianen, dem Bezirksrichter in Ponape für die Ostkarolinen und dem Bezirksrichter in Jaluit für die Marshallinseln beigelegt worden ist.

§ 13. Die Verordnung, betreffend die Rechtsverhältnisse in dem Schutzgebiete der Neu-Guinea-Kompagnie, vom 5. Juni 1886 (Reichs-Gesetzbl. S. 187), die Verordnung, betreffend die Regelung der Rechtsverhältnisse auf den zum Schutzgebiete der

Neu-Guinea-Kompagnie gehörigen Salomons-Inseln, vom 11. Januar 1887 (Reichs-Gesetzbl. S. 4), die Verordnung, betreffend die Rechtsverhältnisse im Schutzgebiete der Neu-Guinea-Kompagnie, vom 13. Juli 1888 (Reichs-Gesetzbl. S. 221), die Verordnung, betreffend die Rechtsverhältnisse in dem Schutzgebiete der Marshall-, Brown- und Providence-Inseln, vom 13. September 1886 (Reichs-Gesetzbl. S. 291), die Verordnung, betreffend die Rechtsverhältnisse im Schutzgebiete der Marshall-Inseln, vom 7. Februar 1890 (Reichs-Gesetzbl. S. 55), die Verordnung, betreffend die Rechtsverhältnisse in den Schutzgebieten von Kamerun und Togo, vom 2. Juli 1888 (Reichs-Gesetzbl. S. 211), die Verordnung, betreffend die Rechtsverhältnisse in dem südwestafrikanischen Schutzgebiete, vom 10. August 1890 (Reichs-Gesetzbl. S. 171), die Verordnung, betreffend die Rechtsverhältnisse in Deutsch-Ostafrika, vom 1. Januar 1891 (Reichs-Gesetzbl. S. 1), die Verordnung, betreffend die Rechtsverhältnisse in Kiautschou, vom 27. April 1898 (Reichs-Gesetzbl. S. 173), die Verordnung, betreffend die Rechtsverhältnisse im Inselgebiete der Karolinen, Palau und Marianen, vom 18. Juli 1899 (Reichs-Gesetzbl. S. 542), die Verordnung, betreffend die Rechtsverhältnisse in Samoa, vom 17. Februar 1900 (Reichs-Gesetzbl. S. 136), die Verordnung, betreffend die Eheschließung und die Beurkundung des Personenstandes für die Schutzgebiete von Kamerun und Togo, vom 21. April 1886

(Reichs-Gesetzbl. S. 128), die Verordnung, betreffend die Eheschließung und die Beurkundung des Personenstandes für das südwestafrikanische Schutzgebiet, vom 8. November 1892 (Reichs-Gesetzbl. S. 1037) sowie die Verordnung, betreffend die Einrichtung einer Staatsanwaltschaft bei den Gerichten der Schutzgebiete, vom 13. Dezember 1897 (Reichs-Gesetzbl. 1898 S. 1) treten außer Kraft.

§ 14. Diese Verordnung tritt zu dem im § 1 bestimmten Zeitpunkt in Kraft.

In dem Inselgebiete der Karolinen, Palau und Marianen treten die §§ 2 bis 7 des Schutzgebietsgesetzes (Reichs-Gesetzbl. 1900 S. 813) zugleich mit den übrigen Vorschriften dieses Gesetzes in Kraft.

Urkundlich unter Unserer Höchsteigenhändigen Unterschrift und beigedrucktem Kaiserlichen Insiegel.

Gegeben Neues Palais, den 9. November 1900.

Wilhelm.

Graf v. Bülow.

V.

Gesetz über die Konsulargerichtsbarkeit.

Vom 7. April 1900 (RGBl. S. 213).

(In der Anwendung auf die Schutzgebiete.)[1])

---

[1]) Die abgedruckten Vorschriften des KGG. finden gemäß §§ 2, 3 SchGG. in den Schutzgebieten „entsprechende" Anwendung. Wie sich die Anwendung (unter gleichzeitiger Berücksichtigung der Ksl. V. v. 9. Nov. 00 und der Vf. d. RK. v. 25. Dez. 00, Anh. 1) gestaltet, ist beim Abdruck angedeutet. Die zu ersetzenden bzw. fortzulassenden Worte sind durch eckige Klammern eingefaßt, die einzufügenden durch gesperrte Schrift bezeichnet. Für Kiautschou ist statt „Bezirksrichter (Bezirksgericht)" zu setzen: „Kaiserlicher Richter (Kaiserl. Gericht)". Vgl. § 1 DAnw. v. 23. Okt. 07 (Anh. 29).

Erster Abschnitt.

Umfang der Konsulargerichtsbarkeit.

Zweiter Abschnitt.

Gerichtsverfassung.

§ 5. Die [Konsular] Gerichtsbarkeit in den Schutzgebieten wird durch [den Konsul (§ 2 des Gesetzes, betreffend die Organisation der Bundeskonsulate, vom 8. November 1867)] die Bezirksrichter, durch [das Konsulargericht] die Bezirksgerichte und durch [das Reichsgericht] die Obergerichte ausgeübt.

§ 7. Der [Konsul] Bezirksrichter ist zuständig:

1. für die durch das Gerichtsverfassungsgesetz, die Prozeßordnungen und die Konkursordnung den Amtsgerichten zugewiesenen Sachen;
2. für die durch Reichsgesetze oder in Preußen geltende allgemeine Landesgesetze den Amtsgerichten übertragenen Angelegenheiten der freiwilligen Gerichtsbarkeit.

§ 8. Das [Konsular-] Bezirksgericht besteht aus dem [Konsul] Bezirksrichter als Vorsitzendem und zwei Beisitzern.

In Strafsachen sind in der Hauptverhandlung vier Beisitzer zuzuziehen,[1]) wenn der Beschluß über die Eröffnung des Hauptverfahrens ein Verbrechen oder ein Vergehen zum Gegenstande hat, das weder zur Zuständigkeit der Schöffengerichte[2]) noch zu den in den §§ 74, 75 des Gerichtsverfassungsgesetzes[2]) bezeichneten Handlungen gehört.[3])

[1]) Zu einer dem Angeklagten nachteiligen Entscheidung in betreff der Schuldfrage sind in diesem Falle vier Stimmen erforderlich. StPO. § 262.

[2]) Maßgebend sind die jeweilig geltenden Vorschriften des GVG. Vgl. das in Anm. 3 zu § 6 V. v. 9. Nov. 00 erwähnte Gutachten.

[3]) Vier Beisitzer sind auch in den nach dem KGG. zur Zuständigkeit der Schwurgerichte gehörigen, in den Schutzgebieten gleichfalls den Bezirksgerichten überwiesenen Strafsachen hinzuzuziehen. § 7 V. v. 9. Nov. 00. — In den am Schlusse des Abs. 2 bezeichneten Sachen (Schöffengerichtssachen usw.) findet gemäß § 6 Abs. 1 V. v. 9. Nov. 00

in den afr. und Südseeschutzgebieten die Hauptverhandlung ohne Zuziehung von Beisitzern statt, so daß dort in Strafsachen entweder (wenn diese nach dem GVG. zur Zuständigkeit der Schöffengerichte gehören oder wenn sie unter §§ 74, 75 GVG. fallen) der Bezirksrichter allein oder (in allen sonstigen Sachen) das Bezirksgericht unter Zuziehung von vier Beisitzern urteilt. — Für Kiautschou, wo gemäß Abs. 1 und § 6 Abs. 2 V. v. 9. Nov. 00 Schöffengerichtssachen usw. unter Zuziehung von zwei Beisitzern zu verhandeln sind, ist noch StPO. § 211 Abs. 2 zu beachten.

§ 9.[1]) Ist in bürgerlichen Rechtsstreitigkeiten die Zuziehung von zwei Beisitzern nicht ausführbar, so tritt an die Stelle des [Konsular-] Bezirksgerichts der [Konsul] Bezirksrichter.

Ist in Strafsachen die vorgeschriebene Zuziehung von vier Beisitzern nicht ausführbar, so genügt die Zuziehung von zwei Beisitzern.

Die Gründe, aus denen die Zuziehung von Beisitzern nicht ausführbar war, müssen in dem Sitzungsprotokoll angegeben werden.

[1]) Die Vorschriften des § 9 bleiben im Verfahren vor den Obergerichten außer Anwendung. V. v. 9. Nov. 00 § 8 Abs. 3.

§ 10. Das [Konsular-] Bezirksgericht ist zuständig:

1. für die durch das Gerichtsverfassungsgesetz und die Prozeßordnungen den Schwurgerichten,[1]) den Landgerichten in erster Instanz[2]) sowie den Schöffengerichten zugewiesenen Sachen;[3])[4])
2. für die Verhandlung und Entscheidung über das Rechtsmittel der Beschwerde gegen die Ent-

scheidungen des [Konsuls] Bezirksrichters in Strafsachen.[5])

[1]) SchGG. § 6 Nr. 4; Ksl. V. v. 9. Nov. 00 § 7.
[2]) Mögen diese als Zivilkammern (Kammern für Handelssachen) oder als Strafkammern zu entscheiden haben.
[3]) Für die afr. und Südsee-Schutzgebiete s. jedoch V. v. 9. Nov. 00 § 6, wonach dort in Schöffengerichtssachen und den unter §§ 74, 75 GVG. fallenden Strafsachen der Bezirksrichter allein urteilt.
[4]) Die Zuständigkeit des Bezirksgerichts tritt auch in denjenigen Sachen ein, welche durch andere Gesetze als die bezeichneten den Landgerichten überwiesen sind (z. B. durch HGB. §§ 272, 309, GenG. §§ 51, 96, GmbHG. §§ 61 f., 75). Dörr in ZKolPol. 09, 168.
[5]) Vgl. hierzu KGG. § 64.

§ 11. In den vor das [Konsular-] Bezirksgericht gehörenden Sachen steht den Beisitzern ein unbeschränktes Stimmrecht zu.[1])

In den im § 10 Nr. 1 bezeichneten Sachen nehmen die Beisitzer nur an der mündlichen Verhandlung und an den im Laufe oder auf Grund dieser Verhandlung ergehenden Entscheidungen theil; die sonst erforderlichen Entscheidungen werden von dem [Konsul] Bezirksrichter erlassen.

[1]) Die Beisitzer haben auch die Urteile mit zu unterschreiben. Erl. d. AAKA. v. 21. Juni 01, KA. 5204 (ungedr.). Vorwerk Anm. 1 zu § 11.

§ 12. Der [Konsul] Bezirksrichter ernennt für die Dauer eines jeden Geschäftsjahrs[1]) aus den achtbaren Gerichtseingesessenen oder in Ermangelung solcher aus sonstigen achtbaren Einwohnern seines

Bezirkes vier Beisitzer und mindestens zwei Hülfsbeisitzer.

Die Gerichtseingesessenen haben der an sie ergehenden Berufung Folge zu leisten; die §§ 53, 55, 56 des Gerichtsverfassungsgesetzes finden entsprechende Anwendung.[2])

[1]) Da nicht vorgeschrieben ist, daß die Ernennung vor Beginn des Geschäftsjahres geschehen muß, kann sie auch während des letzteren erfolgen. So auch die Praxis. A. A. Vorwerk Anm. 3 zu § 12.

[2]) § 53 GVG. betrifft die Geltendmachung von Ablehnungsgründen, § 55 die Reisekosten, § 56 Nichterscheinen zur Sitzung usw. ohne genügende Entschuldigung. § 54 GVG. ist nicht für anwendbar erklärt, da die Beisitzer nur von Fall zu Fall zu den Sitzungen herangezogen werden, also ohne weiteres durch den Vorsitzenden befreit werden können. (Begr.) — Wegen der Reisekosten der Beisitzer vgl. auch die V. d. RK. v. 18. Jan. 08 (KolGG. 37) Nr. II. — Eine Streichung von Beisitzern ist dem KGG. nicht bekannt. Vorwerk Anm. 6 zu § 12.

§ 13. Die Beeidigung der Beisitzer erfolgt bei ihrer ersten Dienstleistung in öffentlicher Sitzung. Sie gilt für die Dauer des Geschäftsjahrs. Der Vorsitzende richtet an die zu Beeidigenden die Worte: „Sie schwören bei Gott dem Allmächtigen und Allwissenden, die Pflichten eines Beisitzers des [deutschen Konsulargerichts] Kaiserlichen Bezirksgerichts (Obergerichts)[1]) getreulich zu erfüllen und Ihre Stimme nach bestem Wissen und Gewissen abzugeben.“

Die Beisitzer leisten den Eid, indem Jeder einzeln, unter Erhebung der rechten Hand, die Worte spricht: „Ich schwöre es, so wahr mir Gott helfe.“ Ist ein Beisitzer Mitglied einer Religionsgesellschaft, der das Gesetz den Gebrauch gewisser Betheuerungsformeln an Stelle des Eides gestattet, so wird die Abgabe einer Erklärung unter der Betheuerungsformel dieser Religionsgesellschaft der Eidesleistung gleichgeachtet. Ueber die Beeidigung ist ein Protokoll aufzunehmen.[2])

[1]) Vf. d. RK. v. 25. Dez. 00 (Anh. 1) § 2 Nr. 1. Für Kiautschou s. DAnw. v. 23. Okt. 07 (Anh. 29) § 4.

[2]) S. ferner Vf. d. RK. v. 25. Dez. 00 § 2 Nr. 2.

§ 14. Das [Reichs-] Obergericht ist zuständig für die Verhandlung und endgültige Entscheidung über die Rechtsmittel

1. der Beschwerde und der Berufung in den vor dem [Konsul] Bezirksrichter oder dem [Konsular-] Bezirksgerichte verhandelten bürgerlichen Rechtsstreitigkeiten und in Konkurssachen;
2. der Beschwerde und der Berufung gegen die Entscheidungen des [Konsular-] Bezirksgerichts in Strafsachen;
3. der Beschwerde gegen die Entscheidungen des [Konsuls] Bezirksrichters in den Angelegenheiten der freiwilligen Gerichtsbarkeit.

§ 15. Eine Mitwirkung der Staatsanwaltschaft findet, soweit nicht in diesem Gesetz ein Anderes vorgeschrieben ist,[1]) in den vor den [Konsul] Bezirksrichter oder das [Konsular-] Bezirksgericht gehörenden Sachen nicht statt.[2])

[1]) S. § 42.

[2]) Ausnahme für die Hauptverhandlung und Einlegung von Rechtsmitteln bei Verbrechen und Vergehen s. § 5 V. v. 9. Nov. 00.

§ 17. Die Personen, die zur Ausübung der Rechtsanwaltschaft zuzulassen sind, werden von dem [Konsul] Bezirksrichter bestimmt. Die Zulassung ist widerruflich.[1])

Gegen eine Verfügung des [Konsuls] Bezirksrichters, durch die der Antrag einer Person auf Zulassung zur Ausübung der Rechtsanwaltschaft abgelehnt oder die Zulassung zurückgenommen wird, findet Beschwerde an den Reichskanzler statt.

Das Verzeichniß der zur Ausübung der Rechtsanwaltschaft zugelassenen Personen ist in der für [konsularische] gerichtliche Bekanntmachungen ortsüblichen Weise, jedenfalls durch Anheftung an die Gerichtstafel bekannt zu machen.

[1]) Vgl. hierzu Vf d. RK. v. 25. Dez. 00/8. Mai 08 (Anh. 1) § 1 Nr. 7 Abs. 2 und § 3, sowie (für Kiautschou) DAnw. v. 23. Okt. 07 (Anh. 29) § 5. — Ein Anwaltszwang besteht in den Schutzgebieten nicht. §§ 41, 45 KGG., § 8 Abs. 3 V. v. 9. Nov. 00. — Gebühren der Rechtsanwälte s. § 19 KGG., § 10 V. v. 9. Nov. 00, ferner für die afr. u. Südseeschutzgebiete § 3 Vf. d. RK. v. 28. Nov. 01 (Anh. 2), auf Grund dessen für die in Betracht kommenden Schutzgebiete durch GouvVf. (DOA. Vf. v. 17. März 02, KolGG. 6, 464; DSWA. Vf. v.

10. März 05, KBl. 284, KolGG. 70; Kamerun Vf. v. 27. März 07, KBl. 428, KolGG. 167; Samoa V. v. 22. Dez. 09 (KBl. 10, 219) bestimmt ist, daß die Gebühren im doppelten (Sam.: dreifachen) Betrage der nach den heimischen GebO. (§ 19 KGG.) zuständigen Sätze zu erheben sind, und für Kiautschou §§ 25 f. GouvV. v. 21. Juni 04 (genehmigt v. RK. am 1. Okt. 04, KolGG. 288 u. Anh. 30), wonach die heimischen GO. mit der Maßgabe Anwendung finden, daß die Kostensätze ebensoviel Dollar und Cent wie in Preußen Mark und Pfennige betragen. Vgl. dabei wegen der Schreibgebühren sowie der Pauschsätze für Schreibwerk u. Porto (§ 73 RAGebO. i. d. Fass. v. 1. Juni 09) Anm. 2 zu § 73 KGG. — Die RechtsanwO. v. 1. Juli 78 (RGBl. 177) hat in den Schutzgebieten nur insoweit Geltung, als ihre Vorschriften unter § 19 KGG. fallen. Vorwerk Anm. 5 zu § 17.

§ 18. Die Vorschriften der §§ 157 bis 169 des Gerichtsverfassungsgesetzes und des § 2 des Reichsgesetzes über die Angelegenheiten der freiwilligen Gerichtsbarkeit finden auf die Leistung der Rechtshülfe unter den bei der Ausübung der [Konsular] Gerichtsbarkeit in den Schutzgebieten mitwirkenden Behörden sowie unter diesen Behörden und den Behörden im Reichsgebiet oder in den deutschen [Schutzgebieten] Konsulargerichtsbezirken mit der Maßgabe entsprechende Anwendung, daß für die im § 160 Abs. 1 des Gerichtsverfassungsgesetzes vorgesehene Entscheidung, sofern die Rechtshülfe von dem [Konsul] Bezirksrichter versagt oder gewährt wird, das [Reichsgericht] Obergericht in erster und letzter Instanz zuständig ist.

Dritter Abschnitt.

Allgemeine Vorschriften über das anzuwendende Recht.

§ 19. In den [Konsulargerichtsbezirken] Schutzgebieten gelten [für die der Konsulargerichtsbarkeit unterworfenen Personen], soweit nicht in diesem Gesetz ein Anderes vorgeschrieben ist:

1. die dem bürgerlichen Rechte[1]) angehörenden Vorschriften[2]) der Reichsgesetze[3]) und der daneben innerhalb Preußens im bisherigen Geltungsbereiche des preußischen Allgemeinen Landrechts in Kraft stehenden allgemeinen Gesetze[4]) sowie die Vorschriften der bezeichneten Gesetze über das Verfahren[5]) und die Kosten in bürgerlichen Rechtsstreitigkeiten,[6]) in Konkurssachen und in den Angelegenheiten der freiwilligen Gerichtsbarkeit;[7])
2. die dem Strafrecht angehörenden Vorschriften[2]) der Reichsgesetze[8]) sowie die Vorschriften dieser Gesetze über das Verfahren und die Kosten in Strafsachen.[6])[9])

[1]) Bürgerliches Recht ist der „Inbegriff derjenigen Normen, welche die den Personen als Privatpersonen zukommende rechtliche Stellung und die Verhältnisse, in welchen die Personen untereinander stehen, zu regeln bestimmt sind." (Mot. z. BGB. 1, 1). Ob eine Vorschrift dem bürgerlichen oder dem öffentlichen Recht angehört, ist danach zu entscheiden, ob sie im privaten oder öffentlichen Interesse ihren Grund hat, m. a. W., ob dabei das Interesse des einzelnen im Vordergrunde steht oder ob für sie das staatliche und allgemeine Interesse an erster

Stelle das Bestimmende ist. Dernburg, bürgerl. Recht³ 1 S. 37, 49. Der erste Fall liegt auch vor, wenn eine Vorschrift lediglich ein fiskalisches Interesse verfolgt.

²) Es sind also nicht die in Betracht kommenden G. als Ganzes eingeführt, sondern nur ihre unter § 19 fallenden einzelnen Vorschriften. Lediglich für die letzteren ist zu prüfen, ob sie dem bürgerlichen Recht (bzw. Straf- oder Prozeßrecht) oder dem nicht in den Schutzgebieten anwendbaren öffentlichen Recht (Verfassungs-, Verwaltungs-, Kirchenrecht), angehören. Hoffmann 107. Höpfner 26 Anm. 2. Vorwerk Anm. 3 zu § 19. (A. A. anscheinend Stengel 122.) Im Zweifelsfalle ist zu untersuchen, ob eine Vorschrift vorwiegend dem bürgerlichen usw. oder dem öffentlichen Recht angehört (Köbner 1117). Auch wird der Zusammenhang zu beachten und ferner § 20 KGG. zu berücksichtigen sein.

³) Geltung haben in den Schutzgebieten nach dem vorstehenden z. B. das BGB., HGB., GmbHG., GenG., die WO., ferner auch das HaftpflG. v. 7. Juni 71 (RG. U. v. 27. Mai 09, VI 243/08), keine Geltung dagegen das HypBankG. v. 13. Juli 99 (RGBl. 375), das Freizügigkeits G. v. 1. Nov. 67 (vgl. Anm. 5 zu § 9 SchGG.) und die auf der Grundlage des Art. 45 RV. erlassene Eisenbahnverkehrsordnung (RGBl. 09, 93), deren Vorschriften teils dem öffentlichen Recht angehören, teils auch, weil es in den Schutzgebieten keine Haupt- und Nebeneisenbahnen gibt, unter § 20 KGG. fallen. Vgl. ferner wegen der GewO. Anm. 1 zu § 20 KGG.

⁴) Vgl. EG. BGB. Art. 3, 55 f., AG. BGB. Art 89. Geltung haben in den Schutzgebieten z. B. die Art. 6, 7 AG. BGB. (wobei zu bemerken ist, daß Art. 5 der Kongoakte, RGBl. 85, 215, der Anwendung des Art. 7 § 2 nicht entgegensteht, da er sich nur auf physische, nicht auch auf juristische Personen bezieht), keine Geltung dagegen die Vorschriften des G. über die Zulässigkeit des Rechtsweges in Beziehung auf polizeiliche Verfügungen v. 11. Mai 42,

GS. 192 (weil dem Staatsrecht angehörig, U. d. KG. v. 11. Okt. u. 3. Dez. 09, 11 U 861/09 u. 11 U 6619/09) sowie die sog. Maigesetze (weil dem Kirchenrecht angehörig, vgl. RT. 85/86 Drucks. Nr. 201 StenB. Anl. Bd. 90 S. 992).

[5]) Auch soweit sie im GVG. enthalten sind (Vorschriften über Öffentlichkeit, Sitzungspolizei, Gerichtssprache, Beratung, Abstimmung (Begr. z. KGG. S. 18). — Maßgebend ist v. 1. April 10 ab die Fassung der ZPO., welche sich aus dem G. v. 1. Juni 09 (RGBl. 475) ergibt. Vgl. Art. VI d. I.

[6]) GKG., Pr. GKG. (GS. 99, 326), ZGebO., GVollz.=GebO. (RGBl. 98, 683), RAGebO., Pr. G. über Geb. d. RA. u. GVollz. (GS. 99, 381; 10, 15), Pr. NotGebO. (GS. 99, 374). Vgl. auch §§ 17 (Anm.), 73 KGG. u. §§ 10, 11 (Anm.) V. v. 9. Nov. 00.

[7]) FGG. (RGBl. 98, 771; 06, 387; vgl. auch G. v. 28. Mai 01, RGBl. 185). Pr. FGG. v. 21 Sept. 99 (GS. 249).

[8]) Also nicht nur diejenigen des RStGB. Andrerseits fallen unter § 19 Nr. 2 nicht sämtliche Strafbestimmungen der Reichsgesetze. In dieser Beziehung bemerkte der Ber. d. XIV. Komm. (RT. 85/86, Drucks. Nr. 201, StenB. Anl. Bd. 90 S. 992) zu § 2 G. v. 16. April 86: „In den Verhandlungen der Kommission wurde konstatiert, daß unter ‚Strafgesetze‘ nur Strafgesetze im engeren Sinne zu verstehen seien. Diejenigen Strafbestimmungen, welche sich in Verwaltungsgesetzen befinden, erlangen daher in denselben [d. h. Konsularbezirken], solange diese Verwaltungsgesetze selbst nicht eingeführt sind, keinerlei Gültigkeit. Dies gilt beispielsweise von den Strafbestimmungen des Zollgesetzes, der Gewerbeordnung usw." Der hier ausgesprochene Grundsatz wird auch jetzt noch Geltung haben müssen. Stengel 174. Vgl. auch Köbner 1133. (A. A. zum Teil v. Hoffmann, Kolonial-Gewerberecht 9f., welcher annimmt, daß die Strafandrohungen der Verwaltungsgesetze

schon dann Anwendung finden, wenn die dadurch zu schützenden Rechtsgüter in den Schutzgebieten als solche anerkannt seien, z. B. durch GouvV. Als Absicht des Gesetzgebers kann dies nicht erachtet werden. Nicht zutreffend erscheint auch die Ansicht von Dörr, ZKolPol. 08, 323, daß sämtliche materiellstrafrechtliche Vorschriften irgendwelcher Reichsgesetze anwendbar seien, soweit nicht § 20 Platz greift. „Dem Strafrecht angehörende Vorschrift" ist nicht gleichbedeutend mit „Strafandrohung". Auch im Sinne der Nr. 2 des § 19 ist das Verwaltungsrecht als solches von der Geltung in den Schutzgebieten ausgenommen.) — Geltung haben z. B. in den Schutzgebieten die Strafvorschriften (§§ 5 bis 8, 10f.) des Sprengstoffgesetzes v. 9. Juni 84 (RGBl. 61), das G. betr. die Bestrafung des Sklavenraubs und Sklavenhandels v. 28. Juli 95 (RGBl. 425), der KO., des UnlWG. (1909). Ferner werden auch die §§ 21, 22 PreßG. für anwendbar zu erachten sein. (So Dörr, ZKolPol. 08, 326.) Vgl. im übrigen noch Anm. 2.

[9]) Das KGG. enthält eine Auslegungsregel, wonach in seinem Sinne „Gesetz" jede Rechtsnorm sei (vgl. Art. 2 EG. BGB., § 12 EG. ZPO., § 7 EG. StPO., § 2 EG. KO.) nicht. Unter „Gesetzen" sind daher im § 19 nur die formellen, unter Zustimmung der Volksvertretung erlassenen Gesetze, nicht auch Gewohnheitsrecht, Statutarrecht und Verordnungen zu verstehen. Vgl. Vorwerk Anm. 5 zu § 19. S. jedoch KGG. §§ 23, 40.

§ 20. Die im § 19 erwähnten Vorschriften finden keine Anwendung, soweit sie Einrichtungen und Verhältnisse voraussetzen, an denen es für [den Konsulargerichtsbezirk] das Schutzgebiet fehlt.[1])

Durch Kaiserliche Verordnung können die hiernach außer Anwendung bleibenden Vorschriften, soweit sie zu den im § 19 Nr. 1 erwähnten gehören, näher bezeichnet, auch andere Vorschriften an deren Stelle getroffen werden.

[1]) Dahin sind z. B. für die sämtlichen Schutzgebiete die preußischen Gesetze über das Wasser- und Wegerecht sowie Jagd- und Fischereirecht zu rechnen. Desgl. nach den derzeitigen Verhältnissen die Vorschriften der GewO., auch soweit sie privatrechtlicher Art sind. A. A. v. Hoffmann, Kolonialgewerberecht 61.

§ 21. Durch Kaiserliche Verordnung können die Rechte an Grundstücken, das Bergwerkseigenthum sowie die sonstigen Berechtigungen, für welche die sich auf Grundstücke beziehenden Vorschriften gelten, abweichend von den nach § 19 maßgebenden Vorschriften geregelt werden.[1])

[1]) Vgl. V. v. 9. Nov. 00 § 3 und die Ksl. V. v. 21. Nov. 02 (Anh. 5).

§ 22. Durch Kaiserliche Verordnung kann bestimmt werden, inwieweit die Vorschriften der Gesetze über den Schutz von Werken der Literatur und Kunst, von Photographien, von Erfindungen, von Mustern und Modellen, von Gebrauchsmustern und von Waarenbezeichnungen in den Konsulargerichtsbezirken Anwendung finden[1]) oder außer Anwendung bleiben.

[1]) Vgl. V. v. 9. Nov. 00 § 4.

§ 23. Soweit die im § 19 bezeichneten Gesetze landesherrliche Verordnungen oder landesherrliche Genehmigung vorsehen, treten an deren Stelle in den [Konsulargerichtsbezirken] Schutzgebieten

Kaiserliche Verordnungen oder die Genehmigung des Kaisers [1])

Die nach diesen Gesetzen im Verwaltungsstreitverfahren zu treffenden Entscheidungen werden für die [Konsulargerichtsbezirke] Schutzgebiete in erster und letzter Instanz von dem Bundesrath erlassen.[2])

Soweit in diesen Gesetzen auf Anordnungen oder Verfügungen einer Landes-Zentralbehörde oder einer höheren Verwaltungsbehörde verwiesen wird, treten an deren Stelle in den [Konsulargerichtsbezirken] Schutzgebieten Anordnungen oder Verfügungen des Reichskanzlers oder der von diesem bezeichneten Behörde.[3])

[Die nach diesen Gesetzen den Polizeibehörden zustehenden Befugnisse werden in den Konsulargerichtsbezirken von dem Konsul ausgeübt.][4])

Bis zum Erlasse der im Abs. 1 vorgesehenen Kaiserlichen Verordnungen sowie der im Abs. 3 vorgesehenen Anordnungen oder Verfügungen des Reichskanzlers finden die innerhalb Preußens im bisherigen Geltungsbereiche des preußischen Allgemeinen Landrechts geltenden landesherrlichen Verordnungen sowie die dort geltenden Anordnungen oder Verfügungen der Landes-Zentralbehörden entsprechende Anwendung.

[1]) Z. B. in den Fällen des Art. 188 Abs. 1 u. 2. EG. BGB., Art. 7 Abs. 1 AG. HGB., Art. 6 § 1 AG. BGB. (Begr. z. KGG. S. 21).

[2]) Z. B. in den Fällen des § 81 Abs. 2 GenG. (1898), § 62 Abs. 2 GmbHG. (1898), Art. 4 Abs. 2 AG. HGB. (Begr. z. KGG. S. 21).

[3]) Z. B. in den Fällen der §§ 6, 14 EG. ZPO., § 1 Abs. 2, §§ 93—97 GBO., Art. 2 § 6, Art. 83 Abs. 2 AG. BGB., Art. 1 Abs. 1 AG. HGB. (Begr. z. KGG. S. 21) sowie des § 25 StGB.

[4]) Abs. 4 gilt nicht in den Schutzgebieten. SchGG. § 3.

§ 26. Durch Kaiserliche Verordnung kann bestimmt werden, inwieweit die [Konsulargerichtsbezirke] Schutzgebiete im Sinne der in den §§ 19, 22 bezeichneten Gesetze als deutsches Gebiet oder Inland oder als Ausland anzusehen sind.[1])

[1]) Vgl. Anm. 10 zu § 9 SchGG. In Ermangelung einer Ksl. V. gemäß § 26, die bisher für die Schutzgebiete nicht ergangen ist, wird bei den einzelnen in Betracht kommenden Bestimmungen zu prüfen sein, welcher gesetzgeberische Gedanke der Unterscheidung zwischen deutschem Gebiet bzw. Inland oder Ausland zugrunde liegt. Sind für diese die aus der räumlichen Entfernung sich ergebenden Verkehrsschwierigkeiten maßgebend gewesen, so haben Deutschland und die einzelnen Schutzgebiete (Konsularbezirke) im Verhältnis zueinander als Ausland zu gelten. Beruht sie auf anderen Erwägungen, z. B. der Annahme, daß die fremde Rechtspflege nicht die gleichen Garantien gewährt, so kann als Ausland regelmäßig nur ein Gebiet angesehen werden, das weder dem Reiche, noch einem deutschen Konsulargerichtsbezirke, noch einem Schutzgebiete angehört. Begr. z. KGG. 1879 (RT. 79, Drucks. Nr. 70 S. 21, StenB. Anl. Bd. 55 S. 581). Köbner 1093. Sabersky, Der koloniale Inlands- und Auslandsbegriff, 1907 S. 17. (Köbner: Die Schutzgebiete seien als Inland anzusehen, wo zwischen Inland und Ausland unter dem Gesichtspunkt der rechtlichen Einwirkung der deutschen Staatsgewalt auf die betreffenden Gebiete oder der wirtschaftlichen Begünstigung des Inlands unterschieden werde.) — Als Ausland sind die Schutzgebiete z. B. im Sinne des § 1944 BGB., der §§ 199,

262 Abs. 2, 499 Abs. 2, 791 ZPO., § 81 Nr. 3 StGB., §§ 37, 119 StPO., 16 FGG., als Inland im Sinne der §§ 328, 438, 722 ZPO., § 50 KO., §§ 4, 8, 37, 244 StGB., § 9 StPO., §§ 36, 47, 73 FGG., §§ 2, 5 und 11 PatG. anzusehen. Wegen des Näheren vgl. Sabersky a. a. O. Dem letzteren (S. 54) wird nach dem oben Ausgeführten auch darin beizutreten sein, daß die Schutzgebiete im Sinne der §§ 237, 238 KO. als Inland zu gelten haben. A. A. Jäger, KO., 02 Anm. 5 zu § 237, Anm. 2 zu § 238 u. Höpfner 44 Anm. 1. — Wegen der §§ 110, 114 ZPO. u. 85 GKG. vgl. Anh. 4. — Rechtshandlungen der Richter in den Schutzgebieten sind im Sinne der deutschen Gesetze, insbesondere des § 68 StGB., als Rechtshandlungen inländischer Richter zu erachten. RG. U. v. 14. Dez. 06, 2 S 438/06. — Inland sind die Schutzgebiete auch im Sinne der Bestimmungen über das internationale Privatrecht (z. B. der Art. 7 f. EG. BGB.) Köbner 1094.

§ 29. Die Einrückung einer öffentlichen Bekanntmachung in den Deutschen Reichsanzeiger ist nicht erforderlich, sofern daneben eine andere Art der Veröffentlichung vorgeschrieben ist.[1]) Der Reichskanzler kann Ausnahmen von dieser Vorschrift anordnen.

Der Reichskanzler kann bestimmen, daß an die Stelle der Einrückung einer öffentlichen Bekanntmachung in den Deutschen Reichsanzeiger eine andere Art der Veröffentlichung tritt.[2])

[1]) Z. B. in den Fällen des § 10 Abs. 1 HGB., §§ 204 Abs. 2, 948, 1009 Abs. 1 ZPO., § 111 Abs. 2 KO. Vorwerk, Anm. 1 zu § 29.

[2]) Auf Grund des § 29 ist für die afr. u. Südsee-Schutzgebiete die folgende Vf. d. RK. v. 14. Okt. 09 (KBl. 979) ergangen:

„Die Bekanntmachung der Eintragungen in das Handelsregister (§ 10 HGB.) und das Genossenschaftsregister (§ 156 GenG.) hat durch das Deutsche Kolonialblatt und mindestens ein anderes Blatt zu geschehen.“

§ 30. Neue Gesetze[1]) erlangen in den [Konsulargerichtsbezirken, die in Europa, in Egypten oder an der asiatischen Küste des Schwarzen oder des Mittelländischen Meeres liegen, mit dem Ablaufe von zwei Monaten, in den übrigen Konsulargerichtsbezirken] Schutzgebieten mit dem Ablaufe von vier Monaten nach dem Tage, an dem das betreffende Stück des Reichs-Gesetzblatts oder der Preußischen Gesetz-Sammlung in Berlin ausgegeben worden ist,[2]) verbindliche Kraft, soweit nicht für das Inkrafttreten ein späterer Zeitpunkt festgesetzt ist oder für die [Konsulargerichtsbezirke] Schutzgebiete reichsgesetzlich ein Anderes vorgeschrieben wird.

[1]) § 30 ist wegen seines Zusammenhanges mit den vorhergehenden Bestimmungen des KGG. (vgl. insbesondere den Hinweis auf die Preuß. GS.) nur auf solche Gesetze (Anm. 9 zu § 19 KGG.) zu beziehen, welche gemäß §§ 3 SchGG., 19 KGG. in den Schutzgebieten Geltung erlangen, nicht also auch auf Verordnungen des Kaisers und des Reichskanzlers sowie auf Gesetze, welche besonders für die Schutzgebiete erlassen sind. (Für die letzteren gilt Art. 2 RV.) Stengel 53. Hoffmann 38. Vorwerk Anm. 1 zu § 30. Höpfner 37 Anm. 3. A. A. Sassen, Gesetzgebung und Verordnungsrecht in den Kolonien, 39 Anm. 2.

[2]) Z. B. wenn das RGBl. am 1. Januar ausgegeben ist, am 3. Mai desselben Jahres. Vorwerk Anm. 2 zu § 30.

Vierter Abschnitt.

Besondere Vorschriften über das bürgerliche Recht.

§ 31. Auf Vereine, die ihren Sitz in einem [Konsulargerichtsbezirke] Schutzgebiete haben, finden die Vorschriften der §§ 21, 22, des § 44 Abs. 1 und der §§ 55 bis 79 des Bürgerlichen Gesetzbuchs keine Anwendung.[1])

[1]) Es können deshalb Vereine in den Schutzgebieten Rechtsfähigkeit nur durch Beschluß des Bundesrats gemäß § 23 BGB. erlangen. Vorwerk Anm. 3 zu § 31. Höpfner 38 Anm. 1.

§ 33. Durch Kaiserliche Verordnung kann für ein[en Konsulargerichtsbezirk] Schutzgebiet oder für einen Theil eines solchen angeordnet werden, daß statt der in den §§ 246, 247, 288 des Bürgerlichen Gesetzbuchs und im § 352 des Handelsgesetzbuchs aufgestellten Zinssätze ein höherer Zinssatz gilt.[1])

[1]) Eine solche V. ist bisher für die Schutzgebiete nicht ergangen.

§ 34. Inhaberpapiere der im § 795 Abs. 1 des Bürgerlichen Gesetzbuchs bezeichneten Art, die in einem [Konsulargerichtsbezirke von einer der Konsulargerichtsbarkeit unterworfenen Person] Schutzgebiete ausgestellt worden sind, dürfen nur mit Genehmigung des Reichskanzlers in den Verkehr gebracht werden.

§ 35. Durch Anordnung des Reichskanzlers kann bestimmt werden, wer in den [Konsulargerichtsbezirken]

Schutzgebieten an die Stelle der Gemeinde des Fundorts in den Fällen der §§ 976, 977 und an die Stelle der öffentlichen Armenkasse einer Gemeinde im Falle des § 2072 des Bürgerlichen Gesetzbuchs zu treten hat.[1])

§ 37. Durch Kaiserliche Verordnung können für die innerhalb der [Konsulargerichtsbezirke] Schutzgebiete belegenen Grundstücke die Grundsätze bestimmt werden, nach denen die Sicherheit einer Hypothek, einer Grundschuld oder einer Rentenschuld im Sinne des § 1807 des Bürgerlichen Gesetzbuchs festzustellen ist.[1])

[1]) Entsprechende Vorschriften sind bisher nicht ergangen.

§ 38. Im Falle des § 2249 Abs. 1 des Bürgerlichen Gesetzbuchs[1]) kann das Testament durch mündliche Erklärung vor drei Zeugen nach § 2250 errichtet werden; der § 2249 Abs. 2 findet entsprechende Anwendung.

[1]) D. h. falls zu besorgen ist, daß der Erblasser früher sterben werde, als die Errichtung eines Testaments vor einem Richter möglich ist. Vgl. V. v. 9. Nov. 00 § 11 Abs. 2.

§ 39. Durch Kaiserliche Verordnung können für die [Konsulargerichtsbezirke] Schutzgebiete die der Landesgesetzgebung vorbehaltenen Bestimmungen über die Hinterlegung und die Hinterlegungsstellen getroffen werden.[1])

[1]) Bisher nicht geschehen, so daß § 19 Nr. 1 Platz greift. Die betreffenden im EG. BGB. Art. 144 f. bezeichneten Bestimmungen sind für Preußen in der Hinter-

legungsordnung v. 14. März 79 (GS. 249) und Art. 84 AG. BGB. enthalten. Die preußischen Vorschriften sind indes in den Schutzgebieten wegen § 20 Abs. 1 KGG. zum großen Teile nicht anwendbar. Übungsgemäß finden dort sämtliche Hinterlegungen bei den Bezirksgerichten statt.

§ 40. In Handelssachen finden die Vorschriften der im § 19 bezeichneten Gesetze nur soweit Anwendung, als nicht das im [Konsulargerichtsbezirke] Schutzgebiete geltende Handelsgewohnheitsrecht[1]) ein Anderes bestimmt.[2])

Handelssachen im Sinne des Abs. 1 sind die von einem Kaufmanne vorgenommenen Rechtsgeschäfte der im § 1 Abs. 2 des Handelsgesetzbuchs bezeichneten Art sowie die Angelegenheiten, die eines der im § 101 Nr. 3a, d, e, f des Gerichtsverfassungsgesetzes aufgeführten Rechtsverhältnisse zum Gegenstande haben.

[1]) Voraussetzung für die Entstehung eines Handelsgewohnheitsrechts ist eine langdauernde Übung, in welcher die allgemeine Überzeugung von dem Bestehen eines entsprechenden Rechtssatzes zum Ausdruck gelangt. Staub, HGB. [8] 1, 11 (Anm. 34, 35). Verschieden von dem Handelsgewohnheitsrecht sind die in § 346 HGB. erwähnten Handelsgewohnheiten und Handelsgebräuche, die nur eine tatsächliche Übung (Verkehrssitte) darstellen (Staub a. a. O. 1, 11 Anm. 33 u. 2, 1138 Anm. 1 f.) und lediglich für die Auslegung von Willenserklärungen Bedeutung haben. Wegen des Beweises des Bestehens eines Handelsgewohnheitsrechts s. ZPO. § 293.

[2]) Die Vorschriften der KO. können, auch soweit sie bürgerlich-rechtlicher Art sind, durch ein Handelsgewohnheitsrecht nicht außer Kraft gesetzt werden. RGZ. 14, 143.

Fünfter Abschnitt.

Besondere Vorschriften über das Verfahren in bürgerlichen Rechtsstreitigkeiten, in Konkurssachen und in den Angelegenheiten der freiwilligen Gerichtsbarkeit.

§ 41. In bürgerlichen Rechtsstreitigkeiten richtet sich das Verfahren vor dem [Konsul] Bezirksrichter sowie vor dem [Konsulargerichte] Bezirksgerichte[1]) nach den Vorschriften über das Verfahren vor den Amtsgerichten mit der Maßgabe, daß auch die Vorschriften der §§ 348 bis 354 der Zivilprozeßordnung[2]) Anwendung finden.

[1]) Desgleichen gemäß § 8 Abs. 3 V. v. 9. Nov. 00 das Verfahren vor dem Obergericht.

[2]) Betr. das Verfahren in Rechnungssachen, Auseinandersetzungen und ähnlichen Prozessen.

§ 42. In Rechtsstreitigkeiten, die die Nichtigkeit einer Ehe zum Gegenstande haben, werden die Verrichtungen der Staatsanwaltschaft von dem [Konsul] Bezirksrichter einer der zur Ausübung der Rechtsanwaltschaft zugelassenen Personen, einem anderen achtbaren Gerichtseingesessenen oder sonst im [Konsular] Gerichtsbezirke befindlichen Deutschen oder Schutzgenossen übertragen. Das Gleiche gilt in Entmündigungssachen sowie im Aufgebotsverfahren zum Zwecke der Todeserklärung.

§ 43. In den nach § 7 Nr. 1 zur Zuständigkeit des [Konsuls] Bezirksrichters gehörenden bürgerlichen Rechtsstreitigkeiten findet, sofern der Werth des

Streitgegenstandes die Summe von 300 Mark nicht übersteigt,[1]) ein Rechtsmittel[2]) nicht statt.

[1]) Entscheidend ist der Wert des Streitgegenstandes, nicht der des Beschwerdegegenstandes. RGZ. 13, 409.

[2]) In Betracht kommen nur Berufung und Beschwerde. Einspruch gegen ein Versäumnisurteil, Widerspruch gegen einen Zahlungsbefehl, Wiedereinsetzung in den vorigen Stand und Wiederaufnahme des Verfahrens sind keine Rechtsmittel (ZPO. Buch 3).

§ 44. Der [Konsul] Bezirksrichter ist zur Abänderung seiner durch sofortige Beschwerde angefochtenen Entscheidung auch außer den im § 577 Abs. 3 der Zivilprozeßordnung bezeichneten Fällen befugt.

§ 45. Das Rechtsmittel der Berufung wird bei dem [Konsul] Bezirksrichter eingelegt. Die Einlegung erfolgt durch Einreichung der Berufungsschrift. Auf die Einlegung findet die Vorschrift des § 78 Abs. 1 der Zivilprozeßordnung keine Anwendung.[1]) Die Berufungsschrift ist der Gegenpartei unter Beachtung der Vorschriften des § [179] 210a[2]) der Zivilprozeßordnung von Amtswegen zuzustellen.[3]) Der [Konsul] Bezirksrichter hat die Prozeßakten mit dem Nachweise der Zustellung dem [Reichs] Obergerichte zu übersenden.[4])

Das [Reichs] Obergericht hat den Termin zur mündlichen Verhandlung von Amtswegen zu bestimmen und den Parteien bekannt zu machen.[3]) [5])

Die Bekanntmachung des Termins erfolgt an den für die Berufungsinstanz bestellten und dem [Reichs] Obergerichte durch Vermittelung des [Konsuls] Bezirksrichters oder durch die Partei selbst rechtzeitig benannten Prozeßbevollmächtigten oder Zustellungsbevollmächtigten, in Ermangelung eines solchen an die Partei selbst.

Die im § 520 Abs. 2[6]) der Zivilprozeßordnung vorgesehene Frist[7]) beginnt mit dem Zeitpunkt, in dem der Termin dem Berufungsbeklagten bekannt gemacht worden ist.[8])

[1]) Es besteht also kein Anwaltszwang. Vgl. im übrigen wegen des Inhalts und der Anlagen der Berufungsschrift §§ 518 Abs. 2 u. 520 Abs. 1 Satz 3 ZPO. i. d. Fass. v. 1. Juni 09. Die Beifügung einer Urteilsausfertigung (§ 518 Abs. 3 ZPO.) ist in den Schutzgebieten wegen Satz 1 des § 45 nicht erforderlich.

[2]) Art. VI, II 6 u. 7 G. v. 1. Juni 09.

[3]) Vgl. V. v. 9. Nov. 00 § 10 und die Anm. 1 hierzu. — Gemäß § 210a ZPO. hat die Zustellung gegebenenfalls an den Prozeßbevollmächtigten zu erfolgen.

[4]) Auch wenn er die Berufung für unstatthaft oder nicht frist- oder formgerecht eingelegt hält. Vgl. RGZ. 31, 428.

[5]) Anwaltszwang besteht auch in dem Verfahren vor den Obergerichten nicht. V. v. 9. Nov. 00 § 8 Abs. 3. § 520 Abs. 1 l. Satz ZPO. bleibt dementsprechend ohne Anwendung.

[6]) Art. VI, II 29 G. v. 1. Juni 09.

[7]) Die zweiwöchige Einlassungsfrist des § 262 ZPO.

[8]) Wegen des weiteren Verfahrens s. V. v. 9. Nov. 00 § 8 Abs. 3.

§ 47. In den Fällen der §§ 110, 179 der Konkursordnung soll der Termin zur Beschlußfassung über die Wahl eines anderen Verwalters und über die Bestellung eines Gläubigerausschusses sowie der Vergleichstermin nicht über [zwei] drei Monate hinaus anberaumt werden.

[Diese Termine können bis auf drei Monate hinausgeschoben werden, wenn der Bezirk des Konsulargerichts, vor dem das Verfahren schwebt, nicht in Europa, in Egypten oder an der asiatischen Küste des Schwarzen oder des Mittelländischen Meeres liegt.]

Der Zeitraum, der nach § 138 der Konkursordnung zwischen dem Ablaufe der Anmeldefrist und dem allgemeinen Prüfungstermine liegen muß, soll mindestens zwei Wochen und höchstens drei Monate betragen.

An die Stelle der in den §§ 152, 203 der Konkursordnung vorgesehenen Fristen tritt eine Frist von einem Monat, im Falle des Abs. 2 eine Frist von zwei Monaten.

§ 48. Die Vorschrift des § 18 Abs. 2 des Reichsgesetzes über die Angelegenheiten der freiwilligen Gerichtsbarkeit[1]) findet auf eine durch Beschwerde angefochtene Verfügung des [Konsuls] Bezirksrichters keine Anwendung.

[1]) § 18 Abs. 2 bestimmt, daß das Gericht zur Änderung einer nachträglich für ungerechtfertigt erachteten Verfügung dann nicht befugt ist, wenn diese der sofortigen Beschwerde unterliegt.

Sechster Abschnitt.
Besondere Vorschriften über das Strafrecht.

Siebenter Abschnitt.
Besondere Vorschriften über das Verfahren in Strafsachen.

§ 52. Der [Konsul] Bezirksrichter übt in Strafsachen die Verrichtungen des Amtsrichters[1]) und des Vorsitzenden der Strafkammer aus.

[1]) Vgl. u. a. auch § 447 f. StPO. (Erlaß von Strafbefehlen).

§ 53. Die Zustellungen, die Ladungen, die Vollstreckung von Beschlüssen und Verfügungen sowie die Strafvollstreckung[1]) werden durch den [Konsul] Bezirksrichter veranlaßt.

[1]) S. Anm. 3 zu § 1 V. v. 14. Juli 05 (Anh. 25).

§ 54. Im vorbereitenden Verfahren ist die Beeidigung eines Zeugen oder Sachverständigen auch in den im § 65 Abs. 2 der Strafprozeßordnung bezeichneten Fällen zulässig.

Die Vorschriften des § 126 der Strafprozeßordnung[1]) finden keine Anwendung.

[1]) Betr. Aufhebung des Haftbefehls, Fortdauer der Untersuchungshaft vor Erhebung der öffentlichen Klage und Fristverlängerung für die letztere.

§ 55. Erhält der [Konsul] Bezirksrichter von dem Verdacht eines zur Zuständigkeit des Reichsgerichts [oder der Schwurgerichte] gehörenden Verbrechens[1]) Kenntniß, so hat er die zur Strafverfolgung erforderlichen Sicherheitsmaßregeln zu treffen sowie die Untersuchungshandlungen, in Ansehung deren Gefahr im Verzug obwaltet oder die Voraussetzungen des § 65 Abs. 2 der Strafprozeßordnung zutreffen, vorzunehmen und demnächst die Akten [der Staatsanwaltschaft bei dem zuständigen deutschen Gericht, in Ermangelung eines solchen] dem Ober-Reichsanwalte zu übersenden. [Im letzteren Falle wird das zuständige Gericht von dem Reichsgerichte bestimmt.]

[1]) Hoch- oder Landesverrat gegen Kaiser oder Reich. Vgl. Anm. 1 zu § 8 V. v. 9. Nov. 00. In betreff der Schwurgerichtssachen greift in den Schutzgebieten wegen § 7 V. v. 9. Nov. 00 § 56 KGG. Platz.

§ 56. Gehört die strafbare Handlung zur Zuständigkeit des [Konsulargerichts] Bezirksgerichts[1]) oder des [Konsuls] Bezirksrichters, so ist an Stelle der Staatsanwaltschaft der [Konsul] Bezirksrichter zum Einschreiten berufen. Er stellt insbesondere die der Staatsanwaltschaft im vorbereitenden Verfahren obliegenden Ermittelungen an.[2]) [3])

[1]) Dies ist in den Schutzgebieten auch bezüglich der Schwurgerichtssachen der Fall. S. Anm. 1 zu § 55.

[2]) Ihm stehen deshalb auch die Rechte aus § 159 StPO. gegenüber den Behörden und Beamten des Polizei- und Sicherheitsdienstes in Deutschland wie in den Schutzgebieten zu.

[3]) Gibt der Bezirksrichter einem Antrage auf Erhebung der öffentlichen Klage keine Folge oder verfügt er nach

dem Abschluß der Ermittlungen die Einstellung des Verfahrens, so hat er gemäß § 169 StPO. den Antragsteller unter Angabe der Gründe zu bescheiden. Gegen den Bescheid steht dem Antragsteller, sofern dieser zugleich der Verletzte ist, die Beschwerde aus § 170 Abs. 1 StPO. zu. Zuständig für die Entscheidung ist nach § 10 Nr. 2 KGG. das Bezirksgericht. Über eine weitere Beschwerde gegen einen ablehnenden Beschluß des letzteren (StPO. § 170 Abs. 1 a. E.) entscheidet gemäß § 14 Nr. 2 KGG. u. § 8 V. v. 9. Nov. 00 das Obergericht. So die Praxis in Übereinstimmung mit einem (unter der Herrschaft des KGG. v. 10. Juli 79 ergangenen) Beschl. des RG. StS. I v. 29. Juni 93, RGSt. 24, 220. (Wegen der Mitwirkung des Bezirksrichters bei der Entscheidung des Bezirksgerichts s. § 64 Abs. 1 KGG. § 22 Nr. 4 StPO. findet keine Anwendung, da der Bezirksrichter nicht als Staatsanwalt, sondern „an Stelle" des letzteren tätig gewesen ist. A. A. Vorwerk Anm. 3 zu § 56.) — Streitig ist in der Praxis, ob der Bezirksrichter auch im Aufsichtswege (also vom Oberrichter bzw. Gouverneur, vgl. § 1 Nr. 7 Vf. v. 25. Dez. 00 und für Kiautschou vom RMarA., § 1 Nr. 2 Abs. 2 d. Anw. v. 23. Okt. 07) zur Erhebung der öffentlichen Klage angewiesen werden kann. Die Frage dürfte zu bejahen sein, da die im § 56 geregelte Tätigkeit des Bezirksrichters eine verwaltende ist, für welche der Grundsatz der richterlichen Unabhängigkeit (Anm. 1 zu § 2 SchGG.) nicht gilt. Dementsprechend wird sich der Anzeigende gegenüber einem Bescheide des Bezirksrichters aus § 169 StPO. auch beschwerdeführend an den Oberrichter wenden können. Der hierdurch eröffnete Beschwerdeweg ist aber nicht (wie Höpfner 46 Anm. 3 annimmt) der dem § 170 StPO. entsprechende. (Vgl. Löwe, StPO. Anm. 2a zu § 170.)

§ 57. Eine Voruntersuchung findet nicht statt.[1])

[1]) Vgl. § 6 Nr. 2b SchGG. Eine die Voruntersuchung einführende V. ist indes bisher nicht erlassen.

§ 58. An die Stelle der öffentlichen Klage tritt in den Fällen, in denen nicht sofort das Hauptverfahren eröffnet wird, die Verfügung des [Konsuls] Bezirksrichters über die Einleitung des Strafverfahrens gegen den Beschuldigten. Diese Verfügung hat die dem Angeschuldigten zur Last gelegte That unter Hervorhebung ihrer gesetzlichen Merkmale und des anzuwendenden Strafgesetzes zu bezeichnen.[1])

Der Beschluß, durch den das Hauptverfahren eröffnet wird, hat auch die Beweismittel anzugeben.[2])

[1]) Sie steht insofern der Anklageschrift (§ 198 StPO.) gleich und ist, wie diese, dem Angeschuldigten mitzuteilen (§ 199 StPO.). Sie unterliegt nicht der Anfechtung. Vorwerk Anm. 2 zu § 58.

[2]) Der § 58 hat, namentlich soweit sein Verhältnis zu §§ 56, 57 in Betracht kommt, in der Praxis der Schutzgebietsgerichte vielfach zu Zweifeln Anlaß gegeben. Bei der Auslegung ist vor allem zu beachten, daß zu einer Hauptverhandlung — abgesehen von den Ausnahmefällen des § 211 StPO. — nicht ohne einen vorhergegangenen Beschluß über die Eröffnung des Hauptverfahrens (§ 201 f. StPO.) geschritten werden kann. Dieser Beschluß hat gemäß § 201 StPO. zur Voraussetzung, daß nach dem Ergebnis des vorbereitenden Verfahrens — eine Voruntersuchung kommt wegen § 57 nicht in Betracht — der Beschuldigte der strafbaren Handlung hinreichend verdächtig erscheint. Um beurteilen zu können, ob letzteres der Fall ist, wird der Bezirksrichter regelmäß Ermittelungen vornehmen müssen. Der Sinn des Abs. 1 des § 58 kann also nicht etwa (wie Vorwerk Anm. 1 zu § 58 annimmt) der sein, daß der Bezirksrichter schon nach Kenntnis von einer zu seiner Zuständigkeit gehörigen strafbaren Handlung das Hauptverfahren eröffnen könne, falls er aber noch Ermittelungen

gemäß §§ 15, 56 KGG. für erforderlich erachtet, eine Verfügung über Einleitung des Strafverfahrens zu erlassen habe. Vielmehr ist der Erlaß einer solchen Verfügung lediglich in sein Ermessen gestellt. Das Hauptverfahren kann in allen Fällen eröffnet werden, auch ohne daß zuvor eine Verfügung über die Einleitung des Strafverfahrens ergangen ist. Eine solche wird nur angebracht sein, wenn besondere Gründe dafür sprechen; z. B. wenn die in StPO. § 8 an die Erhebung der öffentlichen Klage bezüglich der Begründung des Gerichtsstandes geknüpfte Folge herbeigeführt werden soll, der Bezirksrichter aber noch weitere Ermittelungen — etwa im Interesse des Angeschuldigten — für nötig hält. Ebenso im wesentlichen Goes, RG. über die Konsulargerichtsbarkeit, Ann. d. D. Reichs 97, 561.

§ 59. Die Vorschrift des § 232 der Strafprozeßordnung[1]) findet auch dann Anwendung, wenn nach dem Ermessen des Gerichts die zu erwartende Freiheitsstrafe nicht mehr als sechs Monate beträgt.

[1]) Betr. Entbindung des Angeklagten von der Verpflichtung zum Erscheinen in der Hauptverhandlung.

§ 60. Den Umfang der Beweisaufnahme bestimmt das Gericht, ohne hierbei durch Anträge, Verzichte oder frühere Beschlüsse gebunden zu sein.

§ 61. In das Protokoll über die Hauptverhandlung sind die wesentlichen Ergebnisse der Vernehmungen aufzunehmen.

§ 62. In den Fällen der §§ 45,[1]) 449[2]) der Strafprozeßordnung beträgt die Frist zwei Wochen.

[1]) Betr. Gesuch um Wiedereinsetzung in den vorigen Stand.

[2]) Betr. Einspruch gegen einen Strafbefehl.

§ 63. Gegen die wegen Uebertretungen erlassenen Entscheidungen ist, sofern eine Verurtheilung auf Grund des § 361 Nr. 3 bis 8[1]) des Strafgesetzbuchs erfolgt oder nur auf Geldstrafe oder auf Geldstrafe und Einziehung erkannt wird, ein Rechtsmittel nicht zulässig.

Im Uebrigen findet in Strafsachen gegen die Urtheile des Bezirksrichters[2]) und [Konsular] Bezirksgerichts das Rechtsmittel der Berufung statt.[3])[4])

[1]) Wegen Landstreichens, Bettelns usw.

[2]) Vgl. V. v. 9. Nov. 00 § 6 sowie auch StPO. § 211 Abs. 2.

[3]) Also abweichend vom heimischen Recht auch in Strafkammer- und (vgl. § 7 V. v. 9. Nov. 00) in Schwurgerichtssachen.

[4]) Verfahren in der Berufungsinstanz s. § 8 Nr. 3 V. v. 9. Nov. 00. — Die Akten sind von der Gerichtsbehörde I. Instanz in allen Fällen unmittelbar dem Obergericht zu übersenden. § 6 Nr. 2 Vf. v. 25. Dez. 00 (Anh. 1).

§ 64. Auf Beschwerden gegen Entscheidungen des [Konsuls] Bezirksrichters findet die Vorschrift des § 23 Abs. 1 der Strafprozeßordnung[1]) keine Anwendung.[2])

In den Fällen des § 353 der Strafprozeßordnung[3]) ist der [Konsul] Bezirksrichter zur Abänderung seiner durch Beschwerde angefochtenen Entscheidung befugt.

[1]) Betr. Ausschluß des Richters, welcher bei einer durch ein Rechtsmittel angefochtenen Entscheidung mitgewirkt hat, von der Mitwirkung bei der Entscheidung in höherer Instanz.

²) Dementsprechend genügt auch die Tatsache allein, daß ein Bezirksrichter die durch Beschwerde angefochtene Entscheidung gefällt hat, zur Begründung eines Ablehnungsgesuchs wegen Befangenheit nicht. Es muß vielmehr dargetan werden, daß aus der Art und Weise der vorausgegangenen Amtsausübung oder aus sonstigen Umständen ein Mißtrauen sich rechtfertige. Vgl. RGRspr. 4, 529.

³) Fälle der sofortigen Beschwerde.

§ 65. Die der Staatsanwaltschaft zustehenden Rechtsmittel können gegen die Entscheidungen des [Konsular] Bezirksgerichts von dem [Konsul] Bezirksrichter eingelegt werden.[1])

[1]) Gemäß § 5 Abs. 3 V. v. 9. Nov. 00 bleibt § 65 in den Schutzgebieten außer Anwendung, soweit der Staatsanwalt zuständig ist, d. h. in Strafsachen, sofern es sich um Verbrechen oder Vergehen handelt (§ 5 cit. Abs. 1). — Über das Verfahren in Fällen, in welchen der Staatsanwalt Berufung eingelegt hat, s. § 6 Nr. 2 der Vf. v. 25. Dez. 00 (Anh. 1).

§ 66. In den Fällen der §§ 353, 355, 358, 360 der Strafprozeßordnung[1]) beträgt die Frist zwei Wochen.

[1]) § 353: Einlegung der sofortigen Beschwerde. § 355: Einlegung der Berufung. § 358: Berufungsrechtfertigung. § 360: Antrag auf Entscheidung des Berufungsgerichts, falls das Gericht erster Instanz die Berufung wegen verspäteter Einlegung als unzulässig verworfen hat.

§ 67. Die Frist zur Anfechtung einer Entscheidung beginnt für den Nebenkläger im Falle des § 439 der Strafprozeßordnung[1]) mit der Bekanntmachung der Entscheidung an den Beschuldigten.

[1]) D. h. wenn die Entscheidung schon vor dem Anschluß des Nebenklägers ergangen ist.

§ 68. Der [Konsul] Bezirksrichter kann Zeugen und Sachverständige, die zur Rechtfertigung der Berufung benannt sind, vernehmen und beeidigen, wenn die Voraussetzungen des § 65 Abs. 2 der Strafprozeßordnung vorliegen. Die Protokolle über diese Vernehmungen sind dem [Ober-Reichsanwalte] Obergericht[1]) zu übersenden. Die Vorschriften des § 223 und des § 250 Abs. 2 der Strafprozeßordnung[2]) finden entsprechende Anwendung.

[1]) Vgl. § 6 Nr. 2 Vf. d. RK. v. 25. Dez. 00 (Anh. 1).

[2]) § 223: Benachrichtigung des Staatsanwalts, Angeklagten und Verteidigers vom Vernehmungstermin. § 250 Abs. 2: Statthaftigkeit der Verlesung des Protokolls.

§ 69. Der Angeklagte kann in der Hauptverhandlung vor dem Berufungsgericht erscheinen oder sich durch einen mit schriftlicher Vollmacht versehenen Vertheidiger vertreten lassen.

Der nicht auf freiem Fuße befindliche Angeklagte hat keinen Anspruch auf Anwesenheit.

Soweit der Angeklagte die Berufung eingelegt hat, ist über diese auch dann zu verhandeln, wenn weder der Angeklagte noch ein Vertreter für ihn erschienen ist.[1])[2])

[1]) Hat der Staatsanwalt Berufung eingelegt, so greift StPO. § 370 Platz, wonach beim unentschuldigten Ausbleiben des Angeklagten bzw. des Vertreters über die Berufung zu verhandeln oder die Vorführung oder Verhaftung

des Angeklagten anzuordnen ist. — Auch im Falle des § 69 Abs. 3 kann gemäß StPO. § 235 das persönliche Erscheinen des Angeklagten angeordnet und nötigenfalls erzwungen werden. Unberührt bleibt ferner § 431 Abs. 2 StPO. für Fälle der Privatklage. Vorwerk Anm. 4 Abs. 2, 3 zu § 69. Dörr in ZKolPol. 08, 667 Anm. 72.

[2]) Eine Ausnahme von Abs. 3 besteht nach § 8 Abs. 5 V. v. 9. Nov. 00 für Schwurgerichtssachen, in welcher die Verteidigung auch in der Berufungsinstanz notwendig ist und gegebenenfalls StPO. § 145 Anwendung findet.

§ 70. Die Wiederaufnahme eines durch rechtskräftiges Urtheil geschlossenen Verfahrens kann von Amtswegen erfolgen.

§ 71. Das Gesetz, betreffend die Entschädigung der im Wiederaufnahmeverfahren freigesprochenen Personen, vom 20. Mai 1898 (Reichs-Gesetzbl. S. 345) findet mit folgenden Maßgaben Anwendung.[1])

An die Stelle der Staatsanwaltschaft des Landgerichts tritt der [Konsul] Bezirksrichter.[2]) Die im § 5 Abs. 3 vorgesehene Ausschlußfrist beträgt sechs Monate. Für die Ansprüche auf Entschädigung ist das [Reichs] Obergericht in erster und letzter Instanz zuständig.

[1]) Auch das G. betr. die Entschädigung für unschuldig erlittene Untersuchungshaft v. 14. Juli 04 (RGBl. 321) hat gemäß § 3 SchGG. (§ 19 KGG.) in den Schutzgebieten Geltung. Anträge auf Gewährung einer Entschädigung haben die zur Vertretung der Staatsanwaltschaft bestellten Personen entgegenzunehmen. RErl. d. Ausw. Amts KolAbt. v. 3. Dez. 04 (KolGG. 258). Übereinstimmend Fleisch-

mann in DJZ. 05, 1037 u. Dörr, ZKolPol. 09, 171. A. A. v. Hoffmann, ZKolPol. 06, 454, dem indes darin beizutreten ist, daß § 11 G. v. 14. Juli 04 wegen §§ 3 SchGG., 19 KGG. in den Schutzgebieten außer Anwendung bleiben muß. Zuständige Gerichte sind im Falle des § 6 die Bezirksgerichte. (Vgl. Anm. 5 zu § 10 KGG. Wegen der Fälle des § 9 s. Anm. 1 zu § 8 V. v. 9. Nov. 00.)

[2]) Siehe jedoch § 5 Abs. 3 V. v. 9. Nov. 00.

§ 72. In Strafsachen, in denen der [Konsul] **Bezirksrichter** oder das [Konsular] **Bezirksgericht** in erster Instanz erkannt hat, steht das Begnadigungsrecht dem Kaiser zu.[1])

[1]) In betreff der Bewilligung von Strafaufschub s. § 12 V. v. 9. Nov. 00.

Achter Abschnitt.

Besondere Vorschriften über die Kosten.

§ 73. Die Gebühren der Gerichte und der Gerichtsvollzieher in den [Konsulargerichtsbezirken] **Schutzgebieten** werden im doppelten Betrage der Sätze erhoben, die in den nach § 19 maßgebenden Vorschriften bestimmt sind.[1]) [2])

[Die Gebühr für eine Zustellung in den Konsulargerichtsbezirken nach den Vorschriften über Zustellungen im Auslande beträgt drei Mark.]

Die den Gerichtsbeamten und Gerichtsvollziehern zustehenden Tagegelder und Reisekosten werden, soweit es sich um [Konsular-] Beamte **der Schutzgebiete** handelt, nach Maßgabe der für diese geltenden Vorschriften erhoben.[3])

[1]) Vgl. hierzu § 10 V. v. 9. Nov. 00 und § 1 Vf. d. RK. v. 28. Nov. 01 (insbesondere auch wegen der Gebühren für Zeugen und Sachverständige) sowie für Kiautschou §§ 25 f. V. v. 21. Juni 04.

[2]) Die Schreibgebühren (§ 80 GKG. i. d. Fass. des G. v. 1. Juni 09) sind ungeachtet ihrer Bezeichnung pauschalierte Auslagen und daher im Sinne des § 73 Abs. 1 nicht zu verdoppeln. Erl. d. Ausw. Amts, KolAbt. v. 31. Dez. 04 nach DNeuguinea, K. A 18735/04. — Bei Berechnung der in § 80 b GKG. (Fass. v. 1. Juni 09) bestimmten Pauschsätze ist die in den Schutzgebieten zu erhebende doppelte Gebühr zugrunde zu legen. Die dort festgesetzten Mindest- und Höchstbeträge der Pauschsätze sind jedoch nicht zu verdoppeln, da an sich auch die Pauschsätze unter den Begriff der Auslagen fallen. RErl. d. StS. d. RKolA. v. 28. Sept. 09, A V 1592/09. — Die Verjährung der Kosten in Angelegenheiten der freiwilligen Gerichtsbarkeit und in bürgerlichen Rechtsstreitigkeiten regelt sich gemäß §§ 3 SchGG., 19 Nr. 1 KGG. nach §§ 13, 119 Preuß. GKG. i. d. Fass. v. 6. Okt. 99 (GS. 325). Die Kosten in Strafsachen sind mangels entsprechender reichsgesetzlicher Vorschriften (§§ 3 SchGG., 19 Nr. 2 KGG.) in den Schutzgebieten unverjährbar. (Die Verjährungsvorschriften des BGB. sind, weil der Gerichtskostenanspruch öffentlich-rechtlicher Natur ist, unanwendbar.)

[3]) S. § 2 Vf. d. RK. v. 28. Nov. 01. Für Kiautschou kommen lediglich interne Vorschriften in Betracht.

§ 74. Die Erhebung und Beitreibung der Kosten wird durch den [Konsul] Bezirksrichter veranlaßt.

Die Regelung des Beitreibungsverfahrens erfolgt im Anschluß an die Vorschriften der Zivilprozeßordnung durch Anordnung des Reichskanzlers.[1])

[1]) S. § 4 Vf. d. RK. v. 28. Nov. 01 und für Kiautschou § 34 Vf. v. 21. Juni 04.

§ 75. Die bei der Ausübung der [Konsular] Gerichtsbarkeit *in den Schutzgebieten* mitwirkenden Behörden haben einander zum Zwecke der Erhebung und Beitreibung der Kosten Beistand zu leisten.

Das Gleiche gilt für die Beistandsleistung unter diesen Behörden und den Behörden im Reichsgebiet oder in den deutschen [Schutzgebieten] *Konsulargerichtsbezirken*. Dabei finden die gemäß § 99 des Gerichtskostengesetzes (Reichs-Gesetzbl. 1898 S. 659) erlassenen Vorschriften über den zum Zwecke der Einziehung von Gerichtskosten unter den Bundesstaaten zu leistenden Beistand[1]) entsprechende Anwendung.

[1]) Anw. d. Bundesrats v. 23. April 80 (RZBl. 278). Diese ist gemäß § 75 Abs. 2 in den Konsulargerichtsbezirken (Begr. z. KGG. S. 33) und demnach auch in den Schutzgebieten sowohl in Angelegenheiten der streitigen wie in solchen der freiwilligen Gerichtsbarkeit entsprechend anwendbar. Wie sie u. a. bestimmt, ist dem Ersuchen um Beistandsleistung eine Reinschrift der Kostenrechnung beizufügen, die unter Beidrückung des Gerichtssiegels vom Gerichtsschreiber unterzeichnet sein muß und in der namentlich auch auf die angewendeten Vorschriften der Kostengesetze hinzuweisen ist (§ 2). Alle Postsendungen einschließlich Geld- und Wertsendungen sind von der absendenden Behörde zu frankieren. Gebühren und Auslagen des Einziehungs- und Beitreibungsverfahrens werden nicht erstattet (§ 4). Vgl. ferner noch die auf Grund einer Vereinbarung zwischen den Regierungen sämtlicher Bundesstaaten erlassene Allg. Vf. d. Preuß. JustM. v. 7. März 07 (JMBl. 55), wonach das mit den Kosten eingezogene Porto des Ersuchungsschreibens der ersuchten Behörde verbleibt und die ersuchte Behörde neben dem Übersendungsporto auch das Bestellgeld für die Zahlungsübermittelung an den ersuchenden Staat einzuziehen hat.

Anhang.

I.

Bestimmungen für die afrikanischen und Südsee-Schutzgebiete sowie für sämtliche Schutzgebiete.

1. Verfügung des Reichskanzlers, betr. die Ausübung der Gerichtsbarkeit in den Schutzgebieten Afrikas und der Südsee.

Vom 25. Dezember 1900 (KBl. 01, 1, KolGG. 5, 173), geändert durch Verfügung des Reichskanzlers v. 8. Mai 1908 (KBl. 659, KolGG. 175).[1])

Zur Ausführung der Vorschriften über die Ausübung der Gerichtsbarkeit in den Schutzgebieten Afrikas und der Südsee wird folgendes bestimmt:

§ 1. Gerichtsbehörden.

(Zu den §§ 5, 6 des Gesetzes über die Konsulargerichtsbarkeit; §§ 2, 6 Nr. 6 des Schutzgebietsgesetzes; § 8 der Kaiserlichen Verordnung, betreffend die Rechtsverhältnisse in den deutschen Schutzgebieten.)

1. Die unter Zuziehung von Beisitzern erkennenden Gerichtsbehörden erster Instanz führen die Bezeichnung

---

1. Vgl. zur Vf. v. 8 Mai 08 den zu ihrer Erläuterung ergangenen RErl. d. StS. d. RKolA. v. 15. Aug. 08 (KolGG. 350).

„Kaiserliches Bezirksgericht", die unter Zuziehung von Beisitzern erkennenden Gerichtsbehörden zweiter Instanz die Bezeichnung „Kaiserliches Obergericht", die zur Ausübung der Gerichtsbarkeit erster Instanz ermächtigten Beamten die Bezeichnung „Kaiserlicher Bezirksrichter", die zur Ausübung der Gerichtsbarkeit zweiter Instanz ermächtigten Beamten die Bezeichnung „Kaiserlicher Oberrichter".

Zur Ausübung der Gerichtsbarkeit zweiter Instanz ist in Schutzgebieten, in denen diese Verrichtungen nicht einem besonderen Beamten übertragen sind, der Gouverneur (Landeshauptmann) ermächtigt.

2. Für den Fall der Behinderung eines zur Ausübung der Gerichtsbarkeit ermächtigten Beamten ist der zur allgemeinen Vertretung desselben durch den Reichskanzler (Reichs-Kolonialamt)[1]) berufene Beamte auch zur Ausübung der Gerichtsbarkeit ermächtigt.

In Ermangelung eines solchen Beamten, oder für den Fall der Behinderung desselben, ist ein außerordentlicher Vertreter zu bestellen. Die Bestellung erfolgt:

a) wenn die Vertretung eines Bezirksrichters erforderlich wird, durch den Gouverneur (Landeshauptmann),
b) wenn die Vertretung eines Oberrichters erforderlich wird, durch den Reichskanzler (Reichs-Kolonialamt).

3. Die zur Ausübung der Gerichtsbarkeit ermächtigten Personen haben vor Antritt ihres Amtes, sofern sie nicht bereits als Kaiserliche Beamte den Diensteid geleistet haben, einen Eid dahin zu leisten:

„Ich rc. schwöre bei Gott dem Allmächtigen und Allwissenden, die Pflichten eines Kaiserlichen Bezirksrichters (Oberrichters) getreulich zu erfüllen, so wahr mir Gott helfe!"

Die Eidesleistung kann auch mittels Unterschreibens der Eidesformel erfolgen. Von der Vereidigung ist an den Reichskanzler (Reichs-Kolonialamt) Anzeige zu erstatten.

---

1. AErl. v. 17. Mai 07 (unten Nr. 20a).

4. Die zur Ausübung der Gerichtsbarkeit ermächtigten Beamten sind befugt, die Erledigung einzelner zu ihrer Zuständigkeit gehöriger Geschäfte, welche ohne Mitwirkung von Beisitzern erledigt werden können, oder bestimmter Arten von solchen geeigneten Personen dauernd oder in bestimmten Fällen zu übertragen. Diese Befugnis erstreckt sich nicht auf die Beurkundung von Verfügungen von Todes wegen, die Ernennung der Beisitzer und die Zulassung zur Rechtsanwaltschaft.[1]) Die Übertragung soll durch schriftliche Verfügung geschehen.[2])

Der Beauftragte handelt im Namen der Gerichtsbehörde und hat sich als solchen ausdrücklich in den betreffenden Schriftstücken zu bezeichnen.

Im Falle einer dauernden Übertragung ist der Beauftragte mittels Handschlags an Eidesstatt oder, wenn dies wegen großer Entfernung seines Aufenthaltsorts vom Sitze des Gerichts unausführbar erscheint, mittels Unterschreibens einer entsprechenden Erklärung zur getreulichen Erfüllung seiner Obliegenheiten zu verpflichten. Über die Verpflichtung ist an den Reichskanzler (Reichs-Kolonialamt) Anzeige zu erstatten.

Die Übertragung von Geschäften hindert den Beamten nicht, jederzeit Geschäfte der betreffenden Art selbst wahrzunehmen.

5. Die zur Ausübung der Gerichtsbarkeit ermächtigten Beamten sind befugt, die Abhaltung von Gerichtstagen außerhalb des Sitzes des Gerichts anzuordnen.

6. Die Personen, welche die Verrichtungen der Gerichtsschreiber auszuüben haben, werden, soweit nicht durch den

---

1. Zulässig ist dagegen, wie Satz 1 ergibt, die Übertragung der Urteilsfällung, soweit eine Mitwirkung von Beisitzern nicht erforderlich ist (vgl. KGG. § 7, V. v. 9. Nov. 00 § 6).

2. Die Übertragung kann immer nur an eine bestimmte, in der in Abs. 3 angeordneten Form zu verpflichtende Persönlichkeit, nicht unpersönlich an eine Dienststelle als solche erfolgen. RErl. v. 15. Aug. 08 Abs. 5 a. E.

Reichskanzler (Reichs-Kolonialamt) ein anderes angeordnet wird, durch den Gouverneur (Landeshauptmann) bestimmt. Der Gouverneur ist befugt, die Bestimmung den zur Ausübung der Gerichtsbarkeit ermächtigten Beamten zu überlassen.

Wird von einem zur Ausübung der Gerichtsbarkeit ermächtigten Beamten die Erledigung einzelner zu seiner Zuständigkeit gehörender Geschäfte einer andern Person übertragen (Nr. 4), so kann dieser auch die Bestellung des bei der Erledigung des Geschäfts zuzuziehenden Gerichtsschreibers aufgetragen werden. Letzterer ist mittels Handschlags an Eidesstatt zur getreulichen Erfüllung seiner Obliegenheiten zu verpflichten.

Soweit nicht die Bestellung eines Gerichtsschreibers nach Maßgabe des vorigen Absatzes erfolgt, haben die mit diesen Verrichtungen betrauten Personen vor Antritt ihres Amtes einen Eid dahin zu leisten:

„Ich schwöre bei Gott dem Allmächtigen und Allwissenden, die Pflichten eines Gerichtsschreibers getreulich zu erfüllen, so wahr mir Gott helfe!"

7. Die Bezirksrichter führen die Dienstaufsicht über die bei der betreffenden Gerichtsbehörde angestellten Beamten und regeln die Vertretung derselben im Falle der Behinderung.

Die Dienstaufsicht über die Bezirksrichter wird im Schutzgebiete von Togo durch den Gouverneur, in den übrigen Schutzgebieten durch den Oberrichter geführt. Die Anordnungen der ersteren bedürfen der Zustimmung der zur Dienstaufsicht über sie berufenen Beamten, soweit sie betreffen:

a) die dauernde Übertragung einzelner richterlicher Geschäfte oder bestimmter Arten von solchen auf andere Personen oder die Zurückziehung dieser Übertragung,
b) die Ernennung von Beisitzern (§ 2),
c) die Zulassung von Rechtsanwälten oder den Widerruf der Zulassung,

d) die dauernde Beauftragung von Personen mit der Vornahme von Sühneversuchen (§ 6 Nr. 1, Abs. 1).

In diesen Fällen bedarf die Anordnung, soweit sie sich auf dienstlich dem Gouverneur (Landeshauptmann) unterstellte Personen bezieht, auch der Zustimmung des letzteren.

Der zur Dienstaufsicht über die Bezirksrichter berufene Beamte ist befugt, allgemeine Anordnungen auch für diese Gerichtsbehörden, insbesondere über Zustellungen und Zwangsvollstreckungen, zu erlassen. Abschrift der Anordnungen ist an den Reichskanzler (Reichs-Kolonialamt) einzureichen.

Die Dienstaufsicht über den Oberrichter wird durch den Gouverneur geführt.

In oberster Instanz wird die Dienstaufsicht durch den Reichskanzler (Reichs-Kolonialamt) geführt. Letzterer bestimmt die Amtssitze der Beamten und die Grenzen der Gerichtsbezirke.

§ 2. Beisitzer.

(Zu den §§ 8 bis 13 des Gesetzes über die Konsulargerichtsbarkeit.)

1. Die Worte, welche der Vorsitzende bei der Beeidigung der Beisitzer an die zu Beeidigenden zu richten hat, lauten:

„Sie schwören bei Gott dem Allmächtigen und Allwissenden, die Pflichten eines Beisitzers des Kaiserlichen Bezirksgerichts (Obergerichts) getreulich zu erfüllen und Ihre Stimme nach bestem Wissen und Gewissen abzugeben."

2. Über Namen, Stand und Staatsangehörigkeit der Beisitzer und Stellvertreter ist an den Reichskanzler (Reichs-Kolonialamt) Anzeige zu erstatten.

§ 3. Rechtsanwälte.

(Zu § 17 des Gesetzes über die Konsulargerichtsbarkeit.)

1. Die Bedingungen der Zulassung zur Ausübung der Rechtsanwaltschaft sind dem Ermessen des zur Ausübung

der Gerichtsbarkeit ermächtigten Beamten überlassen. Der Besitz der Reichsangehörigkeit ist nicht erforderlich. Wenn geeignete Personen mit juristischer Vorbildung nicht vorhanden sind, kann der Beamte auch aus anderen Berufsklassen zuverlässige Personen, welche die nötige Geschäftskenntnis besitzen, zulassen. Eine Beeidigung der Rechtsanwälte findet nicht statt.

2. Die zur Ausübung der Gerichtsbarkeit ermächtigten Beamten sind befugt, im Falle der Behinderung eines von ihnen zugelassenen Rechtsanwalts diesem einen Vertreter zu bestellen.

§ 3a. Notare.

1. Die Ernennung der Notare erfolgt widerruflich für ein bestimmtes Schutzgebiet unter Anweisung eines Amtssitzes in diesem.

2. Die Dienstaufsicht über die Notare wird im Schutzgebiete von Togo durch den Gouverneur, in den übrigen Schutzgebieten durch den Oberrichter geführt. Die bezeichneten Beamten sind befugt, allgemeine Anordnungen über die Geschäftsführung der Notare zu erlassen. Die Notare sind verpflichtet, ihnen sowie den von ihnen beauftragten richterlichen Beamten auf Verlangen die Urkunden und Register zur Einsicht vorzulegen.

3. Jeder Notar hat, sofern er nicht bereits einen Diensteid als Kaiserlicher Beamter geleistet hat, vor dem zur Dienstaufsicht berufenen Beamten oder einem von diesem beauftragten Richter einen Eid dahin zu leisten:

> „Ich usw. schwöre bei Gott dem Allmächtigen und Allwissenden, die Pflichten eines Notars getreulich zu erfüllen, so wahr mir Gott helfe!“

Vor der Erfüllung dieser Verpflichtung soll er keine Amtshandlungen vornehmen.

4. Die Notare haben ihre bei Amtshandlungen anzuwendende Unterschrift sowie einen Abdruck des Dienstsiegels dem zur Dienstaufsicht berufenen Beamten einzureichen.

Die Dienstsiegel der Notare sollen in der Mitte den heraldischen Adler (Reichsadler) und in der Umschrift den Vor- und Zunamen des Notars sowie die Worte „Notar im Schutzgebiete ...." enthalten.

5. Ein Notar darf seine Dienste nicht ohne triftigen Grund verweigern. Nimmt er einen Auftrag nicht an, so ist er verpflichtet, die Ablehnung dem Auftraggeber unverzüglich anzuzeigen. Er hat, soweit nicht gesetzlich ein anderes bestimmt ist, über die Verhandlungen, bei denen er mitgewirkt hat, Verschwiegenheit zu beobachten, es sei denn, daß die in der Sache Beteiligten ihn von dieser Verpflichtung entbinden.

6. Der Reichskanzler (Reichs-Kolonialamt) kann einem Notar für die Dauer einer Krankheit sowie für die Dauer einer durch erhebliche Gründe gerechtfertigten Abwesenheit oder anderweitigen Verhinderung einen Vertreter bestellen. Auf den letzteren finden die Bestimmungen der Nr. 3 und (in betreff der Einreichung der Unterschrift) der Nr. 4 entsprechende Anwendung. Ist er schon einmal als Vertreter eines Notars beeidigt worden, so genügt es, wenn er auf den früher geleisteten Eid verwiesen wird. Der Anfang sowie die Beendigung der Vertretung ist dem zur Dienstaufsicht berufenen Beamten anzuzeigen. Der Vertreter hat seiner Unterschrift einen ihn als solchen kennzeichnenden Zusatz beizufügen und das Dienstsiegel des Vertretenen zu gebrauchen.

§ 4. Zustellungen.

(Zu § 10 der Verordnung, betreffend die Rechtsverhältnisse in den deutschen Schutzgebieten.)

1. Die Vorschriften der §§ 166 bis 168, 180 bis 198, 208 bis 213 der Zivilprozeßordnung[1]) finden keine Anwendung.

---

1. Wegen der Anwendbarkeit des § 210a ZPO. vgl. Anm. 2 zu § 45 KGG.

Die zur Ausübung der Gerichtsbarkeit ermächtigten Beamten haben dafür zu sorgen, daß die Zustellungen mit der nach den vorhandenen Mitteln möglichen Sicherheit erfolgen. Sie sind befugt, mit der Ausführung dauernd oder in bestimmten Fällen andere Personen zu beauftragen, welche nach ihren Anweisungen zu verfahren haben. Der Nachweis über die erfolgte Zustellung ist zu den Gerichtsakten zu bringen.

Die Beglaubigung der zuzustellenden Schriftstücke kann in allen Fällen durch den Gerichtsschreiber erfolgen.

Soll durch eine Zustellung eine Frist gewahrt oder der Lauf der Verjährung oder einer Frist unterbrochen werden, so treten die Wirkungen der Zustellung bereits mit der Einreichung des zuzustellenden Schriftstücks bei der Gerichtsbehörde ein.

Bei der Bewilligung der öffentlichen Zustellung einer Ladung kann die Gerichtsbehörde anordnen, daß eine Einrückung in öffentliche Blätter nicht erforderlich sei.

2. In bürgerlichen Rechtsstreitigkeiten sind alle Entscheidungen, mit Einschluß der auf Grund einer mündlichen Verhandlung ergehenden, von Amts wegen zuzustellen. Dies gilt auch für die Zustellung der Zahlungs- und Vollstreckungsbefehle an den Schuldner sowie der Pfändungs- und Überweisungsbeschlüsse an den Schuldner und den Drittschuldner. Dagegen findet die Vorschrift keine Anwendung auf Beweisbeschlüsse und sonstige lediglich die Sachleitung betreffende Verfügungen, mit Einschluß der in Abwesenheit der Parteien verkündeten Terminsbestimmungen.

Beschlüsse, durch welche ein Arrest angeordnet wird, sind dem Schuldner nicht vor der Vollziehung des Arrests zuzustellen, es sei denn, daß der Gläubiger die vorherige Zustellung besonders beantragt.

3. Für die Zustellung von Schriftsätzen und sonstigen Erklärungen der Parteien, welche bei der Gerichtsbehörde

eingereicht werden, hat diese, ohne daß es eines ausdrücklichen Parteiantrags bedarf, Sorge zu tragen, wenn aus dem Inhalte des Schriftstücks hervorgeht, daß und wem es zugestellt werden soll. In Ansehung der öffentlichen Zustellung bewendet es bei der Vorschrift des § 204 Abs. 1 der Zivilprozeßordnung.

4. Wohnt eine Partei außerhalb des Bezirks, in welchem die Gerichtsbehörde ihren Sitz hat, so kann, falls sie nicht einen daselbst wohnhaften Prozeßbevollmächtigten bestellt hat, angeordnet werden, daß sie eine daselbst wohnhafte Person zum Empfange der für sie bestimmten Schriftstücke bevollmächtige. Diese Anordnung kann ohne mündliche Verhandlung erfolgen. Der Zustellungsbevollmächtigte ist bei der nächsten gerichtlichen Verhandlung oder, wenn die Partei vorher einen Schriftsatz einreicht, in diesem zu benennen. Geschieht dies nicht, so können alle späteren Zustellungen bis zur nachträglichen Benennung durch Anheftung an die Gerichtstafel bewirkt werden.

§ 5. Zwangsvollstreckungen.

(Zu § 10 der Verordnung, betreffend die Rechtsverhältnisse in den deutschen Schutzgebieten.)

1. Die Zwangsvollstreckung erfolgt ausschließlich durch die Bezirksrichter. Der Beibringung einer vollstreckbaren Ausfertigung bedarf es nicht, soweit dieselbe von dem Gerichtsschreiber der Gerichtsbehörde, durch welche die Zwangsvollstreckung zu erfolgen hat, zu erteilen sein würde.

Die Verfügung, durch welche die Zwangsvollstreckung angeordnet wird, tritt im Sinne der §§ 726 bis 732, 750, 796, 797, 799 der Zivilprozeßordnung an die Stelle der Erteilung einer vollstreckbaren Ausfertigung, beziehungsweise der Vollstreckungsklausel.

2. Die Bezirksrichter können nach Anordnung der Zwangsvollstreckung mit der Ausführung andere Personen beauftragen, die nach ihren Anweisungen zu verfahren haben. Der Auftrag ist schriftlich zu erteilen. Der Auf-

trag tritt im Sinne der §§ 754 bis 757 der Zivilprozeßordnung an die Stelle der vollstreckbaren Ausfertigung.

Die mit der Ausführung der Zwangsvollstreckung beauftragte Person hat die in der Zivilprozeßordnung dem Gerichtsvollzieher zugewiesenen Befugnisse und Obliegenheiten, soweit nicht durch die ihr erteilten Anweisungen etwas anderes bestimmt ist.

Die §§ 760, 762, 763 der Zivilprozeßordnung bleiben außer Anwendung. Der Beamte, von welchem die Zwangsvollstreckung angeordnet wird, hat jedoch Sorge dafür zu tragen, daß über jede Vollstreckungshandlung eine schriftliche Nachricht zu den Gerichtsakten gebracht wird.

3. Wird bei der Gerichtsbehörde die Erteilung einer vollstreckbaren Ausfertigung eines Urteils oder eines anderen Titels (Zivilprozeßordnung §§ 794 bis 800, 829) beantragt, weil die Zwangsvollstreckung in dem Bezirk eines andern Gerichts zu erfolgen hat, so darf die vollstreckbare Ausfertigung in allen Fällen nur auf Anordnung des Bezirksrichters von dem Gerichtsschreiber erteilt werden.

§ 6. Strafsachen.

(Zu § 19 Nr. 2 des Gesetzes über die Konsulargerichtsbarkeit.)

1. Soweit nach der Vorschrift des § 420 der Strafprozeßordnung vor Erhebung der Privatklage wegen Beleidigungen nachgewiesen werden muß, daß die Sühne erfolglos versucht worden, ist für diesen Vergleichsversuch der Bezirksrichter zuständig. Derselbe ist befugt, mit der Vornahme von Sühneversuchen andere Personen dauernd oder in bestimmten Fällen zu beauftragen.

Erscheint der Beschuldigte in dem zur Sühneverhandlung bestimmten Termin nicht, so wird angenommen, daß er sich auf die Sühneverhandlung nicht einlassen wolle. Eine Bescheinigung über die Erfolglosigkeit der Sühneverhandlung kann nur erteilt werden, wenn der Antragsteller im Termin erschienen ist. Kommt im Termin ein Vergleich zustande, so ist derselbe zu Protokoll festzustellen.

2. Wird gegen ein Strafurteil von der Staatsanwaltschaft Berufung eingelegt, so sind dem Angeklagten die Schriftstücke über Einlegung und Rechtfertigung der Berufung durch die Gerichtsbehörde erster Instanz zuzustellen. Diese übersendet in allen Fällen der Berufung die Akten unmittelbar dem Obergerichte.

§ 7. Kostenwesen.[1])

§ 8. Geschäftsgang.

1. Die zur Ausübung der Gerichtsbarkeit ermächtigten Beamten haben am Schlusse des Kalenderjahres eine Geschäftsübersicht an den Reichskanzler (Reichs-Kolonialamt) einzureichen.

2. Der Geschäftsverkehr mit dem Reichskanzler erfolgt in eiligen Fällen durch unmittelbaren Bericht an denselben (Reichs-Kolonialamt), in nicht eiligen Fällen durch Vermittelung des Gouverneurs (Landeshauptmanns). Letzterer ist befugt, Ausnahmen von dieser Vorschrift zu gestatten.

§ 9.

Die für die einzelnen Schutzgebiete erlassenen Dienstanweisungen, betreffend die Ausübung der Gerichtsbarkeit, treten, insoweit nicht im § 7 etwas anderes bestimmt ist, außer Kraft.

Berlin, den 25. Dezember 1900.

Der Reichskanzler.
Graf v. Bülow.

---

1. Aufgehoben durch § 6 Vf. v. 28. Nov. 01 (unten Nr. 2).

2. Verfügung des Reichskanzlers, betr. die Regelung des gerichtlichen Kostenwesens in den Schutzgebieten Afrikas und der Südsee.

Vom 28. November 1901. (KBl. 853, KolGG. 6, 425), geändert durch Verfügung des Reichskanzlers v. 28. August 1908[1]) (KBl. 933, KolGG. 369).

Auf Grund des § 10 der Kaiserlichen Verordnung, betr. die Rechtsverhältnisse in den deutschen Schutzgebieten, vom 9. November 1900 (RGBl. S. 1005) und des § 3 des Schutzgebietsgesetzes (RGBl. 1900 S. 809), in Verbindung mit § 74 Abs. 2 des Gesetzes über die Konsulargerichtsbarkeit, vom 7. April 1900 (RGBl. S. 213), wird für die Schutzgebiete Afrikas und der Südsee folgendes bestimmt.

§ 1. Die Gebühren der Gerichte werden im doppelten Betrage der Sätze erhoben, welche in den im § 19 des Gesetzes über die Konsulargerichtsbarkeit bezeichneten Vorschriften bestimmt sind.

Soweit in Zustellungs- und Zwangsvollstreckungssachen die Gerichte und die von ihnen beauftragten Personen an die Stelle der Gerichtsvollzieher treten, werden die Gebühren, welche nach den im Abs. 1 bezeichneten Vorschriften den Gerichtsvollziehern zustehen, in doppeltem Betrage als Gerichtsgebühren erhoben.

Die Gebühren der Zeugen und Sachverständigen sind im einfachen Betrage der Sätze der in Abs. 1 bezeichneten Vorschriften zu erheben.

§ 2. Die Tagegelder und Reisekosten der Gerichtsbeamten und der mit der Vornahme von Zustellungen und Zwangsvollstreckungen beauftragten Personen werden, soweit

1. In Kraft getreten nach Nr. II am 1. Januar 1909 für alle nach diesem Zeitpunkte fälligen Gerichtskosten mit der Maßgabe, daß in bereits anhängigen bürgerlichen Rechtsstreitigkeiten und Strafsachen die gesamten Kosten für die Instanz, in welcher sich die Sache zu dem erwähnten Zeitpunkte befindet, noch nach der Verfügung vom 28. November 1901 zu berechnen sind.

es sich um Beamte der Schutzgebiete und Schutztruppenangehörige handelt, nach Maßgabe der für diese Personen geltenden Vorschriften erhoben.[1]) Für Fälle, in denen mehrere Geschäfte auf derselben Reise vorgenommen werden, kann der Gouverneur (Landeshauptmann) besondere Bestimmungen treffen.

§ 3. Für die Gebühren der Rechtsanwälte und der Notare kann der Gouverneur (Landeshauptmann) andere Sätze vorschreiben, als sie in den im § 1 Abs. 1 dieser Verfügung bezeichneten Vorschriften bestimmt sind.[2])

§ 4. Auf das Zwangsverfahren wegen Beitreibung der Gerichtskosten finden, soweit sich nicht aus den nachstehenden Bestimmungen ein anderes ergibt, die für die gerichtliche Zwangsvollstreckung in den Schutzgebieten Afrikas und der Südsee geltenden Vorschriften entsprechende Anwendung.

In den Fällen der §§ 768, 771 bis 774, 781 bis 784, 786, 805, 878 Abs. 1 der Zivilprozeßordnung tritt an die Stelle der Klage die Erinnerung bei dem Richter.

---

1. Vgl. auch die Vf. d. RK., betr. die Gewährung von Vergütungen an die bei einem gerichtlichen Verfahren mitwirkenden, am Verhandlungsorte nicht wohnhaften Gerichtspersonen v. 18. Jan. 08 (KolGG. 37). Maßgebend sind für Reisen in DOA., Kam. u. Togo die betr. Bestimmungen der sog. Verpflegungsvorschriften (OA.: v. 30. April 96, KolGG. 6, 109, Kam. u. Togo v. 10. März 04, KolGG. 60, 66, mit zahlreichen, in den späteren Bänden der KolGG. abgedruckten Ergänzungen), für DSWA. eine Reihe nicht veröffentlichter Erl. d. Ausw. Amts (v. 18. Okt. 88, I 17505, v. 4. Nov. 89, I 17958, v. 17. Jan. 98, **KA** 16284, v. 16. März 99, **KA** 3091 usw.), für D.Neu-Guinea ein Erl d. Ausw. Amts KolAbt v. 29. März 99, **KA** 7801, nebst Ergänzungen, und für Samoa ein ebensolcher Erl. v. 26. April 00 (KolGG. 08, 131) Eine Zusammenstellung der danach gegenwärtig für die Bemessung der Tagegelder und Reisekosten geltenden Grundsätze findet sich in dem Werke von Tesch, die Laufbahn der Kolonialbeamten (Berlin, 1908) S 167, 189, 203, 209, 222, 223. Hinsichtlich der Reisen außerhalb eines Schutzgebietes finden übungsgemäß die Vorschriften der Ksl. V. betr. die Tagegelder, Fuhrkosten usw. der gesandschaftlichen und Konsularbeamten v. 23. April 79 (RGBl. 127) entsprechende Anwendung.

2. Vgl. wegen der Gebühren der Rechtsanwälte Anm. 1 zu § 17 RGG. u. der Geb. der Notare Anm 1 zu § 11 V. v. 9. Nov. 00.

Der Richter ist berechtigt, vor der Entscheidung über Anträge, Einwendungen und Erinnerungen Beweis nach den Vorschriften der Zivilprozeßordnung zu erheben.

Gegen die Entscheidung des Richters findet Beschwerde im Dienstaufsichtswege, und zwar in den Fällen des Abs. 2 bis zum Reichskanzler, im übrigen bis zum Gouverneur (Landeshauptmann), statt. Gegen die Entscheidung des Reichskanzlers ist innerhalb einer Ausschlußfrist von sechs Monaten nach der Zustellung die gegen den Reichskanzler in seinem Amtssitze zu richtende gerichtliche Klage zulässig.

§ 5.[1])

§ 6. Diese Verfügung tritt am 1. April 1902 in Kraft. Gleichzeitig tritt die Vorschrift des § 7 der Verfügung, betreffend die Ausübung der Gerichtsbarkeit in den Schutzgebieten Afrikas und der Südsee, vom 25. Dezember 1900, außer Kraft.

Berlin, den 28. November 1901.

Der Reichskanzler.
Graf v. Bülow.

---

3. a) RErl. des Ausw. Amts, Kolonial-Abteilung, betr. den Verkehr der Gerichte der Schutzgebiete mit den Preußischen Gerichten.

Vom 13. Mai 1899 (KolGG. 4, 64).

Der Königlich Preußische Justizminister hat genehmigt, daß den Gerichten in den Schutzgebieten, vorbehaltlich der

---

1. Aufgehoben durch Vf. d. RK. v. 3. Juni 04 (KolGG. 121). Die Umrechnung der Kosten in DOA, auf welche sich § 5 bezog, geschieht jetzt nach dem Verhältnis von 4 Mk. = 3 Rupien. Vgl. V. d. RK. v. 28. Februar 04 (KBl. 223, KolGG. 52) § 14 u. die Anm.*) zu dieser V. in der KolGG. 04, 52

nachstehend ersichtlichen Einschränkung, der direkte Verkehr mit den preußischen Gerichten gestattet werde. Dieser direkte Verkehr soll sich auf alle von den Gerichten in den Schutzgebieten ausgehenden Schreiben beziehen, d. h. sowohl auf die von diesen Gerichten erlassenen Ersuchungsschreiben, als auf die von ihnen bewirkten Erledigungen von Ersuchen preußischer Gerichte. . . .

Berlin, den 13. Mai 1899.

Auswärtiges Amt, Kolonial-Abteilung.
v. Buchka.

---

b) RErl. des Ausw. Amts, Kolonial-Abteilung, betr. den Verkehr der Gerichte der Schutzgebiete mit inländischen Gerichten.

Vom 27. Juli 1900 (KolGG. 5, 134).

Die Bundesregierungen haben sich nunmehr sämtlich damit einverstanden erklärt, daß den Gerichten der Schutzgebiete der unmittelbare Geschäftsverkehr mit den inländischen Gerichten nach Maßgabe der mit dem preußischen Herrn Justizminister vereinbarten Grundsätze gestattet werde. Demnach sind sämtliche von den dortigen Gerichten an deutsche Gerichte gesandten Schreiben, welche ein Ersuchen enthalten oder die Erledigung eines dorthin gerichteten Ersuchens betreffen, von jetzt an auf direktem Wege zu befördern. . . .

Berlin, den 27. Juli 1900.

Auswärtiges Amt, Kolonial-Abteilung.
J. V.: Hellwig.

---

c) RErl. des StS. des Reichs-Kolonialamts, betr. den Verkehr zwischen den Gerichten der Schutzgebiete und den inländischen Gerichten.

Vom 25. Juli 1908 (KolGG. 305).

Mit Beziehung auf den Erlaß v. 27. Juli 1900.

Auf diesseitige Veranlassung und im Einverständnis mit dem Herrn Staatssekretär des Auswärtigen Amts hat der Königlich Preußische Herr Justizminister durch eine Allgemeine Verfügung vom 20. Mai 1908 — in Abänderung des § 9 der Allgemeinen Verfügung vom 29. Mai 1905 über die Ersuchen nach dem Auslande — für die ihm unterstellten Gerichtsbehörden den unmittelbaren Geschäftsverkehr mit den Schutzgebietsgerichten vorgeschrieben und dabei des näheren bestimmt, daß die in den Schutzgebieten zu erledigenden Ersuchungsschreiben unmittelbar an die zuständige Gerichtsbehörde zu richten, jedoch unter der äußeren Adresse des betreffenden Gouvernements, ohne Anschreiben an dieses, abzusenden seien.

Berlin, den 25. Juli 1908.

Der Staatssekretär des Reichs-Kolonialamts.
J. V.: v. Lindequist.

Zusatz zu c.

Allgem. Vf. des Preuß. Justizministers v. 20. Mai 1908, betr. Abänderung des § 9 der Allgem. Vf. v. 29. Mai 1905 über die Ersuchen nach dem Auslande.[1])

(JMBl. 221.)

Der § 9 der Allgemeinen Verfügung vom 29. Mai 1905, betr. die Ersuchen nach dem Auslande (JMBl. S. 159) erhält folgenden Wortlaut:

---

1. Nach Kiautschou durch Erl. d. StS d RMarA. v. 4. Juli 08 mitgeteilt.

Ersuchungsschreiben, welche in den Schutzgebieten erledigt werden sollen, sind unmittelbar an die zuständige Gerichtsbehörde in den Schutzgebieten zu richten und unter der äußeren Adresse des betreffenden Gouvernements, ohne Anschreiben an dieses, abzusenden. Ist nicht sicher bekannt, welche Gerichtsbehörde die zuständige ist, so ist der inneren Adresse in dem Ersuchungsschreiben hinzuzufügen: „oder die sonst zuständige Gerichtsbehörde".

Bei Erlaß der Ersuchungsschreiben ist mit besonderer Sorgfalt zu verfahren; ergeben sich wegen des Inhalts oder der Form Bedenken, so sind die Ersuchungsschreiben dem Justizminister zur Weiterbeförderung einzureichen.

Berlin, den 20. Mai 1908.

Der Justizminister.
J. V.: Küntzel.

---

d) RErl. des StS. des Reichs-Kolonialamts, betr. den Verkehr zwischen den Gerichten der Schutzgebiete und den inländischen Gerichten.

Vom 2. Dezember 1908. (KolGG. 530.)[1]

Im Anschluß an den Erlaß vom 25. Juli 1908.

Wegen der in den Schutzgebieten zu erledigenden Ersuchen inländischer Gerichte sind im Anschluß an die Allgemeine Verfügung des Königlich Preußischen Herrn Justizministers vom 20. Mai d. J. nunmehr auch in allen anderen Bundesstaaten mit Ausnahme von Bayern entsprechende Anordnungen getroffen worden.

Berlin, den 2. Dezember 1908.

Der Staatssekretär des Reichs-Kolonialamts.
Dernburg.

---

1. Für Kiautschou entsprechend ein Erl des StS. d. RMarA v. 11. Dez. 08.

e) Auszug aus den Anweisungen des Preuß. Kriegsministeriums an die Militärgerichte, betr. Ersuchen an Behörden im Auslande und betr. Auslieferungsanträge.

Vom 18. November 1901.[1][2]

Anweisung I, betreffend Ersuchen an Behörden im Auslande.

I. Rechtshilfe.

B. Ersuchen an Militärgerichte im Ausland und an Gerichte in den Schutzgebieten.

Unter den Gerichten des Heeres und der Marine findet, auch wenn sich das ersuchende wie das ersuchte Gericht oder eines von ihnen im Auslande befindet, bei der Rechtshilfe, die sie einander zu leisten haben, der unmittelbare Verkehr statt.

Der unmittelbare Verkehr mit den Gerichtsbehörden der deutschen Schutzgebiete ist gleichfalls zugelassen.

Anweisung II, betreffend Auslieferungsverträge.

B. Im besonderen.

I. Ablieferung aus deutschen Schutzgebieten und aus Ländern, in welchen Konsulargerichtsbarkeit geübt wird.

1. Wenn eine im Inlande strafrechtlich verfolgte Person sich in ein deutsches Schutzgebiet geflüchtet hat und aus

---

1. Die Anweisungen sind nicht veröffentlicht. Die in Betracht kommenden Dienststellen in den afr. und Südsee-Schutzgebieten sind durch RErl. d. Ausw. Amts, KolAbt. v. 3. Jan. 02, **KA. 13408**, angewiesen worden, entsprechend zu verfahren.

2. Für die Marinegerichte sind vom StS. d. RMarA. entsprechende Anweisungen (als nicht veröffentlichte und datierte Druckschrift) mit im wesentlichen gleichen Wortlaute erlassen worden. (Anträge gemäß **B. I. 1** der Anw. **II** sind von ihnen an den StS. d. RMarA. zu richten.)

diesem Gebiete abgeliefert werden soll, so sind die erforderlichen Anträge an das Kriegsministerium, Versorgungs- und Justizdepartement, unter Beifügung einer mit Bestätigungsorder versehenen Ausfertigung des gegen den Verfolgten ergangenen rechtskräftigen Strafurteils oder, falls ein solches Urteil noch nicht gesprochen ist, eines gegen den Verfolgten erlassenen Haftbefehles zu richten. Die durch die Ablieferung entstehenden Kosten sind den Gerichtsbehörden in den Schutzgebieten zu erstatten. Es ist daher in jedem Falle zu prüfen, ob die in Betracht kommenden erheblichen Kosten des Rücktransports des Verfolgten zu der Schwere der Tat im Verhältnis stehen; in dem Berichte sind die Gründe, welche die Ablieferung wünschenswert erscheinen lassen, darzulegen.

---

4. a) Verfügung des Preuß. Justizministers, betr. die Behandlung der Reichsangehörigen in den Schutzgebieten und der Eingeborenen der Schutzgebiete im Deutschen Reiche als Inländer in Ansehung der Sicherheitsleistung für die Prozeßkosten, des Ausländervorschusses und der Zulassung zum Armenrechte.[1])

Vom 6. März 1902. (JMBl. 61. KBl. 157.)

Nach § 110 der Zivilprozeßordnung und § 85 des Deutschen Gerichtskostengesetzes haben Ausländer, welche als Kläger auftreten, dem Beklagten auf dessen Verlangen wegen der Prozeßkosten Sicherheit zu leisten und einen

---

1. Entsprechende Erklärungen sind auch von seiten der Landesjustizverwaltungen der übrigen Bundesstaaten erfolgt. [Anm. im KolBl.]

erhöhten Vorschuß zur Gerichtskasse zu zahlen; diese Verpflichtungen treten indessen nicht ein, wenn nach den Gesetzen des Staates, welchem der Kläger angehört, ein Deutscher im gleichen Falle zur Sicherheitsleistung oder zu einer besonderen Vorauszahlung oder Sicherstellung der Gerichtskosten nicht verpflichtet ist. Auf die Bewilligung des Armenrechts haben Ausländer nach § 114 Abs. 2 der Zivilprozeßordnung nur insoweit Anspruch, als die Gegenseitigkeit verbürgt ist. Bei der eigenartigen Stellung der Schutzgebiete, welche völkerrechtlich, aber nicht staatsrechtlich zum Deutschen Reiche gehören, läßt sich nicht allgemein feststellen, ob die Schutzgebiete im Verhältnisse zum Deutschen Reiche als Inland oder als Ausland, bzw. die Eingeborenen als Inländer oder als Ausländer zu gelten haben, vielmehr kann diese Frage nur für jede einzelne gesetzliche Vorschrift mit Rücksicht auf ihren Zweck und den Grund der verschiedenartigen Behandlung des Inlandes und des Auslandes entschieden werden. Eine von diesem Gesichtspunkt aus vorgenommene Prüfung führt dahin, in Ansehung der Sicherheitsleistung und der Vorschußpflicht die Eingeborenen der Schutzgebiete, wiewohl sie — abgesehen von den gemäß § 9 des Schutzgebietsgesetzes (RGBl. 1900 S. 813) Naturalisierten — Reichsangehörige nicht sind, doch den Inländern gleichzustellen. Denn der Grund der ungünstigeren Behandlung der Ausländer ist hier die Schwierigkeit, die Parteikosten oder die Gerichtskosten im Ausland einzuziehen. Diese Schwierigkeit fällt gegenüber den Schutzgebieten, wenn auch nicht immer tatsächlich, so doch jedenfalls rechtlich weg, da die Partei einen Kostenfestsetzungsbeschluß im Schutzgebiet im Wege der Rechtshilfe zur Vollstreckung bringen kann (§ 18 des Gesetzes vom 7. April 1900 über die Konsulargerichtsbarkeit, § 2 des Schutzgebietsgesetzes) und da für die Einziehung von Gerichtskosten in den Schutzgebieten die gleichen Vorschriften wie für die Einziehung von Gerichtskosten in anderen Bundesstaaten gelten (§ 75 des Konsulargerichtsbarkeitsgesetzes, § 3 des Schutzgebietsgesetzes). Allerdings sind die nicht naturalisierten Eingeborenen der Gerichtsbarkeit der deutschen Gerichte und den bezeichneten Vorschriften nur insoweit unterworfen, als dies durch Kaiserliche Verordnung bestimmt wird (§ 4 des Schutzgebietsgesetzes). Hierdurch wird indessen Recht und Pflicht der Behörden der Schutzgebiete, im Wege der Rechtshilfe auch Eingeborenen gegenüber Entscheidungen deutscher Gerichte zur Vollstreckung zu bringen oder Gerichtskosten im Verwaltungszwangsverfahren von Eingeborenen einzuziehen, nicht berührt. Um etwaigen Zweifeln darüber vorzubeugen, ob die Reichsangehörigen in den Schutzgebieten und die Eingeborenen der Schutzgebiete im Deutschen Reiche als Inländer oder als Ausländer im Sinne der im Eingange bezeichneten Vorschriften anzusehen sind, sind durch das Auswärtige Amt, Kolonial-Abteilung und den Herrn Staatssekretär des Reichs-Marine-Amts die Gouverneure (Landeshauptleute) der Schutzgebiete dahin verständigt worden, daß die Reichsangehörigen von den Gerichten in den Schutzgebieten sowohl hinsichtlich der Sicherheitsleistung für die Prozeßkosten und des Ausländervorschusses als auch hinsichtlich der Zulassung zum Armenrecht als Inländer zu behandeln sind. Hiernach ist die Gegenseitigkeit als verbürgt anzusehen, und es sind demnach auch die Eingeborenen der Schutzgebiete, wenn sie vor preußischen Gerichten auftreten, in Ansehung der Sicherheitsleistung, des Ausländervorschusses und des Armenrechts als Inländer zu behandeln, insbesondere haben die Gerichtsschreiber von der Erhebung des Ausländervorschusses abzusehen.

Berlin, den 6. März 1902.

Der Justizminister.
Schönstedt.

4. b) Bekanntmachung, betr. die Behandlung der Reichsangehörigen in den Schutzgebieten und der Eingeborenen der Schutzgebiete im Deutschen Reiche als Inländer in Ansehung der Sicherheitsleistung für die Prozeßkosten, des Ausländervorschusses und der Zulassung zum Armenrechte.

(Ohne Datum u. Unterschrift im KBl. 02 S. 574 veröffentlicht.)

In sämtlichen deutschen Schutzgebieten, einschließlich Kiautschous, sind die für Klagen gegen Eingeborene zuständigen Behörden dahin verständigt worden, daß Reichsangehörige, welche dort als Kläger gegen Eingeborene auftreten, hinsichtlich der Sicherheitsleistung für die Prozeßkosten, der Zahlung des Gerichtskostenvorschusses und der Zulassung zum Armenrechte (§§ 110 Abs. 2 Nr. 1, 114 Abs. 2 der Zivilprozeßordnung, § 85 Abs. 2 Nr. 1 des Gerichtskostengesetzes) als Inländer gleich den Eingeborenen behandelt werden.

Für den umgekehrten Fall, daß Eingeborene der deutschen Schutzgebiete im Deutschen Reiche klagen, sind nunmehr an die Justizbehörden der deutschen Bundesstaaten Anweisungen dahin ergangen, daß in den Schutzgebieten den Reichsangehörigen für ihre Rechtsstreitigkeiten gegen Eingeborene die Gegenseitigkeit in den vorerwähnten Beziehungen verbürgt ist.

---

5. Kaiserliche Verordnung, betr. die Rechte an Grundstücken in den deutschen Schutzgebieten.

Vom 21. November 1902.[1]

(RGBl. 283. KBl. 563. KolGG. 6, 4.)

Wir Wilhelm, von Gottes Gnaden Deutscher Kaiser, König von Preußen usw., verordnen auf Grund des § 3

---

1. In betreff der Enteignung von Grundeigentum in den afr. und Südseeschutzgebieten s. die Ksl. V. v. 14. Febr. 03 (RGBl. 27) und die AusfVf. d. RK. v. 12. Nov. 03 (KBl. 605, KolGG. 236).

des Schutzgebietsgesetzes (RGBl. 1900 S. 813) in Verbindung mit § 21 des Gesetzes über die Konsulargerichtsbarkeit vom 7. April 1900 (RGBl. S. 213) für die deutschen Schutzgebiete, im Namen des Reichs, was folgt:

I. Allgemeine Vorschriften.

§ 1. Die im § 19 des Gesetzes über die Konsulargerichtsbarkeit bezeichneten, dem bürgerlichen Rechte angehörenden Vorschriften über die Rechte an Grundstücken finden nach Maßgabe des § 20 Abs. 1 des genannten Gesetzes Anwendung, soweit sich nicht aus dieser Verordnung ein anderes ergibt.

Die nach den §§ 2, 85 bis 92 der Grundbuchordnung vom 24. März 1897 (RGBl. 1897 S. 139, 1898 S. 754) durch landesherrliche Verordnung zu erlassenden Vorschriften werden vom Reichskanzler oder mit dessen Genehmigung vom Gouverneur erlassen.

§ 2. Die Vorschriften der Artikel 186, 189 des Einführungsgesetzes zum Bürgerlichen Gesetzbuche, des § 82 der Grundbuchordnung und der Preußischen Verordnung, betr. das Grundbuchwesen, vom 13. November 1899 (GS. S. 519) finden keine Anwendung.

Die im § 1 Abs. 1 bezeichneten Vorschriften finden auf das Bergwesen,[1]) die Zwangsversteigerung und die Zwangsverwaltung[2]) nur soweit Anwendung, als der Reichskanzler

---

1. Vgl. für DSWA. die Ksl. BergV. v. 8. Aug. 05 (RGBl. 727) und die AusfVf. hierzu v. 3 Dez. 05 (KBl. 732, KolGG. 275) und 2. Febr. 09 (KBl. 153), für die übrigen afr. und Südseeschutzgebiete die Ksl. BergV. v 27. Febr 06 (RGBl. 363) und die AusfVf. hierzu v. 26. Juli 06 (KolGG. 284, KBl. 07, 833) und 2. Febr. 09 (KBl. 152) In betreff Kiautschous vgl. Anm. 1 zu § 3 Ksl. V. v. 9. Nov. 00.

2. Vgl. für DSWA., Togo, DNG. und Kiautschou die in Anm. 3 zu § 26 erwähnten AusfBest., für Samoa die GouvV. v. 15. April 05 (KBl. 429, KolGG. 132). Für DOA. und Kamerun sind in betreff der Zwangsversteigerung und Zwangsverwaltung von Grundstücken Vorschriften bisher nicht erlassen. Doch werden dort die reichsgesetzlichen Vorschriften entsprechend angewendet.

oder mit seiner Genehmigung der Gouverneur sie für anwendbar erklärt.

Der Reichskanzler und mit seiner Genehmigung der Gouverneur können Vorschriften über den Erwerb, die dingliche Belastung und das Erlöschen des Bergwerkseigentums sowie dessen Verhältnis zu anderen Rechten erlassen.[1])

§ 3. Bei der Auflassung bedarf es nicht der gleichzeitigen Anwesenheit beider Teile; auch brauchen diese ihre Erklärungen nicht mündlich vor dem Grundbuchamt abzugeben.[2])

§ 4. Ins Grundbuch einzutragende Geldbeträge können in der im Schutzgebiete geltenden Währung angegeben werden.

§ 5. Der Reichskanzler und mit seiner Genehmigung der Gouverneur bestimmen die Voraussetzungen für den Erwerb von Rechten an herrenlosem Lande und an Kronland. Die hierauf bezüglichen, in den einzelnen Schutzgebieten bestehenden Vorschriften bleiben in Kraft, bis sie nach Maßgabe der vorstehenden Bestimmungen aufgehoben werden.[3]) Entgegen den bestehenden oder zu erlassenden Vorschriften findet ein Erwerb von Rechten nicht statt.

§ 6. In Ansehung der den Eingeborenen oder anderen Farbigen gehörigen Grundstücke gelten folgende Vorschriften:

1. Wenn und insoweit es im öffentlichen Interesse notwendig erscheint, sind der Reichskanzler und mit seiner

---

1. Vgl. Note 1 S 122.

2. Die Auflassungserklärung kann also auch vor einem Notar abgegeben und durch eine notarielle Urkunde nachgewiesen werden. Beschl. d. Oberrichters in Windhuk v 1. März 09 in der Grundbuchsache Windh. Bd. III Bl. 70.

3. Vgl. für DOA. und Kam. die unten unter Nr. 7 abgedruckten V. Vgl. ferner (in betreff des Erwerbs von herrenlosem Lande) für DSWA. § 2 der AusfBest. v. 23. Mai 03; für Togo die GouvV. v. 2. Febr. 10 (Amtsbl 29, KBl. 218); für DNG. (ohne Inselgebiet) § 3 AusfBest. v. 22. Juli 04; für die Karolinen, Palau, Marianen die Vf. d. RK. v. 2. Juli 01 (KolGG. 6, 358); für die Marshall-J. die V. v. 28. Juni 88 (KolGG. 1, 606), welche indes infolge Außerkrafttretens des darin angezogenen Vertrages mit der Jaluit-Gesellschaft v. 21. Jan. 88 (vgl. KolGG. 07, 121 Anm. **) nur noch negative Bedeutung hat.

Genehmigung der Gouverneur ermächtigt, den Erwerb des Eigentums oder dinglicher Rechte an solchen Grundstücken sowie ihre Benutzung durch Dritte an besondere Bedingungen oder an eine obrigkeitliche Genehmigung zu knüpfen oder zu untersagen. Das gleiche gilt von dem Erwerb und der Belastung dieser Grundstücke im Wege der Zwangsvollstreckung. Die Vorschriften des § 5 Satz 2 und 3 finden entsprechende Anwendung.[1])

2. Im übrigen finden die Vorschriften dieser Verordnung auf die bezeichneten Grundstücke nur dann Anwendung, wenn für das Grundstück ein Grundbuchblatt angelegt oder das Grundstück in ein Landregister (§ 19) eingetragen ist. Inwieweit Eingeborene oder andere Farbige zur Eintragung ihrer Grundstücke in das Grundbuch berechtigt sind oder hierzu angehalten werden können, bestimmen der Reichskanzler und mit seiner Genehmigung der Gouverneur.[2])

3. Der Reichskanzler und mit seiner Genehmigung der Gouverneur können bestimmen, daß zugunsten Eingeborener oder anderer Farbiger
   a) andere Formen der dinglichen Belastung für die bezeichneten Grundstücke, als die des dritten Buches des Bürgerlichen Gesetzbuchs und des Artikel 40 des Preußischen Ausführungsgesetzes zum Bürgerlichen Gesetzbuche, zulässig sind,
   b) gewisse Nutzungsrechte, selbst wenn sie unvererblich oder unübertragbar sind, Grundbuchblätter erhalten

---

1. Vgl. für DOA. und Kam. die unten unter Nr. 7 abgedruckten V. Vgl. ferner für DSWA. § 2 der AusfBest. v. 23. Mai 03; für Togo die GouvV. v. 5. Sept. 04 (KBl. 631, KolGG. 217) u. Bek. v. 10. Febr. 10 (Amtsbl. 48); für DNG. (ohne Inſ.Geb.) § 3 der AusfBest.; für die Karolinen usw. die Vf. d. RK. v. 2. Juli 01 (KolGG. 6, 358); für die Marshall-J. die Vf. d. RK. v. 8. Juli 05 (KBl. 689, KolGG. 166); für Samoa die GouvV. v. 20. Juni 09 (KBl. 856); für Kiautschou die GouvV. v. 2. Sept. 98 (KolGG. 3, 198) und v. 5. Mai 04 (KolGG. 280).

2. Vgl. für DOA. die GouvV. v. 6. Jan. 04 (KBl. 471, KolGG 28), für die übrigen Schutzgebiete die AusfBest. (Anm. 3 zu § 26).

können, und daß auf diese Nutzungsrechte die auf Grundstücke Eingeborener sich beziehenden Vorschriften Anwendung finden.

II. Anlegung neuer Grundbuchblätter.

§ 7. Die Anlegung eines Grundbuchblatts ist nur statthaft, soweit Flurkarten bereits angelegt oder die Vermessung des Grundstücks und die Aufnahme einer Karte ausführbar sind. Die Voraussetzungen, unter denen die Vermessung als ausführbar zu erachten ist, bestimmt der Reichskanzler. Derselbe kann die Anlegung für einzelne Fälle auch zulassen, wenn eine Vermessung im Sinne dieses Paragraphen nicht ausführbar oder mit Kosten verbunden sein würde, die zum Werte des Grundstücks in keinem Verhältnisse stehen.

§ 8. Die Anlegung des Grundbuchblatts erfolgt auf Antrag des Eigentümers oder desjenigen, welcher auf Grund eines gegen den Eigentümer vollstreckbaren Titels eine Eintragung im Grundbuche verlangen kann, sofern die Zulässigkeit dieser Eintragung von der vorgängigen Eintragung des Eigentümers abhängt.

Der Reichskanzler und mit seiner Genehmigung der Gouverneur können vorschreiben, daß, in welcher Weise und mit welcher Wirkung der Eigentümer von Amts wegen zur Stellung des Antrags (Abs. 1) anzuhalten ist. Die hierauf bezüglichen, in den einzelnen Schutzgebieten bestehenden Vorschriften bleiben in Kraft, bis sie nach Maßgabe der vorstehenden Bestimmung aufgehoben werden.

§ 9. Mit dem Antrage hat der Antragsteller durch Urkunden, Bescheinigungen öffentlicher Behörden oder auf andere Weise glaubhaft zu machen, daß er das Grundstück als Eigentümer erworben oder in ungestörtem Besitze hat.

In dem Antrag ist das einzutragende Grundstück nach Lage und Begrenzung, nach seinem etwaigen besonderen Namen und sonstigen Kennzeichen sowie tunlichst nach Kultur oder Art der Benutzung und Größe zu bezeichnen.

Dem Antrag ist eine das Grundstück veranschaulichende Karte beizufügen. Die Vorschrift des § 7 Satz 3 bleibt unberührt.

§ 10. Der Anlegung des Grundbuchblatts muß ein Aufgebot vorhergehen.

§ 11. Das Aufgebot wird von dem Grundbuchamt erlassen. In das Aufgebot ist aufzunehmen:

1. die Bezeichnung des Antragstellers,
2. die Bezeichnung des aufgebotenen Grundstücks,
3. die Aufforderung an alle diejenigen, welche das Eigentum oder ein anderes zur Eintragung in das Grundbuch geeignetes Recht an dem Grundstück in Anspruch nehmen, ihre Rechte und Ansprüche bis zu einem bestimmten Termin anzumelden und glaubhaft zu machen, widrigenfalls die Anlegung des Grundbuchblatts ohne Rücksicht auf ihre Rechte und Ansprüche erfolgen werde.

Das Aufgebot ist durch Aushang an der für öffentliche Bekanntmachungen bestimmten Stelle und in sonst geeigneter Weise bekanntzumachen.

Zwischen der ersten öffentlichen Bekanntmachung und dem Termine muß eine Frist von mindestens drei Monaten liegen.

§ 12. Ist bis zum Ablaufe des Termins ein anderweitiger Eigentumsanspruch nicht angemeldet oder nicht glaubhaft gemacht, so erfolgt die Anlegung des Grundbuchblatts. Das Grundbuchamt ist auch befugt, ihm bekannt und glaubhaft gewordene Ansprüche Dritter von Amts wegen zu berücksichtigen. Bei widerstreitenden Ansprüchen kann die Anlegung erst erfolgen, nachdem die Beteiligten ihre Ansprüche zum Austrage gebracht haben.

§ 13. Die bis zum Ablauf des Termins angemeldeten Rechte (§ 11 Nr. 3) werden bei der Anlegung des Grundbuchblatts eingetragen, wenn der Antragsteller das beanspruchte Recht anerkennt, oder wenn die Voraussetzungen der Eintragung gemäß den Vorschriften dieser Verordnung vorliegen.

Anderenfalls wird, sofern das beanspruchte Recht glaubhaft gemacht ist, zur Sicherung ein Widerspruch eingetragen.

Die Festsetzung der Rangordnung der bis zum Ablaufe des Termins angemeldeten Rechte erfolgt, falls sich die Beteiligten nicht einigen, im Rechtswege.

§ 14. Das Grundbuchamt kann ohne Erlaß eines Aufgebots die Anlegung eines Grundbuchblatts bewirken:

1. wenn dem Antrag auf Eintragung des Grundstücks eine Überweisung von früher herrenlosem Lande zugrunde liegt, und die Überweisung und Besitzergreifung nach Maßgabe eines mit dem Fiskus abgeschlossenen Vertrags oder einer von Regierungs wegen erteilten Berechtigung erfolgt ist,
2. wenn die Anlegung gemäß § 8 von einem Berechtigten beantragt wird, dessen Anspruch nach Maßgabe einer der folgenden Vorschriften als rechtsgültig festgestellt worden ist:
   a) in den Schutzgebieten der Südsee, mit Ausnahme von Samoa, nach Maßgabe der Nr. IV der Erklärung, betreffend die gegenseitige Handels- und Verkehrsfreiheit in den deutschen und englischen Besitzungen und Schutzgebieten im Westlichen Stillen Ozean, vom 10. April 1886,
   b) in Deutsch-Neu-Guinea nach Maßgabe der §§ 6 bis 11 der Verordnung, betreffend den Eigentumserwerb und die dingliche Belastung der Grundstücke im Schutzgebiete der Neu-Guinea-Kompagnie, vom 20. Juli 1887 (RGBl. S. 379),
   c) in Samoa nach Maßgabe des Artikels IV der Generalakte der Samoakonferenz in Berlin vom 14. Juni 1889,
   d) im Schutzgebiete der Marshall-Inseln nach Maßgabe der §§ 6, 7 der Verordnung, betreffend den

Eigentumserwerb und die dingliche Belastung der Grundstücke im Schutzgebiete der Marshall-Inseln, vom 22. Juni 1889 (RGBl. S. 145),

e) in Deutsch-Südwestafrika nach Maßgabe der Verordnung, betreffend das Bergwesen im südwestafrikanischen Schutzgebiete, vom 6. September 1892 (RGBl. S. 789) und der Verordnung, betreffend das Aufgebot von Landansprüchen im südwestafrikanischen Schutzgebiete, vom 2. April 1893 (RGBl. S. 143),

f) im Inselgebiete der Karolinen, Palau und Marianen nach Maßgabe des § 13 der Verordnung, betreffend die vorläufige Regelung der Verwaltung und Rechtsverhältnisse im Inselgebiete der Karolinen, Palau und Marianen, vom 26. September 1899.

§ 15. Im Falle des § 14 erfolgt nach Anlegung des Grundbuchblatts eine Aufforderung an alle diejenigen, welche zur Eintragung in das Grundbuch geeignete Rechte an dem Grundstück in Anspruch nehmen, ihre Rechte bis zu einem bestimmten Termin anzumelden und glaubhaft zu machen, widrigenfalls sie bei etwaigen anderweitigen Anträgen auf Eintragungen nicht berücksichtigt werden würden. Hierbei finden die Vorschriften des § 11 Abs. 2, 3 und des § 12 entsprechende Anwendung.

Der Reichskanzler und mit seiner Genehmigung der Gouverneur können vorschreiben, daß und unter welchen Voraussetzungen die Vorschrift des Abs. 1 außer Anwendung bleibt.

§ 16. Die Vorschriften der §§ 14 und 15 finden auch Anwendung, wenn die Ansprüche aus Überweisungen von früher herrenlosem Lande oder die als rechtsgültig anerkannten Ansprüche im Wege der Rechtsnachfolge auf den Antragsteller übergegangen sind.

§ 17. Im Schutzgebiete Kiautschou finden die Vorschriften des § 8, des § 9 Abs. 1 und der §§ 10 bis 16 keine Anwendung. Daselbst gelten die folgenden Bestimmungen:

Die Anlegung des Grundbuchblatts für ein Grundstück erfolgt entweder für den Fiskus auf den Antrag der dazu berechtigten Behörde oder für denjenigen, welcher das Grundstück von dem Fiskus erworben hat. Bei der Anlegung ist zur Legitimation des Fiskus als Eigentümer dem Grundbuchamte gegenüber die schriftliche Erklärung des Gouverneurs, daß der Fiskus das Eigentum erworben hat, erforderlich und ausreichend.

Zur Verfügung über ein dem Fiskus gehöriges Grundstück, welches im Grundbuche nicht eingetragen ist, bedarf es der vorgängigen Anlegung eines Grundbuchblatts nicht.

III. Vorschriften, betreffend Grundstücke, für die ein Grundbuchblatt noch nicht angelegt worden ist.

§ 18. Die im § 1 Abs. 1 bezeichneten Vorschriften, welche die Übertragung des Eigentums an Grundstücken betreffen, finden auf Grundstücke, für welche ein Grundbuchblatt nicht angelegt ist, keine Anwendung.

Zur Übertragung des Eigentums an einem solchen Grundstück ist die Einigung des Veräußerers und des Erwerbers erforderlich und ausreichend. Die Erklärungen müssen in öffentlich beglaubigter Form abgegeben werden. Es genügt die Beglaubigung durch eine öffentliche Behörde des Schutzgebiets.

Die Übertragung des Eigentums kann nicht unter einer Bedingung oder einer Zeitbestimmung erfolgen.

§ 19. Der Eigentümer kann sein Eigentum in ein von dem zuständigen Grundbuchamte zu führendes Landregister eintragen lassen. Dasselbe Recht steht demjenigen zu, welcher auf Grund eines gegen den Eigentümer vollstreckbaren Titels die Anlegung eines Grundbuchblatts verlangen kann (§ 8 Abs. 1). Die Vorschrift des § 8 Abs. 2 findet entsprechende Anwendung.

§ 20. Bei dem Antrag auf Eintragung des Eigentums ist dessen Erwerb nachzuweisen.

Das Grundstück ist so genau wie möglich zu bezeichnen. Das Grundbuchamt befindet darüber, ob die Bezeichnung genau genug ist oder nicht.

§ 21. Ist im Landregister jemand als Eigentümer eines Grundstücks eingetragen, so wird vermutet, daß er der Eigentümer ist.

§ 22. Die im § 18 Abs. 1 bezeichneten Grundstücke können mit anderen Rechten als mit Hypotheken und Grundschulden nicht belastet werden.

In Ansehung der Hypotheken und Grundschulden tritt das Landregister an die Stelle des Grundbuchs; der öffentliche Glaube des Landregisters erstreckt sich jedoch auch in Ansehung der Hypotheken und Grundschulden nicht darauf, daß der als Eigentümer des Grundstücks in das Register Eingetragene der wirkliche Eigentümer ist.

§ 23. Eine Hypothek oder Grundschuld kann nur in der Weise bestellt werden, daß die Erteilung eines Hypotheken- oder Grundschuldbriefs ausgeschlossen ist.

§ 24. Im Schutzgebiete Kiautschou finden die Vorschriften der §§ 18 bis 23 keine Anwendung.

IV. Schlußbestimmungen.

§ 25. Das Eigentum an denjenigen Grundstücken, welche dem Reiche nach gesetzlicher Vorschrift, insbesondere nach § 1 der Verordnung über die Schaffung, Besitzergreifung und Veräußerung von Kronland und über den Erwerb und die Veräußerung von Grundstücken in Deutsch-Ostafrika im allgemeinen, vom 26. November 1895,[1]) und nach § 1 der Verordnung über die Schaffung, Besitzergreifung und Veräußerung von Kronland und über den Erwerb und die Veräußerung von Grundstücken im Schutzgebiete von Kamerun, vom 15. Juni 1896,[1]) oder infolge Erwerbes durch Rechtsgeschäft zur Zeit der Verkündung dieser Verordnung gehören, gilt als dem Fiskus des

1. Unten Nr. 7.

Schutzgebiets erworben, in welchem das betreffende Grundstück liegt. Das Gleiche gilt in Ansehung dinglicher Rechte an Grundstücken.

Die Vorschrift des Abs. 1 findet auf marine- und postfiskalische Grundstücke sowie auf Grundstücke im Schutzgebiete der Marshall-Inseln [1]) keine Anwendung.

§ 26. Der Reichskanzler und mit seiner Genehmigung der Gouverneur haben die zur Ausführung dieser Verordnung erforderlichen Bestimmungen, insbesondere über die Einrichtung und Führung der Grundbücher und Landregister, zu erlassen. [2])

§ 27. Die in dieser Verordnung dem Reichskanzler zugewiesenen Obliegenheiten werden in dessen Vertretung für die Schutzgebiete Afrikas und der Südsee durch das Reichs-Kolonialamt, [3]) für das Schutzgebiet Kiautschou durch das Reichs-Marineamt wahrgenommen.

[Der Ausdruck Gouverneur bezieht sich im Sinne dieser Verordnung auch auf den Landeshauptmann des Schutzgebiets der Marshall-Inseln und den Vizegouverneur im Inselgebiete der Karolinen, Palau und Marianen.] [4])

§ 28. Diese Verordnung tritt am 1. April 1903 in Kraft. Gleichzeitig treten, soweit sich nicht aus den §§ 5, 6, 8, 14 ein anderes ergibt, außer Kraft:

---

1. Die Vorschrift des Abs. 2 erklärt sich daraus, daß die Verwaltung der MJ. z. Zt. noch für Rechnung des Reichs geführt wurde. Sie hat mit der V. v. 18. Jan. 06 (KBl. 117, KolGG. 24) ihre Bedeutung verloren, wenngleich sie formell noch zu Recht besteht.

2. Vgl. die AusfBest. d. RK., unten Nr. 6. Vgl. ferner die AusfBesst. der Gouv. für DSWA. v. 23. Mai 03 (KBl. 357, KolGG. 114) u. 20. Nov. 09 (KBl. 10, 78); Togo v. 19. Juli 04 (KBl. 557, KolGG. 155); Kamerun v. 24. Nov. 08 (betr. Vermessungswesen, KolGG. 505, KBl. 09, 86); DNG. (ohne Inselgebiet) v 22. Juli 04 (KBl. 631, KolGG. 157) und 16. Mai 07 (KolGG. 238); Samoa v. 15. Juli 03 (KBl. 517, KolGG. 155); Kiautschou v. 30. März und 31. Dez. 03 (KolGG. 299, 312).

3. AErl. v. 17. Mai 07, unten Nr. 20a.

4. Die bez. Ämter sind inzwischen in Wegfall gekommen. S. Anm. 2 zu § 1 SchGG. u. die Vf. d. RK. v. 27. Febr. 07 (KolGG. 120).

1. die Verordnung, betreffend den Eigentumserwerb und die dingliche Belastung der Grundstücke im Schutzgebiete der Neu-Guinea-Kompagnie, vom 20. Juli 1887 (RGBl. S. 379),
2. die Verordnung, betreffend den Eigentumserwerb und dingliche Belastung der Grundstücke im Schutzgebiete der Marshall-Inseln, vom 22. Juni 1889 (RGBl. S. 145),
3. die Verordnung, betreffend die Begründung von Pfandrechten an Grundstücken in Deutsch-Ostafrika, vom 18. März 1892,
4. die Verordnung, betreffend die Registrierung von Landtiteln auf Samoa, vom 19. Januar 1894,
5. die Verordnung, betreffend die Rechtsverhältnisse an unbeweglichen Sachen in Deutsch-Ostafrika, vom 24. Juli 1894,
6. die Verordnung, betreffend Regelung des Grunderwerbs in Kiautschou, vom 2. September 1898,
7. die Verordnung, betreffend die Rechtsverhältnisse an unbeweglichen Sachen in Deutsch-Südwestafrika, vom 5. Oktober 1898 (RGBl. S. 1063),
8. die Vorschrift des § 3 Satz 1 der Verordnung, betreffend die Rechtsverhältnisse in den deutschen Schutzgebieten, vom 9. November 1900 (RGBl. S. 1005),
9. die Verordnung, betreffend die Rechtsverhältnisse an Grundstücken in Kamerun, vom 24. Juni 1901,
10. die Verordnung, betreffend die Rechtsverhältnisse an Grundstücken in Togo, vom 5. November 1901,
11. die zu den unter Ziffer 1 bis 7, 9, 10 aufgeführten Verordnungen ergangenen Ausführungsvorschriften.

Urkundlich ꝛc.

Gegeben an Bord M. Y. „Hohenzollern“, Helgoland, den 21. November 1902.

Wilhelm.

Graf von Bülow.

6. Verfügung des Reichskanzlers zur Ausführung der Kaiserl. Verordnung, betr. die Rechte an Grundstücken in den deutschen Schutzgebieten, vom 21. November 1902 (RGBl. S. 283).

Vom 30. November 1902. (KBl. 568. KolGG. 6, 10.)

Auf Grund der §§ 1, 26 der Kaiserlichen Verordnung, betreffend die Rechte an Grundstücken in den deutschen Schutzgebieten, vom 21. November 1902 (RGBl. S. 283), und des § 10 der Kaiserlichen Verordnung, betreffend die Rechtsverhältnisse in den deutschen Schutzgebieten, vom 9. November 1900 (RGBl. S. 1005) wird hierdurch folgendes bestimmt:

§ 1. Die Bearbeitung der Grundbuchsachen gehört zur Zuständigkeit der Bezirksrichter, welche die Bearbeitung gemäß § 1 Nr. 4 der Verfügung, betreffend die Ausübung der Gerichtsbarkeit in den Schutzgebieten Afrikas und der Südsee, vom 25. Dezember 1900, anderen Personen übertragen können.

Im Schutzgebiete Kiautschou gehört die Bearbeitung der Grundbuchsachen zur Zuständigkeit des Kaiserlichen Gerichts.

§ 2. Der Gouverneur (§ 27 Abs. 2 der Kaiserlichen Verordnung vom 21. November 1902) bestimmt, für welche Bezirke und in welchem Zeitpunkt ein Grundbuch anzulegen ist.[1])

Eine Vermessung im Sinne des § 7 der Kaiserlichen Verordnung vom 21. November 1902 ist, abgesehen von dem Falle des Vorhandenseins einer Flurkarte, als ausführbar anzusehen, wenn die Voraussetzungen vorliegen, die

---

1. Entsprechende Anordnungen sind in den AusfBest. zur Ksl. V. v. 21. Nov. 02 (Anm. 3 zu § 26) sowie für DNG. in den V. v. 6. Dez. 87 (KolGG. 1, 490), 2. Aug. 00 (KolGG. 6, 251), 17. Febr. 03 (KolGG. 46) u. (für die Karolinen usw.) v. 14. Juli 03 (KolGG. 154) enthalten.

Anl. I. in den anliegenden „Grundsätzen für die Grundstücksvermessung bei mangelndem Anschluß an eine Landestriangulation“ aufgestellt sind.

§ 3. Die Grundbücher werden nach dem anliegenden, Anl. II. mit Probeeintragungen versehenen Formular eingerichtet.

Der Gouverneur kann Abänderungen des Formulars vorschreiben und die Vorschriften der §§ 4—21 durch andere Vorschriften ersetzen.

Die bisher geführten Grundbücher gelten als Grundbücher im Sinne dieser Verfügung.

§ 4. Jedes Grundbuchblatt besteht aus einem Titel und drei Abteilungen.

§ 5. Der Titel gibt in der ersten Hauptspalte an:

1. Die Bezeichnung des Grundstücks nach Lage und Begrenzung, nach seinem etwaigen besonderen Namen und sonstigen Kennzeichen unter Bezugnahme auf die bei den Grundakten befindliche Karte sowie tunlichst die Eigenschaft des Grundstücks nach Kultur oder Art der Benutzung und dessen Größe;
2. die Vermerke über Rechte, welche dem jeweiligen Eigentümer des Grundstücks zustehen.

Die für die Bezeichnung des Grundstücks nach dem Steuerbuche bestimmte Unterspalte wird offen gelassen, bis der Gouverneur ein anderes vorschreibt. Sind mehrere Grundstücke in demselben Grundbuchblatte vereinigt, so werden sie unter fortlaufenden Nummern gesondert in der Hauptspalte aufgeführt.

In die zweite Hauptspalte werden die Abschreibungen, die Änderung der in der ersten Hauptspalte vermerkten Rechte sowie deren Löschungen eingetragen.

§ 6. In die erste Hauptspalte der ersten Abteilung werden eingetragen:

Der Eigentümer nach Namen, Stand, Gewerbe oder anderen unterscheidenden Merkmalen, Wohnort oder Aufenthaltsort, eine Handelsgesellschaft, eingetragene Genossenschaft oder juristische Person anderer Art unter ihrer Firma oder ihrem Namen und unter Angabe ihres Sitzes;

in die zweite Hauptspalte:
das Datum und der Rechtsgrund (Auflassung, Testament, Erbschein usw.) der Eintragung sowie die Vermerke über Zuschreibungen;

in die dritte Spalte:
auf Antrag des Eigentümers der Erwerbspreis oder die Schätzung des Wertes nach einer öffentlichen Taxe.

§ 7. In die erste Hauptspalte der zweiten Abteilung werden eingetragen:

1. die auf einem privatrechtlichen Rechtsgrunde beruhenden, das Grundstück belastenden Rechte mit Ausnahme der Hypotheken, Grundschulden und Rentenschulden;
2. die Beschränkungen des Verfügungsrechts des Eigentümers;

in die zweite Hauptspalte, Unterspalte „Eintragungen":
die Veränderungen der in der ersten Hauptspalte vermerkten Rechte und Beschränkungen;

in die zweite Hauptspalte, Unterspalte „Löschungen":
die Löschungen der vorstehend bezeichneten Veränderungen;

in die dritte Hauptspalte:
die Löschungen der in der ersten Hauptspalte vermerkten Rechte und Beschränkungen.

§ 8. In die erste Hauptspalte der dritten Abteilung werden eingetragen:

1. die Hypotheken, Grundschulden und Rentenschulden;
2. die Vermerke über Ausschließung der Erteilung eines Briefs (§ 1116 des Bürgerlichen Gesetzbuchs);

in die zweite Hauptspalte, Unterspalte „Eintragungen":

1. die Veränderungen in Ansehung der in der ersten Hauptspalte eingetragenen Rechte,

2. die Vermerke über nachträgliche Ausschließung der Erteilung eines Briefs oder die Aufhebung der Ausschließung;

in die zweite Hauptspalte, Unterspalte „Löschungen“:
die Löschungen der vorstehend bezeichneten Veränderungen und Vermerke;

in die dritte Hauptspalte:
die Löschungen der in der ersten Hauptspalte eingetragenen Rechte.

§ 9. Die Eintragung einer Vormerkung erfolgt:

1. wenn die Vormerkung den Anspruch auf Übertragung des Eigentums betrifft, in der ersten Hauptspalte der zweiten Abteilung;
2. wenn die Vormerkung den Anspruch auf Eintragung eines anderen Rechtes am Grundstücke betrifft, in der für die Eintragung des Rechtes bestimmten Abteilung und Spalte;
3. in den übrigen Fällen in der für Veränderungen bestimmten Spalte der Abteilung, in welcher das von der Vormerkung betroffene Recht eingetragen ist.

In den Fällen des Abs. 1, Ziff. 2, 3, ist bei der Eintragung der Vormerkung die rechte Hälfte der Spalte für die endgültige Eintragung freizulassen.

§ 10. Die Vorschriften des § 9 finden auf die Eintragung eines Widerspruchs entsprechende Anwendung.

§ 11. Wenn ein Grundstück, welches von einem eingetragenen Grundstück abgezweigt werden soll, auf ein anderes Blatt zu übertragen ist, so muß das einzutragende Grundstück nach den im § 5 Nr. 1 bestimmten Merkmalen unter Beifügung einer die Lage und Größe des Grundstücks in beglaubigter Form ergebenden Karte bezeichnet werden.

§ 12. Die Einsicht des Grundbuchs ist öffentlichen Behörden und den von ihnen beauftragten Beamten gestattet, ohne daß es der Darlegung eines berechtigten Interesses bedarf.

Notare, die das Grundbuch im Auftrage des Eigentümers oder eines sonst zur Einsicht Berechtigten einsehen wollen, brauchen den Auftrag nicht nachzuweisen.

Soweit nach Abs. 1, 2 die Einsicht des Grundbuchs gestattet ist, kann eine Abschrift gefordert werden; die Abschrift ist auf Verlangen zu beglaubigen.

§ 13. Soll eine beglaubigte Abschrift nur von einem Teile des Grundbuchblatts erteilt werden, so sind in die Abschrift diejenigen Eintragungen aufzunehmen, welche den Gegenstand betreffen, auf den sich die Abschrift beziehen soll. In dem Beglaubigungsvermerk ist der Gegenstand anzugeben und zu bezeugen, daß weitere, den Gegenstand betreffende Eintragungen in dem Grundbuche nicht enthalten sind.

§ 14. Für jedes Grundbuchblatt werden besondere Grundakten gehalten.

Bei den Grundakten ist eine Tabelle zu halten, die mit dem Blatte wörtlich übereinstimmen muß. Die Sorge für die Übereinstimmung liegt dem Richter und dem Gerichtsschreiber ob.

§ 15. Die Urkunden und Abschriften, die nach § 9 der Grundbuchordnung von dem Grundbuchamt aufzubewahren sind, werden zu den Grundakten genommen.

Ist eine Urkunde, auf die eine Eintragung sich gründet oder Bezug nimmt, in anderen der Vernichtung nicht unterliegenden Akten des das Grundbuch führenden Gerichts enthalten, so genügt statt der Aufbewahrung einer beglaubigten Abschrift der Urkunde eine Verweisung auf die anderen Akten.

§ 16. Die Einsicht von Grundakten ist, auch soweit es sich nicht um die im § 11 Abs. 1 Satz 2 der Grundbuchordnung bezeichneten Urkunden handelt, jedem gestattet, der ein berechtigtes Interesse darlegt. Die Vorschriften des § 12 finden auf die Einsicht der Grundakten entsprechende Anwendung.

Soweit die Einsicht gestattet ist, kann eine Abschrift gefordert werden; die Abschrift ist auf Verlangen zu beglaubigen.

§ 17. Der im § 57 der Grundbuchordnung bezeichnete Auszug aus dem Grundbuche soll außer den dort vorgeschriebenen Angaben enthalten:

1. die Größe und tunlichst den Steuerwert des Grundstücks,
2. die letzten im Grundbuche vermerkten Erwerbspreise, falls der Erwerb nicht zehn Jahre zurückliegt, sowie die etwa eingetragenen Schätzungs- oder Versicherungssummen mit Angabe des Jahres.

§ 18. Die Hypothekenbriefe sind am Kopfe mit einer Überschrift zu versehen, welche die Bezeichnung „Hypothekenbrief" und die Angabe der Hypothek enthält, über die der Brief erteilt wird; die Hypothek ist nach dem Grundbuche, den Nummern des Bandes und Blattes, der Eintragungsnummer und dem Geldbetrage zu bezeichnen.

In den Brief sind in nachstehender Reihenfolge aufzunehmen:

1. der Inhalt der die Hypothek betreffenden Eintragungen nach Maßgabe des § 57 Abs. 2 Nr. 3 und des § 58 Abs. 2 der Grundbuchordnung;
2. die Bezeichnung des belasteten Grundstücks oder der belasteten Grundstücke nach dem Inhalte des Grundbuchs, mit Einschluß der im § 17 vorgeschriebenen Angaben;
3. die Bezeichnung des Eigentümers;
4. die kurze Bezeichnung der Eintragungen, welche der Hypothek im Range vorgehen oder gleichstehen, unter Angabe des Zinssatzes, wenn dieser fünf vom Hundert übersteigt.

Die Vorschriften der Abs. 1—3 finden auf Grundschuldbriefe und Rentenschuldbriefe entsprechende Anwendung.

§ 19. Wird eine Hypothek, eine Grundschuld oder eine Rentenschuld teilweise gelöscht, so ist auf dem Briefe der Betrag, für welchen das Recht noch besteht, neben der in der Überschrift enthaltenen Angabe des Rechtes durch den Vermerk ersichtlich zu machen: „Noch gültig auf (Angabe des Betrags)."

In gleicher Weise ist bei der Herstellung eines Teilhypotheken-, Teilgrundschuld- und Teilrentenschuldbriefs auf dem bisherigen Briefe der Betrag ersichtlich zu machen, auf den sich der Brief noch bezieht.

§ 20. Die im § 58 Abs. 1 und im § 59 Abs. 2 der Grundbuchordnung vorgeschriebene Verbindung von Urkunden erfolgt durch Schnur und Siegel.

§ 21. In den Fällen des § 69 der Grundbuchordnung ist der Brief in der Weise unbrauchbar zu machen, daß, nachdem die bei dem Rechte bewirkte Eintragung auf dem Briefe vermerkt ist, der Vermerk über die erste Eintragung des Rechtes durchstrichen und der Brief mit Einschnitten versehen wird.

Der Brief ist nach Befolgung der Vorschrift des § 69 Satz 2 der Grundbuchordnung zurückzugeben, sofern nicht aus besonderen Gründen die Zurückbehaltung des Briefes bei den Grundakten angemessen erscheint.

§ 22. Alle Vermerke, welche ihre Bedeutung verloren haben, insbesondere die gelöschten Vermerke, sind mit roter Tinte zu unterstreichen.

§ 23. Die Landregister (§ 19 der Kaiserlichen Verordnung vom 21. November 1902) sind nach Art der Grundbuchtabellen (§ 14) mit der Maßgabe zu führen, daß sie nur den Titel und zwei Abteilungen enthalten. In die zweite Abteilung werden die Hypotheken und Grundschulden eingetragen.

Auf die geschäftliche Behandlung der Anträge, deren Form und die Kosten finden die für das Verfahren bei angelegtem Grundbuche gegebenen Vorschriften entsprechende Anwendung.

Der Gouverneur kann allgemein oder im Einzelfalle bestimmen, ob und inwieweit ein bisher geführtes Land- oder Hypothekenregister als Landregister im Sinne der Kaiserlichen Verordnung vom 21. November 1902 und dieser Verfügung zu gelten hat.

§ 24. Diese Verfügung tritt am 1. April 1903 in Kraft. Gleichzeitig treten die in den einzelnen Schutzgebieten zur Regelung des Grundbuchwesens bisher erlassenen Vorschriften außer Kraft.

Berlin, den 30. November 1902.

Der Reichskanzler.
Graf von Bülow.

Anlage I.

Grundsätze für die Grundstücksvermessung bei mangelndem Anschluß an eine Landestriangulation.

Die Vermessung muß folgende Forderungen erfüllen:

1. Die Grenzpunkte müssen sicher und dauerhaft unterirdisch vermarkt sein. Am besten eignen sich für diese unterirdischen Vermarkungen leere Flaschen, deren Boden durchstoßen oder abgesprengt ist, um einer Entwendung derselben durch die Eingeborenen vorzubeugen.

2. Es muß über den Grenzpunkten ein leicht als Grenzmarke erkennbares, dauerhaftes, oberirdisches Zeichen angebracht sein. Für die Fälle, in denen natürliche Zeichen als Grenzmarken nicht gewählt werden können, wird je nach den Verhältnissen ein Stein, Zementpfeiler, Erdhügel oder eine Steinpyramide anzubringen sein.

3. Als Beigabe zu der Karte des Grundstücks muß vorhanden sein: eine genaue, deutliche Beschreibung und

eine gute Skizzierung der Lage der Grenzpunkte nach Namen und Charakter des Ortes sowie eine Einmessung mindestens zweier Grenzpunkte in bezug auf in der Natur vorhandene markante Punkte, welche voraussichtlich unverändert bleiben und immer wieder gefunden werden können. Eine genaue Beschreibung dieser Punkte ist beizufügen.

4. Alle Grenzpunkte des Grundstücks müssen unter sich durch eine gute Vermessung verbunden sein, so daß danach jederzeit von zwei aufgefundenen Grenzpunkten die übrigen wieder ermittelt werden können.

5. Bei der Vermessung von großen, weit außerhalb von Ortschaften gelegenen Grundstücken, insbesondere von Farmen, Pflanzungen, bergbaulichen Konzessionsgebieten usw., vornehmlich falls dieselben in unübersichtlichen oder gleichförmigen Gebieten liegen und besonders, wenn den unter 3. enthaltenen Bestimmungen aus in der Natur des vermessenen Geländes begründeten Verhältnissen nicht völlig Genüge geleistet werden kann, ist die geographische Breite eines Grenzpunktes und das Azimut einer anschließenden Grenzseite wenigstens so genau zu bestimmen, wie es mit Taschenuhren guter Qualität und mit den bei den Vermessungen gebräuchlichen Höhenkreis-Theodoliten oder Universalinstrumenten möglich ist. Die geographische Länge des betreffenden Grenzpunktes ist wenigstens näherungsweise dem vorhandenen Kartenmaterial zu entnehmen, falls der Landmesser nicht in der Lage ist, sei es infolge seiner instrumentellen Ausrüstung oder wegen der Kürze der für die Ausmessung zur Verfügung stehenden Zeit oder mangels besonderer Vorbildung die astronomische Länge des betreffenden Grenzpunktes selbst genauer festzulegen.

Die Bedingung zu 5 ist als erfüllt anzusehen, wenn die geographische Breite und das astronomische Azimut als geographische Orientierungswerte sich den vorhandenen Landkarten wenigstens so genau entnehmen lassen, als sich bei einer Neubestimmung dieser Werte mit den verfügbaren astronomischen Hilfsmitteln erreichen ließe.

Anlage II.

Grundbuch

des

Schutzgebiets ....

Band ....

Blatt Nr. ....

Bezeichnung des Grundstücks						Abschreibungen				
Nr.	Bestandteile	Nr. des Steuerbuchs	Größe				Nr. des Steuerbuchs	Größe		
			ha	a	qm			ha	a	qm
1.	Steinhaus Nr. 1 in K. . . ., am Hafen zwischen der Kaserne und dem unter 2 bezeichneten Grundstücke, nebst Warenschuppen und Gartenland . . Karte und Vermessungsprotokoll Bl. 10 der Grundakten. N. F.		2	—	—					
2.	Kokospalmenwald südöstlich des Grundstücks zu 1. bis zum Grundstücke des Eingeborenen S. . . ., landeinwärts bis zur Kaiserstraße . . . . Karte und Vermessungsprotokoll Bl. 15 der Grundakten. N. F.		50	—	—	Aus Nr. 2 ist ein Teil am Südostende des Grundstücks übertragen auf Band III. Bl. 6 . . Karte und Vermessungsprotokoll daselbst. Eingetragen am . . . . N. F.		—	70	—

Erste Abtielung.

Nr.	Eigentümer	Zeit und Grund des Erwerbs	Wert	Geldbetrag
1.	Heinrich Schüler, Kaufmann in Bremen	Bei der Anlegung des Grundbuchs auf Grund des Kaufvertrags vom . . . . eingetragen am . . . . N. F.		
		Der Palmenwald (Nr. 2 des Titelblatts) ist eingetragen auf Grund der Auflassung vom . . . . am . . . . N. F.		
2.	Hermann Schüler. Kaufmann und Pflanzer in P.	Auf Grund des Erbscheins vom . . . . eingetragen am . . . . N. F.		

Zweite Abteilung.

Nr.	Geldbetrag	Dauernde Lasten und Einschränkungen des Eigentums	Veränderungen: Eintragung	Veränderungen: Löschung	Nr.	Löschungen
1		Ein Vorkaufsrecht auf Nr. 1 des Titelblatts für den Kaufmann Eugen Berner in Hamburg unter Bezugnahme auf die Bewilligung vom .... eingetragen am .... N. F.			1	Gelöscht am ...... N. F
2.		Die Zwangsversteigerung ist angeordnet. Eingetragen am .... N. F.				

Dritte

Nr.	Geldbetrag		1. Hypotheken, Grundschulden, Rentenschulden
1.	15 000	—	Fünfzehntausend Mark Darlehen mit fünf vom Hundert jährlich seit .... verzinslich und sechs Monate nach Kündigung rückzahlbar für den Kaffeehändler Franz Hase in Hamburg. Unter Bezugnahme auf die Bewilligung vom .... eingetragen am .... N. F.
2.	6 000	—	Vormerkung zur Sicherung des Anspruchs auf Einräumung einer Hypothek im Betrage von sechstausend Mark für den Kaufmann Ernst Heller in B.... unter Bezugnahme auf die einstweilige Verfügung des Kaiserlichen Bezirksgerichts zu B. vom ...., eingetragen am .... N. F. | Umgeschrieben in eine Hypothek für eine Kaufgeldforderung von sechstausend Mark nebst vier vom Hundert Zinsen jährlich seit .... für den Kaufmann Ernst Heller unter Bezugnahme auf das rechtskräftige Urteil des Kaiserlichen Bezirksgerichts zu B. vom ...., eingetragen am .... N. F.
4.	3 000	—	Dreitausend Mark Kaufgeldforderung, zahlbar am 1. April 1904 an den Plantagenbesitzer Heinrich Neumann in C. Die Erteilung eines Hypothekenbriefs ist ausgeschlossen. Eingetragen am .... N. F.
5.	1 000	—	Fünfzig Mark vom 1. April 1903 ab jährlich zahlbare Rentenschuld, ablösbar mit tausend Mark für den Landwirt Karl Müller in S., eingetragen am .. .. N. F.

Abteilung.

2. Veränderungen – Eintragungen: Nr.	Geldbetrag			2. Veränderungen – Löschungen: Nr.		Löschungen: Nr.	Geldbetrag		
1.	5000	—	Von den 15 000 Mark sind fünftausend Mark mit dem Vorrang vor dem Rest nebst den Zinsen seit . . . . abgetreten an den Schiffskapitän Jan Harmsen in Lübeck. Eingetragen am . . . . N. F.			2.	6000	—	Gelöscht am . . . . N. F.
4.	3000	—	Umgeschrieben für die Handelsbank in D. Die Ausschließung der Erteilung eines Briefs ist aufgehoben. Unter Bezugnahme auf die Bewilligung vom . . . . eingetragen am . . . . N. F.						

7. Kaiserliche Verordnung über die Schaffung, Besitzergreifung und Veräußerung von Kronland und über den Erwerb und die Veräußerung von Grundstücken [in Deutsch-Ostafrika im allgemeinen] [im Schutzgebiete von Kamerun].[1])

[OA.: Vom 26. November 1895. (KBl. 95, Beil. zu Nr. 23, KolGG. 2, 200)]. [Kam.: Vom 15. Juni 1896 (KBl. 435, KolGG. 2, 232)].

Wir Wilhelm, von Gottes Gnaden Deutscher Kaiser, König von Preußen ꝛc., verordnen für das [Deutsch-ostafrikanische] Schutzgebiet [von Kamerun] auf Grund des § 1 und des § 3, Ziffer 2 des Gesetzes, betreffend die Rechtsverhältnisse in den deutschen Schutzgebieten (Reichs-Gesetzblatt 1888, S. 75), [OA. in Ergänzung und Abänderung Unserer Verordnung vom 24. Juli 1894][2]) im Namen des Reichs, was folgt:

I. Schaffung von Kronland.

§ 1. Vorbehaltlich der Eigentumsansprüche oder sonstigen dinglichen Ansprüche, welche Private oder juristische Personen, Häuptlinge oder unter den Eingeborenen bestehende Gemeinschaften nachweisen können, sowie vorbehaltlich der durch Verträge mit der Kaiserlichen Regierung begründeten Okkupationsrechte Dritter, ist alles Land innerhalb [Deutsch-Ostafrikas] [des Schutzgebiets von Kamerun] als herrenlos Kronland.[3]) Das Eigentum daran steht dem Reiche zu.[4])

---

1. Abgesehen von den angedeuteten Verschiedenheiten weichen die V. für DOA. u. K. noch darin ab, daß in der letzteren überall die einzelnen Absätze der Paragraphen in einen einzigen Abs. zusammengezogen sind. Abs. 2 des § 4 ist daher für K. als Satz 2 zu lesen usw.

2. Vgl. § 28 Nr. 5 d. KsL. V. v. 21. Nov. 02, oben Nr. 5.

3. So auch für OA. der Wortlaut des im KBl. verkündeten Gesetzestextes (nicht, wie KolGG. schreibt: „herrenloses Kronland").

4. Als Rechtssubjekt gilt indes der Fiskus des betr. Schutzgebiets. § 25 V. v. 21. Nov. 02 (oben Nr. 5). Unter „Eigentum" wird

II. Besitznahme von Kronland.

§ 2. Die Besitznahme von Kronland erfolgt vorbehaltlich der Bestimmungen in § 12 durch die Regierung.

§ 3. Bei der Besitznahme von Kronland in der Umgebung bestehender Niederlassungen von Eingeborenen sind Flächen vorzubehalten, deren Bebauung oder Nutzung den Unterhalt der Eingeborenen auch mit Rücksicht auf künftige Bevölkerungszunahme sichert.

§ 4. Die Ermittelung und Feststellung des herrenlosen Landes (Kronlandes) erfolgt durch Landkommissionen, welche von dem Gouverneur unter Zuteilung des erforderlichen Vermessungspersonals zu bilden sind.

Diese Kommissionen treffen auch die Entscheidung über etwaige von Privaten erhobene Ansprüche.

Gegen diese Entscheidung ist der Rechtsweg zulässig.

§ 5. In solchen Bezirken, für welche ein Grundbuch besteht, erfolgt die Eintragung der als Kronland in Besitz genommenen Grundstücke auf Grund einer von dem Gouverneur oder einem von ihm hierzu ermächtigten Beamten erteilten Bescheinigung, daß die Besitznahme unter Beobachtung der für den Erwerb maßgebenden Bestimmungen gehörig erfolgt ist und daß danach die Eintragung des Eigentums zu geschehen habe.

III. Veräußerung von Kronland.

§ 6. Die Überlassung von Kronland erfolgt durch den Gouverneur, und zwar entweder durch Übertragung zu Eigentum [1]) oder durch Verpachtung.

Durch die Überlassung von Kronland bleiben die bestehenden oder noch zu erlassenden bergrechtlichen Bestim-

---

im übrigen, da es sich ja nach dem vorhergehenden (vgl. auch § 12) um herrenloses Land handelt, nur ein ausschließliches Aneignungsrecht verstanden werden können.

1. D. h. Überlassung zur Aneignung (vgl. Anm. 4 zu § 1). Der Eigentumserwerb vollzieht sich durch Besitzergreifung auf Grund der Überlassungserklärung (vgl. §§ 5 u. 12). § 18 V. v. 21. Nov. 02 (oben Nr. 5) bleibt gemäß § 5 der letzteren außer Anwendung.

mungen hinsichtlich der Verfügung über die unterirdischen Bodenschätze unberührt.

§ 7. Die Festsetzung der Bedingungen für die Überlassung von Kronland erfolgt durch den Gouverneur nach näherer Anordnung des Reichskanzlers.

§ 8. Bei der Überlassung von Kronland sind genügende Flächen für öffentliche Zwecke zurückzubehalten, insbesondere auch Waldbestände, deren Erhaltung im öffentlichen Interesse liegt, von der Veräußerung auszuschließen.

Auch ist das Recht vorzubehalten, das zu Wegen, Eisenbahnen, Kanälen, Telegraphenanlagen und anderen öffentlichen Einrichtungen erforderliche Land gegen Ersatz des den Berechtigten wirklich entstandenen unmittelbaren Schadens zurückzunehmen.

§ 9. Schiffbare Ströme und Flüsse sind von der Überlassung zu Eigentum auszuschließen.

IV. Allgemeine Vorschriften über die Veräußerung und den Erwerb von Grundstücken.

§ 10. Zum Eigentumserwerb oder zur Pachtung von Grundstücken, welche im Eigentum oder Pachtbesitz eines Nicht-Eingeborenen stehen, ist eine obrigkeitliche Genehmigung nicht erforderlich. Der Gouverneur ist jedoch befugt, allgemein oder für bestimmte Bezirke die Verpflichtung zur Anzeige derartiger Rechtsgeschäfte vorzuschreiben.

§ 11. Die Überlassung von städtischen Grundstücken, welche mehr als 1 ha Fläche haben, sowie von allen ländlichen Grundstücken von seiten Eingeborener an Nicht-Eingeborene zu Eigentum oder in Pacht von längerer als 15jähriger Dauer ist nur mit Genehmigung des Gouverneurs zulässig.[1]) Hiernach der Genehmigung bedürfende Verträge, zu welchen die Genehmigung nicht erteilt wird, sind rechtsunwirksam.

---

1. Der Genehmigung bedürfen ferner in DOA. auch entsprechende Verträge der Eingeborenen untereinander GouvV. v. 27. Febr. 94 (KBl. 250, KolGG. 2, 79).

§ 12. Nach näherer Anordnung des Reichskanzlers kann dem Gouverneur die Befugnis beigelegt werden, einzelnen Personen und Gesellschaften die Ermächtigung zu erteilen, in Gebieten, in welchen die Landkommissionen noch nicht in Tätigkeit getreten sind, ihrerseits Land aufzusuchen, mit etwaigen Eigentümern oder sonstigen Beteiligten wegen Überlassung von Land Abkommen zu treffen und solches Land sowie herrenloses Land vorläufig in Besitz zu nehmen.[1])

Die Genehmigung solcher Abkommen sowie die Feststellung der Bedingungen, unter denen die Überlassung des als herrenlos angesprochenen und von dem Gouverneur vorbehaltlich der Zulässigkeit des Rechtsweges als herrenlos anerkannten Landes zu erfolgen hat, regelt sich nach den Bestimmungen der §§ 3, 6—9 und 11.

§ 13. Der Reichskanzler und mit seiner Genehmigung der Gouverneur hat die zur Ausführung dieser Verordnung erforderlichen Bestimmungen zu erlassen.[2])

---

1. Die sog. Konzessionen der Kolonialgesellschaften usw. stellen sich für DA. u. Kam. zum Teil als Ermächtigungen gemäß § 12 dar. Vgl im übrigen wegen der Rechtsnatur der Konzessionen v. Stengel, ZKolPol. 04 S. 305, v. Bornhaupt ebenda 04 S. 559; 06 S. 52, Gerstenhauer ebenda 05 S. 550, 714, Romberg ebenda 08, S. 369 sowie Hesse, Landfrage und Rechtsgültigkeit der Konzessionen in Südwestafrika, Jena 06. (Eine allgemeingültige Formel wird sich nicht finden lassen. Die rechtliche Beurteilung der einzelnen Konzessionen und auch der einzelnen Bestandteile derselben Konzession wird sich je nach ihrem Inhalt ganz verschieden gestalten müssen. Z. T. handelt es sich um zweiseitige Verträge, z. T. um einseitige Staatsakte, die Privilegien oder Monopole verleihen oder sogar staatliche Hoheitsrechte übertragen, meist aber gerade nicht um eigentliche Konzessionen im Sinne einer verwaltungsrechtlichen Erlaubniserteilung, wie dies Romberg a. a. O. annimmt. Den Gesellschaften werden nicht konzessionspflichtige Anlagen oder Unternehmungen gestattet, sondern wirkliche Berechtigungen privatrechtlicher oder öffentlichrechtlicher Natur eingeräumt.)

2. Vgl. unten Nr. 8 sowie ferner für DOA. die GouvV. v. 4. Dez. 96 (KolGG. 2, 317) und 29. April 00 (KolGG. 6, 246), für Kam. die GouvV. v. 8. April 02 (KBl. 459, KolGG. 6, 465), 4. Okt. 03 (KBl. 04, 151, KolGG. 03, 219) und 10. Okt. 04 (KBl. 750, KolGG. 240).

§ 14. Der Reichskanzler ist befugt, die von dem Gouverneur auf Grund dieser Verordnung getroffenen Anordnungen aufzuheben und abzuändern.

Urkundlich rc.

Gegeben Neues Palais, den [DOA.: 26. Nov. 1895] [K.: 15. Juni 1896].

Wilhelm.

Fürst von Hohenlohe.

---

8. Verfügung des Reichskanzlers, betr. die Ausführung der Allerh. Verordnung [DOA.: vom 26. November 1895] [Kam.: vom 15. Juni 1896].

[OA.: Vom 27. November 1895 (KBl. 95, Beil. zu Nr. 23, KolGG. 2, 202)]. [Kam.: Vom 17. Oktober 1896 (KBl. 667, KolGG. 2, 291)].

Für das [deutsch-ostafrikanische] Schutzgebiet [von Kamerun] wird auf Grund des § 13 der Allerhöchsten Verordnung vom [OA.: 26. d. Mts.] [K.: 15. Juni d. J.] über die Schaffung, Besitzergreifung und Veräußerung von Kronland und über den Erwerb und die Veräußerung von Grundstücken in [Deutsch-Ostafrika im allgemeinen] [im Schutzgebiete von Kamerun] folgendes bestimmt:

I. Schaffung von Kronland.

§ 1. Behufs Sicherung wohlerworbener Rechte von Privatpersonen, insbesondere auch von Eingeborenen, gegen Beeinträchtigung ist, bevor Land als herrenlos in Besitz genommen wird (vgl. § 2 der Allerhöchsten Verordnung vom [OA.: 26. d. Mts.] [K.: 15. Juni d. J.]), durch vorgängige Untersuchung festzustellen, daß Ansprüche der im

§ 1 der Allerhöchsten Verordnung vom [OA.: 26. d. Mts.] [K.: 15. Juni d. J.] bezeichneten Art daran nicht bestehen.

Die Untersuchung ist erforderlichenfalls durch örtliche Besichtigung und, soweit angängig, durch Vernehmung in der Umgebung angesiedelter oder sich aufhaltender Personen zu führen. Über das Ergebnis der Untersuchung ist ein Protokoll aufzunehmen.[1])

§ 2. Werden auf bestimmte Landflächen Ansprüche von Häuptlingen, von Dorfgemeinden oder anderen Gemeinschaften der Eingeborenen geltend gemacht, welche auf angeblichen Hoheitsrechten beruhen, oder dem Häuptlinge oder der Dorfgemeinschaft als solchen zustehen sollen, so ist den Rechten der Eingeborenen nach Möglichkeit Rechnung zu tragen und zunächst auf eine Vereinbarung im gütlichen Wege Bedacht zu nehmen, durch welche das für das Fortbestehen der Gemeinschaft erforderliche Land ausgeschieden, der Rest aber zur Verfügung der Regierung gestellt wird.

Soweit eine solche Vereinbarung nicht erreicht wird, entscheidet der Gouverneur.

§ 3. Eigentums- oder Nutzungsansprüche auf Grund und Boden seitens einzelner auf Grund privater Rechtstitel sind besonders zu prüfen und zu behandeln. Solche Ansprüche sind namentlich dann anzuerkennen, wenn entweder Urkunden vorgelegt werden, welche nach den zur Zeit ihrer Abfassung geltenden Rechtsnormen und Rechtsanschauungen verbindlich waren, oder wenn das Grundstück bebaut, bepflanzt oder eingefriedigt ist und der Besitzer sich seit wenigstens zwei Jahren vor Beginn des Ermittelungsverfahrens in ungestörtem Besitze befindet.

II. Besitznahme von Kronland.

§ 4. Die Besitznahme hat allmählich nach Maßgabe des Fortschreitens der Erforschung und Feststellung der

---

1. Abs. 2 tritt in der Vf. für Kam. v. 17. Okt. 96 dem Abs. 1 als Satz 2, 3 hinzu.

Landverhältnisse zu erfolgen. In gleicher Weise ist die Ermittelung der widerstreitenden Rechte vorzunehmen. Über Ausdehnung und Folgeordnung des Vorgehens trifft der Gouverneur Bestimmung.

§ 5. Umfang und Lage des in Besitz genommenen Kronlandes ist tunlichst sichtbar festzustellen, auch darüber ein Protokoll aufzunehmen. Dieses Protokoll ist von einem Beamten der Landkommission (§ 4 der Allerhöchsten Verordnung vom [OA.: 26. d. Mts.] [K.: 15. Juni d. J.]) durch Unterschrift zu vollziehen. In die womöglich beizufügende Kartenskizze ist die Lage des Grundstücks tunlichst im Anschluß an feste Punkte sowie die etwa angebrachte Begrenzung mit möglichster Genauigkeit einzutragen.

III. Veräußerung von Kronland.

§ 6. In den Bezirken, in welchen zur Überlassung bestimmte Grundstücke (Kronland) sich befinden, wird ein Verzeichnis dieser Grundstücke mit Angaben über Lage, Beschaffenheit und Ausdehnung und mit etwa vorhandenen Karten oder Kartenskizzen zur Einsicht offengelegt.

§ 7. Die Überlassung von Kronland (vgl. § 6 der Allerhöchsten Verordnung vom [OA.: 26. d. Mts.] K.: 15. Juni d. J.]) kann freihändig oder im Wege der öffentlichen Versteigerung geschehen.

§ 8. Der Gouverneur bestimmt die Behörde, bei welcher Anträge auf Überlassung zu stellen sind.

§ 9. Bei der Überlassung ist der Regel nach als Bedingung zu stellen, daß das erworbene Land binnen einer nach den Umständen des Falles zu bemessenden Frist in einem bestimmten Umfang urbar gemacht, bepflanzt, mit Wohneinrichtungen versehen oder sonst benutzt werde. Für den Fall der Nichtinnehaltung der Bedingungen kann eine Konventionalstrafe bestimmt, auch der Rückfall des Landes ohne Entschädigung vorbehalten werden.

Der Gouverneur ist ermächtigt, ausnahmsweise von der Stellung besonderer Bedingungen bei Überlassung von Kronland überhaupt abzusehen.

§ 10. Bei Verkäufen kann der Kaufpreis ganz oder zum Teil gegen Sicherheit gestundet, bei Verpachtungen die Leistung einer Sicherheit verlangt werden. Der Nachweis eines bestimmten Betriebskapitals ist nicht erforderlich.

IV. Allgemeine Vorschriften über die Veräußerung und den Erwerb von Grundstücken.

§ 11. Wer ein Grundstück der im § 11 der Allerhöchsten Verordnung vom [OA.: 26. d. Mts.] [K.: 15. Juni d. J.] erwähnten Art zu Eigentum erwerben oder pachten will, hat hiervon unter möglichst genauer Bezeichnung des Grundstücks nach Lage und Ausdehnung und unter Angabe der mit dem Veräußerer oder Verpächter verabredeten Bedingungen bei dem Gouverneur oder der von diesem bezeichneten Behörde Anzeige zu machen.

§ 12. Der dazu berufenen Behörde liegt ob:

a) sich zu vergewissern, ob und in welchem Umfange der Überlassende über das Grundstück zu verfügen befugt sei, und wenn sich ergibt, daß andere Mitberechtigte vorhanden sind, die Zuziehung der letzteren zu dem Rechtsgeschäft den Parteien aufzugeben;

b) dahin zu wirken, daß der Veräußerer oder Verpächter über die tatsächlichen und rechtlichen Folgen des beabsichtigten Rechtsgeschäfts aufgeklärt und von dem Erwerber nicht übervorteilt werde;

c) festzustellen, ob nach der Veräußerung oder Verpachtung, soweit solche von Häuptlingen oder Gemeinschaften erfolgt, genügend Land für den ferneren Unterhalt der Gemeinschaft noch verbleibt;

d) nach Anhörung der Beteiligten vorzuschlagen, welche Beschränkungen oder Verpflichtungen dem Erwerber oder Pächter im öffentlichen Interesse aufzulegen, und zu begutachten, ob besondere Bedingungen bezüglich der Zeit und des Umfanges der Nutzbarmachung der Grundstücke dem Erwerber oder Pächter vorzuschreiben sind.

§ 13. Der Gouverneur entscheidet, ob die Genehmigung zu erteilen und welche Bedingungen dabei etwa aufzulegen sind.

Durch die Genehmigung werden Ansprüche Dritter auf das Grundstück, soweit dieselben nicht ausdrücklich verzichtet haben, nicht berührt. Derartige Ansprüche sind auf den Rechtsweg zu verweisen.

§ 14. Der Gouverneur ist befugt, die im § 12 der Allerhöchsten Verordnung vom [OA.: 26. d. Mts.] [K.: 15. Juni d. J.] vorgesehenen Ermächtigungen behufs vorläufiger Besitznahme solchen Personen und Gesellschaften zu erteilen, welche größere wirtschaftliche Unternehmungen beabsichtigen und für den Ernst ihrer Unternehmungen Gewähr bieten.

Der Gouverneur bestimmt die Frist, innerhalb welcher die nach § 12 Abs. 2 der Allerhöchsten Verordnung vom [OA.: 26. d. Mts.] [K.: 15. Juni d. J.] erforderliche Genehmigung nachzusuchen ist.

§ 15. Der Gouverneur hat die weiteren zur Ausführung der Allerhöchsten Verordnung vom [OA.: 26. d. Mts.] [K.: 15. Juni d. J.] und dieser Verfügung erforderlichen Bestimmungen zu erlassen.[1])

Berlin, den [OA.: 27. November 1895] [K.: 17. Oktober 1896].

Der Reichskanzler.
Fürst von Hohenlohe.

---

1. Vgl. Anm. 2 zu § 13 der V. v 26. Nov. 95 [15. Juni 96], oben Nr. 7.

9. Gesetz, betr. die Eheschließung und die Beurkundung des Personenstandes von Bundesangehörigen im Auslande, vom 4. Mai 1870 (BGBl. S. 599, KolGG. 1, 53),[1] unter Berücksichtigung der Änderungen in Artikel 40 des Einführungsgesetzes zum Bürgerlichen Gesetzbuche (RGBl. 1896 S. 614).[2]

I. Allgemeine Bestimmungen.

§ 2. Die zur Eheschließung und zur Beurkundung des Personenstandes ermächtigten Beamten [§ 1][3]) haben über die Beurkundung der Geburten, Heiraten und Sterbefälle getrennte Register zu führen. Die vorkommenden Fälle sind in protokollarischer Form unter fortlaufender Nummer in die Register einzutragen. Jedes Register wird in zwei gleichlautenden Originalen nach einem Formulare geführt, welches von dem Bundeskanzler vorgeschrieben wird. Das Formular soll für alle Beamten ein übereinstimmendes sein.

Am Jahresschlusse hat der Beamte die Register abzuschließen und das eine Exemplar derselben dem Bundeskanzler einzusenden. Gleichzeitig hat er den Regierungen der einzelnen Bundesstaaten aus den Registern einen Auszug der Fälle mitzuteilen, welche Angehörige derselben betreffen.

Wenn im Laufe des Jahres in ein Register eine Eintragung nicht erfolgt ist, so hat der Beamte eine amtliche

---

1. Durch § 2 Abs. 2 RV. v. 16. April 71 (BGBl. 63) zum Reichsgesetz erklärt.

2. AusfBest. z. dem G. v. 4. Mai 70 enthalten die Instruktion des RK. v. 1. März 71, sowie die Erl. d. RK. v. 11. Dez 85 u. 15. April 93 (KolGG. 1 S 58, 66, 689). Diese sind seit RKVf v. 19. März 08 (KBl. 372, KolGG. 108) auch für DNGuinea maßgebend.

3. Vgl. § 7 Abs. 1 SchGG. sowie für die afr. und Südseeschutzgebiete die Vf. v. 27. März 08 (unten Nr. 10), für Kiautschou Anm. 2 zu § 7 SchGG. — Fremde konsularische Vertreter sind in den deutschen Schutzgebieten zur Vornahme bürgerlich gültiger Eheschließungen wie zur Beurkundung von Geburten und Sterbefällen nicht befugt. (So wiederholt in Noten des Ausw. Amts an Vertreter fremder Mächte ausgesprochen.)

Bescheinigung hierüber am Jahresschlusse dem Bundeskanzler einzusenden.

II. Eheschließung und Beurkundung derselben.

§ 3. (EG. BGB. Art. 40 Abs. 1.) Der Schließung der Ehe soll das Aufgebot vorangehen. Vor Beginn desselben sind dem Beamten[1]) die zur Eingehung einer Ehe nach den Gesetzen der Heimat des Verlobten notwendigen Erfordernisse als vorhanden nachzuweisen. Insbesondere haben die Verlobten in beglaubigter Form beizubringen:

1. ihre Geburtsurkunden;
2. die zustimmende Erklärung derjenigen Personen, deren Einwilligung nach den Gesetzen der Heimat der Verlobten erforderlich ist.

Der Beamte kann die Beibringung dieser Urkunden erlassen, wenn ihm die Tatsachen, welche durch dieselben festgestellt werden sollen, persönlich bekannt oder auf andere Weise glaubhaft nachgewiesen sind.

Auch kann er von unbedeutenden Abweichungen in den Urkunden, beispielsweise von einer verschiedenen Schreibart der Namen oder einer Verschiedenheit der Vornamen absehen, wenn in anderer Weise die Identität der Beteiligten festgestellt wird.

Der Beamte ist berechtigt, den Verlobten die eidesstattliche Versicherung über die Richtigkeit der Tatsachen abzunehmen, welche durch die vorliegenden Urkunden oder sonst beigebrachten Beweismittel ihm nicht als hinreichend festgestellt erscheinen.

§ 4. Das Aufgebot geschieht durch eine Bekanntmachung des Beamten, welche die Vornamen, die Familiennamen,

---

1. Die Zuständigkeit der zur Eheschließung ermächtigten Beamten hat nicht zur Voraussetzung, daß einer der beiden Verlobten im Amtsbezirk seinen Wohnsitz hat oder sich dort gewöhnlich aufhält. RErl. d. RK. v. 28. März 94 u. RErl. d StS. d. RKolA. v. 15. Sept. 09, A V. 1140.

das Alter, den Stand oder das Gewerbe und den Wohnort der Verlobten und ihrer Eltern enthalten muß. Diese Bekanntmachung muß an der Tür oder an einer in die Augen fallenden Stelle vor oder in der Kanzlei des Beamten eine Woche hindurch ausgehängt bleiben. Erscheint an dem Amtssitze des Beamten eine Zeitung, so ist die Bekanntmachung außerdem einmal darin einzurücken und die Eheschließung nicht vor Ablauf des dritten Tages von dem Tage an zulässig, an welchem das die Bekanntmachung enthaltende Blatt ausgegeben ist. Unter mehreren an dem bezeichneten Orte erscheinenden Zeitungen hat der Beamte die Wahl.

§ 5. Wenn eine der aufzubietenden Personen innerhalb der letzten sechs Monate ihren Wohnsitz außerhalb des Amtsbereichs (§ 1) des Beamten gehabt hat, so muß die Bekanntmachung des Aufgebots auch an dem früheren Wohnsitze nach den dort geltenden Vorschriften[1]) erfolgen oder ein gehörig beglaubigtes Zeugnis der Obrigkeit des früheren Wohnortes darüber beigebracht werden, daß daselbst Ehehindernisse in betreff der einzugehenden Ehe nicht bekannt seien.[2])

§ 6. Der Beamte kann aus besonders dringenden Gründen von dem Aufgebote (§§ 4 und 5) ganz dispensieren.

§ 7. (EG. BGB. Art. 40 Abs. 2.) Die Ehe wird dadurch geschlossen, daß die Verlobten vor dem Beamten persönlich und bei gleichzeitiger Anwesenheit erklären, die Ehe miteinander eingehen zu wollen. Der Beamte muß zur Entgegennahme der Erklärungen bereit sein.

---

1. Vgl. für das Reichsgebiet § 44 f. G. v. 6. Febr. 75 (RGBl. 23) u. Art. 46 EG. BGB.

2. Wegen des Falles, daß jemand im Reichsgebiet eine Ehe eingehen will, der seinen Wohnsitz im Schutzgebiet hat oder innerhalb der letzten 6 Monate gehabt hat, vgl. §§ 46, 47 G. v. 6. Febr. 75. (Als im Sinne des § 47 Abs. 1 in den Schutzgebieten „verbreitet" sind auch die bedeutenderen im Reichsgebiet erscheinenden Zeitungen zu erachten.)

Die Erklärungen können nicht unter einer Bedingung oder einer Zeitbestimmung abgegeben werden.

§ 7a. (EG. BGB. Art. 40 Abs. 2.) Der Beamte soll bei der Eheschließung in Gegenwart von zwei Zeugen an die Verlobten einzeln und nacheinander die Frage richten, ob sie die Ehe miteinander eingehen wollen und, nachdem die Verlobten die Frage bejaht haben, aussprechen, daß sie Kraft dieses Gesetzes nunmehr rechtmäßig verbundene Eheleute seien.

Als Zeugen sollen Personen, die der bürgerlichen Ehrenrechte für verlustig erklärt sind, während der Zeit, für welche die Aberkennung der Ehrenrechte erfolgt ist, sowie Minderjährige nicht zugezogen werden. Personen, die mit einem der Verlobten, mit dem Beamten oder miteinander verwandt oder verschwägert sind, dürfen als Zeugen zugezogen werden.

§ 8. (EG. BGB. Art. 40 Abs. 2.) Als zur Eheschließung ermächtigter Beamter (§ 1) gilt auch derjenige, welcher, ohne ein solcher Beamter zu sein, das Amt eines solchen öffentlich ausübt, es sei denn, daß die Verlobten den Mangel der amtlichen Befugnis bei der Eheschließung kennen.

§ 8a. (EG. BGB. Art. 40 Abs. 2.) Eine Ehe, die vor einem zur Eheschließung ermächtigten Beamten (§ 1) oder vor einer im § 8 einem solchen Beamten gleichgestellten Person geschlossen wird, ist wegen Formmangels nur dann nichtig, wenn bei der Eheschließung die im § 7 vorgeschriebene Form nicht beobachtet worden ist.

Ist die Ehe in das Heiratsregister eingetragen worden, und haben die Ehegatten nach der Eheschließung zehn Jahre oder, falls einer von ihnen vorher gestorben ist, bis zu dessen Tode, jedoch mindestens drei Jahre als Ehegatten miteinander gelebt, so ist die Ehe als von Anfang an gültig anzusehen. Diese Vorschrift findet keine Anwendung, wenn bei dem Ablaufe der zehn Jahre oder zur

Zeit des Todes des einen Ehegatten die Nichtigkeitsklage erhoben ist.

§ 9. (EG. BGB. Art. 40 Abs. 1.) Die über die geschlossene Ehe in die Register einzutragende Urkunde (Heirats-Urkunde) soll enthalten:

1. Vor- und Familiennamen, Staatsangehörigkeit, Alter, Stand oder Gewerbe, Geburts- und Wohnort der die Ehe eingehenden Personen;
2. Vor- und Familiennamen, Alter, Stand oder Gewerbe und Wohnort ihrer Eltern;
3. Vor- und Familiennamen, Alter, Stand oder Gewerbe und Wohnort der zugezogenen Zeugen;
4. die auf Befragen des Beamten abgegebene Erklärung der Verlobten, sowie die erfolgte Verkündigung ihrer Verbindung;
5. die Unterschrift der anwesenden Personen.

III. Geburtsurkunden.

§ 11. (EG. BGB. Art. 40 Abs. 1.) Die Eintragung der Geburt[1]) eines Kindes in die Register kann von dem Beamten nur vorgenommen werden, nachdem sich derselbe durch Vernehmung des Vaters des Kindes oder anderer Personen die Überzeugung von der Richtigkeit der einzutragenden Tatsachen verschafft hat.

Diese Eintragung soll enthalten:

1. den Ort, den Tag und die Stunde der Geburt;
2. das Geschlecht des Kindes;
3. die ihm beigelegten Vornamen;
4. Vor- und Familiennamen, Staatsangehörigkeit, Stand oder Gewerbe, sowie den Wohnort der Eltern und zweier bei der Eintragung zuzuziehender Zeugen;
5. die Unterschrift des Vaters, wenn er anwesend ist, und der vorgedachten Zeugen.

IV. Urkunden über Sterbefälle.

§ 12. (EG. BGB. Art. 40 Abs. 1.) Die Eintragung eines Todesfalles[1]) in die Register erfolgt auf Grund der Erklärung zweier Zeugen:

Sie soll enthalten:

1. Vor- und Familiennamen des Verstorbenen, dessen Staatsangehörigkeit, Alter, Stand oder Gewerbe, Wohn- und Geburtsort;
2. Vor- und Familiennamen seines Ehegatten;
3. Vor- und Familiennamen, Staatsangehörigkeit, Stand oder Gewerbe und Wohnort der Eltern des Verstorbenen;
4. Ort, Tag und Stunde des erfolgten Todes,

soweit diese Verhältnisse bekannt sind;

5. Vor- und Familiennamen, Alter, Stand oder Gewerbe und Wohnort der Zeugen, welche die Erklärung abgeben und, wenn es Verwandte des Verstorbenen sind, den Grad ihrer Verwandtschaft;
6. Unterschrift der Zeugen.

V. Schlußbestimmungen.

§ 14. Auf die Gebühren, welche für die durch das gegenwärtige Gesetz den Beamten des Bundes überwiesenen Geschäfte und insbesondere für die Ausfertigungen und Abschriften aus den Personenstands-Registern zu erheben sind, findet der § 38 des Bundesgesetzes, betreffend die Organi-

---

1. Die ermächtigten Beamten sind nur zur Beurkundung solcher Geburts- und Sterbefälle zuständig, die sich in ihrem Amtsbezirk oder dem Amtsbezirk eines von ihnen vertretenen Beamten ereignet haben. § 2 Erl. v. 11. Dez. 85. Eine Verpflichtung zur Anmeldung von Geburten u. Sterbefällen besteht im Geltungsbereich des G. v. 4. Mai 70 nicht. Auch sind die Anmeldungen an keine Frist gebunden. (Vgl. indes wegen der Beurkundung von Geburten, falls die Anzeige länger als 6 Monate verzögert ist, § 15 Instr. v. 1. März 71 u. d. Erl. v. 15. April 93.)

sation der Bundeskonsulate, sowie die Amtsrechte und Pflichten der Bundeskonsuln, vom 8. November 1867 (BGBl. S. 137) Anwendung.[1])

---

10. Verfügung des Reichskanzlers, betr. die standesamtliche Zuständigkeit in den Schutzgebieten Afrikas und der Südsee.

Vom 27. März 1908. (KBl. 372. KolGG. 112.)

Auf Grund des § 7 Abs 1 des Schutzgebietsgesetzes (RGBl. 1900 S. 813) wird für die Schutzgebiete Afrikas und der Südsee folgendes bestimmt:

§ 1. Zur Eheschließung und zur Beurkundung des Personenstandes werden ermächtigt:

I. In sämtlichen Schutzgebieten die Bezirksrichter innerhalb ihrer Gerichtsbezirke, soweit nicht durch die im nachstehenden erteilten Ermächtigungen die Zuständigkeit anderer Beamten begründet ist;

II. 1. in Deutsch-Ostafrika:

a) die Bezirksamtmänner, mit Ausnahme derjenigen in Daressalam, Tanga und Muansa, innerhalb ihrer Amtsbezirke,

b) die Residenten innerhalb ihrer Amtsbezirke,

c) die Stationschefs in Iringa, Mahenge und Kilimatinde innerhalb ihrer Amtsbezirke;

2. in Deutsch-Südwestafrika:

a) die Distriktschefs innerhalb ihrer Amtsbezirke;

b) die Bezirksamtmänner innerhalb derjenigen Teile ihrer Amtsbezirke, welche keinem Distrikschef unterstellt sind;

---

1. Maßgebend ist jetzt das G. betr. die Gebühren und Kosten bei den Konsulaten des D. Reichs v. 1. Juli 72 (RGBl. 245). Für Urkunden, welche auf diplomatischem Wege beantragt sind, werden nach einem internationalen Brauche Gebühren nicht erhoben.

3. in Kamerun:
die Bezirksamtmänner in Edea und Jaunde innerhalb ihrer Amtsbezirke;

4. in Togo:
die Bezirksamtmänner der Bezirke Anecho und Misahöhe innerhalb ihrer Amtsbezirke;

5. in Deutsch-Neuguinea (einschließlich der Marshallinseln, Karolinen, Palau und Marianen):
a) die Stationsleiter innerhalb ihrer Amtsbezirke;
b) der vom Reichskanzler besonders ermächtigte Standesbeamte in Finschhafen innerhalb seines vom Gouverneur abzugrenzenden Bezirks;

III. für den Fall der Behinderung oder bei Erledigung des Amts eines nach Nr. I, II ermächtigten Beamten, für dessen Amtsbezirk der zu seiner Vertretung im Hauptamt berufene beziehentlich der mit der Verwaltung des letzteren betraute Beamte.

§ 2. Ist die Vornahme einer standesamtlichen Handlung durch den örtlich zuständigen Beamten nicht möglich (z. B. infolge Nichtbesetzung des Amts, gleichzeitiger Behinderung des Beamten und seines Vertreters) oder wesentlich erschwert (z. B. wegen großer Entfernung seines Amtssitzes), so ist jeder andere nach § 1 zur Eheschließung und Beurkundung des Personenstandes in dem betreffenden Schutzgebiet berechtigte Beamte ermächtigt und auf Anordnung des Gouverneurs verpflichtet, für ihn einzutreten.

In den Fällen des Abs. 1 hat der vertretende Beamte die Beurkundungen von Eheschließungen, Geburten und Todesfällen in den für seinen Standesamtsbezirk geführten Registern zu bewirken und die eingetragenen Verhandlungen seinerseits auszufertigen. Dem vertretenen Beamten ist eine beglaubigte Abschrift der Verhandlung zu übersenden, welche dieser bei den Akten aufzubewahren (nicht in seine Register einzuheften) hat. Entsprechendes gilt für Nachtragsverhandlungen.

§ 3. Diese Verfügung tritt am 1. Januar 1909 in Kraft. Gleichzeitig erlöschen alle vorher erteilten Ermächtigungen zur Eheschließung und Beurkundung des Personenstandes.

§ 4. Soweit nach § 1 eine Teilung vorhandener Standesamtsbezirke stattfindet, verbleiben die bis zur Abtrennung des neuen Bezirks geführten Register bei dem für den Stamm-(Rest-)Bezirk zuständigen Beamten. Der letztere hat sich allen Amtshandlungen (Erteilung von Auszügen, Eintragung von Randvermerken, Entgegennahme von Legitimationserklärungen usw.) zu unterziehen, welche die in jenen Registern enthaltenen Beurkundungen betreffen.

Geburts- und Todesfälle, welche sich in einem abzutrennenden Bezirke vor dem Inkrafttreten dieser Verfügung ereignet haben, bis dahin aber noch nicht zur Eintragung gelangt sind, hat, sofern sie zu jenem Zeitpunkt bereits angemeldet waren, der für den Stamm-(Rest-)Bezirk, andernfalls der für den neuen Bezirk zuständige Beamte zu beurkunden.

Die vorstehenden Bestimmungen finden bei einer später eintretenden Änderung der Standesamtsbezirke entsprechende Anwendung.

Berlin, den 27. März 1908.

Der Reichskanzler.
J. V.: Dernburg.

---

11. Kaiserliche Verordnung, betr. die Einrichtung der Verwaltung und die Eingeborenen-Rechtspflege in den afrikanischen und Südseeschutzgebieten.[1])

Vom 3. Juni 1908. (RGBl. S. 397. KolGG. 201.)

Wir Wilhelm, von Gottes Gnaden Deutscher Kaiser, König von Preußen 2c. verordnen für die afrikanischen und

1. Vgl. hierzu den RErl d StS. d RKolA v. 15. Aug 08, KolGG 353

Südseeschutzgebiete auf Grund des § 1 des Schutzgebietsgesetzes (RGBl. 1900 S. 813) im Namen des Reichs, was folgt:

§ 1. Soweit nicht gesetzliche oder in Kaiserlichen Verordnungen enthaltene Bestimmungen Platz greifen, wird bis auf weiteres der Reichskanzler (Reichs-Kolonialamt) ermächtigt, Vorschriften und Anordnungen zu erlassen, welche betreffen:

1. die Einrichtung der Verwaltung,[1])
2. das Eingeborenenrecht und die Gerichtsbarkeit über Eingeborene, auch soweit Nichteingeborene beteiligt sind.[2])

---

1. Nr. 1 findet nicht Anwendung, soweit es sich um Einrichtungen handelt, die wie z. B. die Errichtung von Registraturen, technischer Institute usw. ohne Rechtswirkung nach außen und daher lediglich eine innere Angelegenheit der Verwaltung sind. RErl. v. 15. Aug. 08 Nr. IV u. Laband 2, 172. Vgl. auch Anm. 4 zu § 15 SchGG. — Neue Behörden dürfen gemäß § 1 G. v. 30. März 92 (Anh. 21) nur errichtet werden, nachdem zuvor die erforderlichen Mittel durch den Haushaltsetat bewilligt sind. RErl. v. 15. Aug. 08 Nr. III u. Stengel 67.

2. Vgl. Anm. 3, 4 zu § 4 SchGG. Soweit es für die Eingeborenenrechtspflege an ausdrücklichen Vorschriften fehlt, ist das anzuwendende Recht aus allgemeinrechtlichen Erwägungen herzuleiten, wobei u. a. die Analogie des für die Nichteingeborenen geltenden Rechts zu Hilfe zu nehmen ist und namentlich auch die Rechtsgewohnheiten der Eingeborenen zu beachten sind, falls sie nicht, vom Standpunkt einer Kulturnation aus beurteilt, gegen die gesunde Vernunft und die guten Sitten verstoßen. Dernburg, Bürgerl. Recht 1³ 82, Erl. d. AuswA. KolAbt. v. 15. Jan. 07 (KolGG. 54). — An Veröffentlichungen über das Recht der Eingeborenen kommen u. a. in Betracht: Meyer, Wirtschaft u. Recht der Herero, Berlin 05; Kohler, Recht der Marshallinsulaner, Papuas, Bantuneger, Hottentotten (ZVerglR. 97 u. 00, 02), Sachau, Muhammedanisches Erbrecht in Ostafrika, SitzBer. d. Akad. d. Wissensch. 94; Velten, Sitten der Suaheli, Göttingen 03; Hirsch, Wissenschaft des Erbrechts der Hanefiten u. Schafeiten, Leipzig 91; Dannert, R. d. Herero, Berlin 06; Merker, R. d. Wadschagga, Gotha 02; Senfft, Rechtssitten d. Jap.-Eingeb., Globus 07; Steinmetz, Rechtsverhältnisse von eingeb. Völkern in Afrika u. Ozeanien (Beantw. des Fragebogens der IntV. f. VerglR.), Berlin 03.

§ 2. Die im § 1 bezeichneten Befugnisse können mit Ermächtigung[1]) oder Zustimmung des Reichskanzlers (Reichs-Kolonialamts) durch die Gouverneure wahrgenommen werden.[2])

§ 3. Die bisher ergangenen Vorschriften und Anordnungen, welche Gegenstände der im § 1 Nr. 1, 2 bezeichneten Art betreffen, bleiben, auch soweit sie von den Gouverneuren, den Landeshauptmännern, den Kaiserlichen Kommissaren und ihren Stellvertretern erlassen sind, in Geltung,[3]) bis sie gemäß dieser Verordnung aufgehoben oder abgeändert sind.

§ 4. Diese Verordnung tritt mit dem Tage der Verkündung im Reichs-Gesetzblatt in Kraft. Gleichzeitig treten

---

1. Vgl. die Ermächtigungen zur Neuschaffung, Verlegung und Aufhebung von Verwaltungsbehörden an die Gouverneure von Kamerun v. 16. März 09 (KBl. 361), DSWA. v. 18. Januar 10 (KBl. 117), DNGuinea v. 15. Mai 09 (KBl. 524).

2. An V., die von den Gouv. erlassen sind, kommen insbesondere in Betracht für DOA. die Arbeiteranwerbeordnung u. die Arbeiterverordnung v. 27. Febr. 09 (KBl. 365, 367), f. DSWA. die V. betr. Kreditgeschäfte Eingeborener v. 30. Okt. 08 (unten Nr. 17), f. Kam. die Arbeiterverordnung v. 24. Mai 09 (KBl. 680), f. DNGuinea die V. betr. das Kreditgeben an Eingeborene u. den Abschluß von Verträgen mit solchen v. 14. Mai/20. Dez. 09 (KBl. 10 Nr. 7).

3. Also insbesondere auch die nachstehend unter Nr. 12—19 abgedruckten Vorschriften. Vgl. ferner:

I. für DOA.:

a) die GouvV., betr. die Gerichtsbarkeit und die Polizeibefugnisse der Bezirkshauptleute v. 14. Mai 91 (KolGG. 6, 33), die noch für die bürgerlichen Rechtsstreitigkeiten in Geltung ist. Nach A I Abs. 1 d. V. ist in den letzteren, wenn der Wert des Streitgegenstandes 1000 Rupien übersteigt, Berufung an den Gouverneur zulässig. Die Entscheidung ist nach RErl. v. 26. Mai 98 (KolGG. 6, 155) dem Oberrichter übertragen, der die Amtsbezeichnung „Berufungsrichter (gericht) für Eingeborene" anzuwenden hat (Vf. v. 9. Aug. 04, KolGG. 209),

b) die V. u. der RErl. v. 23. Sept. 93 (KBl 486, KolGG. 2, 39), betr. die Errichtung von Rechtsgeschäften Farbiger;

c) die V. v. 4. Nov. 93 (KBl. 94, 41, KolGG. 2, 46), betr die Erhebung einer Erbschaftssteuer und Regelung von Nachlässen die Verordnung, betr. die Gerichtsbarkeit über die Eingeborenen im Schutzgebiete der Marshall-Inseln, vom 26. Februar 1890 und die Verordnung, betr. die Gerichtsbarkeit über die Eingeborenen in den afrikanischen Schutzgebieten, vom 25. Februar 1896 außer Kraft.

Urkundlich usw.

Gegeben Berlin im Schloß, den 3. Juni 1908.

Wilhelm.

Fürst von Bülow.

Farbiger, nebst einigen späteren Abänderungen. (Siehe die LandesGG. für DOA., Berlin 02, S. 235 f. u. Nachtr. II S. 71.)

II. für Kamerun: Die V., betr. die Eingeborenen-Schiedsgerichte (KolGG. 1, 251; 2, 130 usw.);

III. für DNGuinea: Die V., betr. das Eherecht unter den Eingeborenen v. 5. Febr. 04 (KolGG 41, 157) u. betr. die Ausführung und Anwerbung von Eingeborenen als Arbeiter v. 31. Juli 01 (KBl. 773, KolGG. 6, 363) nebst späteren Ergänzungen;

IV. für Samoa: § 3 d. V. v. 1. März 00 (KBl. 312, KolGG. 5, 33) u. die Bek., betr. Verbot des Schuldenmachens für Samoaner v. 10. Jan. 08 (KolGG. 33).

Zu den aufrechterhaltenen Vorschriften über das Eingeborenenrecht gehören auch diejenigen über die Sklaverei, die in DOA., Kamerun u. Togo einstweilen noch in der milden Form der sog. Haussklaverei geduldet ist. Vgl. für DOA. die V. d. RK. v. 29. Nov. 01 nebst RErl. d. Gouv. v. 10 Dezbr. 01 (KBl. 899, KolGG. 6, 426, 558) u. 24. Dezbr. 04 (KBl. 05, 2, KolGG. 04, 267), für Kamerun und Togo die Vf. d. RK. v 21. Febr 02 (KBl. 107, 108, KolGG. 6, 462). Diese Vorschriften enthalten gleichzeitig Bestimmungen über die allmähliche Beseitigung der Haussklaverei. Vgl. ferner über die Sklaverei im allgemeinen die Kongoakte und Brüsseler Akte (Anm. 2 zu § 1 SchGG.) sowie das G. v. 28. Juli 95 (RGBl. 425), betr. die Bestrafung des Sklavenraubes u. Sklavenhandels.

12. Verfügung des Reichskanzlers, betr. die Gerichtsbarkeit über die Eingeborenen in den afrikanischen Schutzgebieten.

Vom 27. Februar 1896.

(KBl. 96 Beil. zu Nr. 5. KolGG. 2, 213.)

Auf Grund der Allerhöchsten Verordnung vom 25. d. M. wird folgendes bestimmt:

In dem Gerichtsverfahren über Eingeborene sind zur Herbeiführung von Geständnissen und Aussagen andere als die in den deutschen Prozeßordnungen zugelassenen Maßnahmen untersagt. Ingleichen ist die Verhängung von außerordentlichen Strafen, insbesondere von Verdachtsstrafen, verboten.

Berlin, den 27. Februar 1896.

Der Reichskanzler.
Fürst von Hohenlohe.

---

13. Verfügung des Reichskanzlers wegen Ausübung der Strafgerichtsbarkeit und der Disziplinargewalt gegenüber den Eingeborenen in den deutschen Schutzgebieten von Ostafrika, Kamerun und Togo.[1])

Vom 22. April 1896. (KBl. 241. KolGG. 2, 215.)

Auf Grund der Allerhöchsten Verordnung vom 25. Februar 1896 wird wegen Ausübung der Strafgerichtsbarkeit und der Disziplinargewalt gegenüber den Eingeborenen für

1. Vgl. hierzu für DOA. die GouvVf. v. 1. Juni 96 (LandesGG. f. DOA. S. 220), für Kamerun die DAnw. v. Mai 02 (KolGG. 6, 467), für Togo die DAnw. v. 10. Jan. 06 (KolGG. 9) u. 2. Juli 09 (Amtsbl. 199).

die deutschen Schutzgebiete in Ostafrika, Kamerun und Togo im Anschluß an die Verfügung vom 27. desselben Monats das Folgende bestimmt:

I. Zuständigkeit.

§ 1. In den Küstenbezirken wird die Strafgerichtsbarkeit und das Strafverfahren über die farbige Bevölkerung von dem Gouverneur[1]) ausgeübt. In den Bezirksämtern tritt an die Stelle des Gouverneurs der Bezirksamtmann (Amtsvorsteher). Der letztere ist berechtigt, seine Befugnis auf die ihm unterstellten Beamten für deren Amtsbezirke unter eigener Verantwortung zu übertragen, ist aber gehalten, über den Umfang, in welchem er von diesem Rechte Gebrauch gemacht hat, an den Gouverneur zu berichten.

II. Gerichtliche Strafen.

§ 2. Die zulässigen Strafen sind: Körperliche Züchtigung (Prügelstrafe, Rutenstrafe), Geldstrafen, Gefängnis mit Zwangsarbeit, Kettenhaft, Todesstrafe.

§ 3. Gegen Araber und Inder ist die Anwendung körperlicher Züchtigung als Strafmittel ausgeschlossen.

§ 4. Gegen eine Frauensperson irgendwelchen Alters darf auf Prügel- oder Rutenstrafe nicht erkannt werden.

§ 5. Gegen eine männliche Person unter 16 Jahren darf nur auf Rutenstrafe erkannt werden.

§ 6. Die Vollstreckung der Prügelstrafe[2]) erfolgt mit einem von dem Gouverneur genehmigten Züchtigungs-

---

1. In dem s. Zt. im KBl. verkündeten Text steht überall hinter Gouverneur: „(Landeshauptmann)". Gegenwärtig kommen indes nur noch Gouverneure in Betracht.

2. Vgl. hierzu die Vf. u. d. Erl. d. StS. d. RKolA. v. 12. Juli 07 (KBl. 790, KolGG. 320, 323), wonach bei Verhängung körperlicher Züchtigung über die betr. Verhandlung und die Strafvollstreckung stets ein Protokoll aufzunehmen und, wenn auf Prügelstrafe von mehr als 15 oder Rutenstrafe von mehr als 10 Schlägen erkannt wird, dem Verhandlungsprotokoll eine Urteilsbegründung anzuschließen ist. Vgl. ferner die GouvVf. für DOA. v. 6. Juli 06 (KolGG. 274) u. die in Anm. 1 erwähnten Vorschriften.

instrument, die Vollstreckung der Rutenstrafe mit einer leichten Rute oder Gerte.

Das auf Prügel- oder Rutenstrafe lautende Urteil kann auf einmaligen oder auf zweimaligen Vollzug ergehen.

Bei jedem Vollzug der Prügelstrafe darf die Zahl von 25 Schlägen, bei dem Vollzug der Rutenstrafe die Zahl von 20 Schlägen nicht überschritten werden.

Der zweite Vollzug darf nicht vor Ablauf von zwei Wochen erfolgen.

§ 7. Der Vollstreckung der Prügel- oder Rutenstrafe hat stets ein von dem zur Ausübung der Strafgerichtsbarkeit befugten Beamten (§ 1) zu diesem Zweck bestimmter Europäer, desgleichen, wo ein solcher vorhanden, ein Arzt beizuwohnen.

§ 8. Vor Beginn der Züchtigung ist der zu Bestrafende auf seinen körperlichen Zustand zu untersuchen.

§ 9. Dem hinzugezogenen Arzte oder in seiner Ermangelung dem der Strafvollstreckung beiwohnenden Europäer steht das Recht zu, die Vollstreckung der Prügel- oder Rutenstrafe zu untersagen oder einzuhalten, falls der Gesundheitszustand des Verurteilten dies geboten erscheinen läßt.

§ 10. Geldstrafen, welche in Ostafrika 200 Rps., in Kamerun und Togo 300 Mk. übersteigen, ebenso Gefängnisstrafen über 6 Monate bedürfen der Genehmigung des Gouverneurs, welchem sofort von der Verhängung der Strafe Bericht zu erstatten ist. Die Vollstreckung ist, wenn sie nicht durch die damit verbundene Verzögerung unmöglich gemacht wird, bis zum Eintreffen der Genehmigung auszusetzen.

§ 11. Die endgültige Verhängung der Todesstrafe steht einzig und allein dem Gouverneur zu. In Fällen, wo der Bezirksamtmann (Amtsvorsteher) auf solche erkannt hat, ist sofort dem Gouverneur unter Einsendung des Aktenmaterials Bericht zu erstatten.

§ 12. Über die Strafsachen ist ein besonderes Strafbuch nach dem folgenden Muster zu führen:

Lfde. Nr.	Name	Straftat	Strafe	Tag des Urteils	Bemerkungen
1.	Mohamed bin Ali	Diebstahl	20 Rutenschläge	26. Juni 1896	—
2.	Amur bin Soliman	Mord	Todesstrafe	1. August 1896	Bestätigt durch den Gouverneur am 12. 11. 96.
3.					
4.					

§ 13. Zu den Strafverhandlungen soll der Wali (Jumbe, Dorfälteste) hinzugezogen werden. Bei schwereren Verbrechen hat der Bezirksamtmann (Amtsvorsteher) mehrere angesehene Eingeborene zuzuziehen, ohne daß dadurch die ausschließliche Verantwortlichkeit des Bezirksamtmanns aufgehoben wird. Über die Verhandlung ist ein Protokoll aufzunehmen. Das Urteil ist schriftlich abzufassen.

§ 14. Für die Stationen und amtlichen Expeditionen im Innern finden die in den §§ 2 bis 13 dieser Verordnung enthaltenen Bestimmungen mit der Maßgabe entsprechende Anwendung, daß hinsichtlich der Ausübung der Strafgerichtsbarkeit (§ 1) an die Stelle des Bezirksamtmanns der Stationsvorsteher bzw. der Expeditionsführer tritt.

§ 15. Kann in den im Innern belegenen Stationen oder bei den dort befindlichen Expeditionen (§ 14) im Falle eines Aufruhrs, eines Überfalls oder in einem sonstigen Notstande aus zwingenden Gründen das im § 11 vorgeschriebene Verfahren nicht eingehalten werden, erscheint vielmehr eine sofortige Vollstreckung der Todesstrafe an einem Eingeborenen erforderlich, so ist von dem Stationsvorsteher bzw. Expeditionsführer gegen den Angeschuldigten tunlichst unter Hinzuziehung von mindestens zwei Beisitzern ein summarisches Verfahren einzuleiten und das über die stattgefundenen Verhandlungen aufzunehmende Protokoll sowie das gefällte Urteil nebst Gründen nachträglich dem Kaiserlichen Gouverneur mit Bericht einzureichen.

Haben zu dem summarischen Verfahren die vorgeschriebenen Beisitzer nicht zugezogen werden können, so sind die Gründe hierfür in dem Protokoll darzulegen.

§ 16. Wenn in einem Teil oder an einem Orte des Schutzgebietes durch den Kaiserlichen Gouverneur oder seine Stellvertreter, oder in Fällen dringender Gefahr durch einen selbständigen Gouvernementsbeamten oder einen selbständigen Militärbefehlshaber der Kriegszustand erklärt ist, so tritt gegenüber allen Eingeborenen, welche sich strafbar machen, das summarische Verfahren in der im § 15 dieser Verordnung bezeichneten Weise in Kraft.

III. Disziplinarbefugnisse der Bezirksamtmänner und der Stationschefs im Innern.

§ 17. Eingeborene, welche in einem Dienstverhältnis oder einem Arbeitsvertragsverhältnis stehen, können auf Antrag der Dienst- oder Arbeitgeber wegen fortgesetzter Pflichtverletzung und Trägheit, wegen Widersetzlichkeit oder unbegründeten Verlassens ihrer Dienst- oder Arbeitsstellen sowie wegen sonstiger erheblicher Verletzungen des Dienst- oder Arbeitsverhältnisses disziplinarisch von dem mit Ausübung der Strafgerichtsbarkeit betrauten Beamten (§§ 1, 14) mit körperlicher Züchtigung und in Verbindung mit dieser Strafe oder allein mit Kettenhaft nicht über 14 Tage bestraft werden.[1])

Die in den §§ 2 bis 9 und 12 für die gerichtlichen Strafen gegebenen Vorschriften finden auf die Disziplinarstrafen Anwendung.

---

1. Vgl. für DOA. die GouvV. v. 7. Dez. 09, unten Nr. 14.

IV. Schlußbestimmungen.

§ 18. Die Bezirksamtmänner (Amtsvorsteher) und Stationsvorsteher, sowie, gegebenenfalls, die Expeditionsführer und im Falle deren Abwesenheit ihre Vertreter haben vierteljährlich über die vollstreckten Strafen an den Gouverneur zu berichten. Diese Berichte sind dem Reichs-Kolonialamt[1]) vorzulegen.

§ 19. Diese Verordnung tritt mit dem Tage ihrer Veröffentlichung in den einzelnen Bezirken und Stationen in Kraft.

Gleichzeitig treten die entgegenstehenden Bestimmungen, insbesondere die Verordnung des Kaiserlichen Gouverneurs von Ostafrika, betreffend die Abänderung der Gerichtsbarkeit und der Polizeibefugnisse der Bezirksamtmänner vom 29. Juni 1893 außer Kraft.

Berlin, den 22. April 1896.

Der Reichskanzler.
Fürst zu Hohenlohe.

---

14. Verordnung des Gouverneurs von Deutsch-Ostafrika, betreffend die Bestrafung von Eingeborenen wegen Kontraktbruchs.

Vom 7. Dezember 1909. (KBl. 10, 118. Amtl. Anz. Nr. 48.)

Auf Grund des § 15 des Schutzgebietsgesetzes (RGBl. 1900 S. 813) in Verbindung mit § 5 der Verfügung des Reichskanzlers vom 27. September 1903 (KBl. S. 509) und der Kaiserlichen Verordnung vom 3. Juni 1908 (KBl. S. 617) wird hierdurch mit Zustimmung des Reichskanzlers (RKolA.)

---

1. AErl v. 17. Mai 07, unten Nr 20a

für das Deutsch-Ostafrikanische Schutzgebiet verordnet, was folgt:

§ 1. Eingeborene, die nach Eingehung eines Dienst- oder Arbeitsverhältnisses sich den vertragsmäßig übernommenen Verpflichtungen entziehen, werden auf Antrag des Geschädigten wegen Kontraktbruchs mit Kettenhaft bis zu drei Monaten und in Verbindung mit dieser Strafe oder allein mit körperlicher Züchtigung oder mit Geldstrafe bestraft.

§ 2. Das in § 1 bezeichnete Strafmaß findet Anwendung bei der Bestrafung der Vergehen des Kontraktbruchs gemäß § 21 der Anwerbeverordnung vom 27. Februar 1909 [1]) und der Vergehen gegen § 17 (Ziff. 1 und 2) der Arbeiterverordnung vom 27. Februar 1909,[1]) soweit es sich um Eingeborene oder diesen rechtlich gleichgestellte Farbige handelt.

§ 3. Diese Verordnung tritt am Tage ihrer Verkündung in Kraft.

Daressalam, den 7. Dezember 1909.

Der Kaiserliche Gouverneur.
Freiherr v. Rechenberg.

---

15. Verordnung des Landeshauptmanns von Deutsch-Südwestafrika, betr. die Strafgerichtsbarkeit der Eingeborenen in Südwestafrika.

Vom 8. November 1896. (KolGG. 2, 294.)

Die Verordnung vom 22. April d. J.[2]) ist mit folgenden Abänderungen in Wirksamkeit gesetzt.[3])

---

1. Vgl. Anm. 2 zu Ksl. V. v. 3. Juni 08 (oben Nr 11).
2. Oben Nr. 13.
3. Vgl. in betreff der Prügelstrafe den RErl. d. Gouv. v. 22. Dez. 05 (KolGG. 284).

Nachstehende Paragraphen erhalten folgende Fassung:

§ 1. Die Strafgerichtsbarkeit und das Strafverfahren über die farbige Bevölkerung wird von dem Landeshauptmann ausgeübt. In den Bezirkshauptmannschaften tritt an die Stelle des Landeshauptmanns der Bezirkshauptmann. Der letztere ist berechtigt, seine Befugnis auf die ihm unterstellten Beamten für deren Amtsbezirk unter eigener Verantwortung zu übertragen, ist aber gehalten, über den Umfang, in welchem er von diesem Rechte Gebrauch gemacht hat, an den Landeshauptmann zu berichten.[1]) An Unteroffiziere soll, auch wenn sie Stationschefs sind, das Recht zur Verfügung von Strafen nicht gegeben werden. Ausgenommen ist hiervon der Stationschef von Cap Croß, welcher seine bisherige Befugnis behält.[2])

§ 3. Gegen Eingeborene besseren Standes ist die Anwendung körperlicher Züchtigung als Strafmittel ausgeschlossen.

§ 13. Zu den Strafverhandlungen soll der Kapitän oder sein Stellvertreter hinzugezogen werden (usw. nach dem Wortlaut der Verordnung).

Außerdem tritt folgender neuer Paragraph hinzu.

§ 20. Die vorstehende Verordnung gilt in bezug auf Handhabung des Gerichtsverfahrens bei inneren Angelegenheiten der Eingeborenen unter sich, soweit diese besonderen Kapitänschaften angehören, nur nach Maßgabe der in den Schutzverträgen enthaltenen Festsetzungen usw.

Swakopmund, den 8. November 1896.

Der Kaiserliche Landeshauptmann.
Leutwein.

---

1. Den Ämtern des Landeshauptmanns und der Bezirkshauptmänner entsprechen jetzt diejenigen des Gouverneurs bzw. der Bezirksamtmänner u. selbständigen Distriktschefs.
2. Die Station ist inzwischen aufgehoben.

16. Verfügung des Reichskanzlers, betr. Rechtsgeschäfte und Rechtsstreitigkeiten Nichteingeborener mit Eingeborenen im südwestafrikanischen Schutzgebiet.

Vom 23. Juli 1903. (KBl. 383. KolGG. 163.)

Auf Grund des § 15 des Schutzgebietsgesetzes (RG.-Bl. 1900 S. 813) und der Allerhöchsten Verordnung, betreffend die Gerichtsbarkeit über die Eingeborenen in den afrikanischen Schutzgebieten, vom 25. Februar 1896 wird hiermit für den Bereich des Schutzgebiets Deutsch-Südwestafrika verfügt, was folgt:

§ 1. Verbindlichkeiten Eingeborener aus Rechtsgeschäften mit Nichteingeborenen erlöschen innerhalb eines Jahres nach Abschluß der Rechtsgeschäfte, es sei denn, daß vor Ablauf dieser Frist der Gläubiger bei der nach dieser Verfügung zuständigen Behörde Klage erhoben hat.

Abgesehen hiervon findet eine Unterbrechung oder Hemmung des Laufes dieser Frist nicht statt.

Die Klageerhebung gilt als nicht erfolgt, sobald der Gläubiger den Rechtsstreit einschließlich der Zwangsvollstreckung innerhalb einer ihm zu stellenden Frist fortzusetzen unterläßt.

Die Frist ist von der Behörde, bei der der Rechtsstreit schwebt, unter der Androhung zu stellen, daß ihre Versäumnis das Erlöschen des Anspruchs zur Folge haben werde.

§ 2. Ist die Verbindlichkeit des Eingeborenen gemäß den Vorschriften des § 1 erloschen, so ist der Nichteingeborene von dem Eingeborenen Rückgabe des Geleisteten nur insoweit zu verlangen befugt, als das Geleistete in einer nicht vertretbaren Sache besteht und sich noch im Vermögen des Eingeborenen befindet.

Eine Forderung auf Ersatz wegen Verlust oder Verschlechterung der Sache ist ausgeschlossen.

§ 3. Die Entscheidung über Ansprüche Nichteingeborener gegen Eingeborene liegt dem Bezirksamtmann ob, in dessen

Bezirk der Eingeborene zur Zeit des Antrages auf die Entscheidung seinen Wohnsitz oder beim Fehlen eines solchen seinen Aufenthalt hat. Der Bezirksamtmann kann diese Befugnis auf die Distriktschefs seines Bezirks übertragen. Die Übertragung hindert den Bezirksamtmann nicht, jederzeit Geschäfte der betreffenden Art selbst wahrzunehmen.

Die Entscheidung ist schriftlich abzufassen, mit Gründen zu versehen und den Parteien bekanntzumachen.

Der Gouverneur ist ermächtigt, den im Abs. 1 bezeichneten Behörden allgemein oder im Einzelfall Anweisungen über das Verfahren zu erteilen.[1])

§ 4. Übersteigt der Wert des Streitgegenstandes den Betrag von dreihundert Mark, so findet gegen die Entscheidung der in § 3 Abs. 1 bezeichneten Behörden innerhalb eines Monats Berufung an den Oberrichter statt.

Die Frist zur Einlegung der Berufung beginnt für jeden Teil mit dem Zeitpunkt, in dem ihm die Entscheidung bekanntgemacht ist.

§ 5. Abgesehen von dem Falle des § 4 Abs. 1 ist der Gouverneur ermächtigt, die Entscheidungen der ihm untergeordneten Behörden in Rechtsstreitigkeiten zwischen Nichteingeborenen und Eingeborenen von Amts wegen aufzuheben oder abzuändern.

§ 6. Die Bekanntmachung der Entscheidungen erfolgt nach den allgemeinen für die Bekanntmachung von Entscheidungen der Verwaltungsbehörden bei Ausübung ihrer Zwangs- und Strafbefugnisse geltenden Vorschriften.

§ 7. Der Zwangsvollstreckung wegen Geldforderungen aus den nach §§ 3, 4, 5 ergangenen Entscheidungen unterliegen diejenigen Vermögensstücke der Eingeborenen nicht, die notweneig sind, um ihnen und ihren Familien die Möglichkeit des wirtschaftlichen Bestehens zu sichern.

Der Gouverneur ist ermächtigt, allgemeine Vorschriften darüber zu erlassen, inwieweit hiernach das Vermögen der

Eingeborenen von der Zwangsvollstreckung ausgeschlossen ist.[1])

§ 8. Für Verbindlichkeiten einzelner Eingeborener darf das Stammesvermögen von dem Gläubiger nicht in Anspruch genommen werden.

§ 9. Der Gouverneur ist ermächtigt, allgemeine Vorschriften über den Ansatz von Gebühren und Auslagen bei Rechtsstreitigkeiten zwischen Nichteingeborenen und Eingeborenen zu erlassen.[1])

§ 10. Für die vor dem Inkrafttreten dieser Verfügung abgeschlossenen Rechtsgeschäfte zwischen Nichteingeborenen und Eingeborenen beginnt der Lauf der in § 1 Abs. 1 vorgeschriebenen Frist mit dem Tage des Inkrafttretens dieser Verfügung.

§ 11. Jede Vereinbarung, durch die eine Vorschrift dieser Verfügung abgeändert oder aufgehoben werden soll, ist nichtig.

Das Gleiche gilt von einer Vereinbarung, wonach an einem nach § 7 der Zwangsvollstreckung entzogenen Gegenstande oder für Verbindlichkeiten einzelner Eingeborener am Stammesvermögen ein Pfandrecht oder ein Recht ähnlichen Inhalts begründet werden soll.

§ 12. Soweit Rechtsgeschäfte unbewegliche Sachen zum Gegenstande haben, finden die Vorschriften der §§ 1, 2, 10 dieser Verfügung keine Anwendung.

§ 13. Der Gouverneur bestimmt den Zeitpunkt des Inkrafttretens dieser Verfügung.[2])

Nach diesem Zeitpunkte finden die Verordnung des Gouverneurs, betreffend die Gerichtsbarkeit über die Eingeborenen des Schutzgebiets von Deutsch-Südwestafrika ein-

---

1. Vgl. die RErl. d. Gouv. v 6. u. 19. März 08 (KolGG. 87, 107). Darnach werden Gebühren nicht erhoben und stehen solche auch Prozeßvertretern nicht zu. Für die Zwangsvollstreckung kommen mit gewissen Maßgaben §§ 81 I, 850 ZPO zur Anwendung

2. Nach GouvV. v. 3. Okt. 03 (KBl. 633, KolGG. 218) der 1. Nov. 03.

schließlich der Bastards in bürgerlichen Rechtsstreitigkeiten vom 1. Januar 1899 sowie die Bekanntmachungen des Gouverneurs, betreffend Kreditgewährung an Eingeborene, vom 23. Februar 1899 und betreffend Klagen aus Kreditgeschäften gegen die Angehörigen des Stammes der Bastards vom 2. Oktober 1900, keine Anwendung.

Die Vorschriften der Schutzverträge über die Zuziehung eingeborener Beisitzer zu den Verhandlungen über Rechtsstreitigkeiten zwischen Eingeborenen und Nichteingeborenen bleiben von dieser Verfügung unberührt.

Norderney, den 23. Juli 1903.

Der Reichskanzler.
Graf v. Bülow.

---

17. Verordnung des Gouverneurs von Deutsch-Südwestafrika, betr. Kreditgeschäfte Eingeborener.[1])

Vom 30. Oktober 1908. (KBl. 09, 4. KolGG. 08, 470.)

Auf Grund § 2 der Allerhöchsten Verordnung, betr. die Einrichtung der Verwaltung und die Eingeborenenrechtspflege in den afrikanischen und Südseeschutzgebieten vom 3. Juni 1908 (RGBl. S. 397) wird hiermit nach erteilter Ermächtigung seitens des Reichskanzlers (Reichs-Kolonialamt) verordnet, was folgt:

§ 1. Eingeborene können Kreditgeschäfte nur mit Genehmigung des zuständigen Bezirks- oder Distriktsamts abschließen.

§ 2. Diese Genehmigung soll grundsätzlich nur in Ausnahmefällen erteilt werden.

---

1. Vgl. hierzu die RErl. d. Gouv v. 30. Okt. u. 7. Dez 08 (KolGG. 471, 534).

§ 3. Kreditgeschäfte im Sinne dieser Verordnung sind:

a) Kauf- und Tauschgeschäfte, bei denen die von dem Eingeborenen zu bewirkende Gegenleistung nicht Zug um Zug erfolgt,

b) Darlehnsgeschäfte, bei denen der Eingeborene der Darlehnsempfänger ist.

§ 4. Kreditgeschäfte, die ein Eingeborener ohne Genehmigung der zuständigen Stelle abgeschlossen hat, sind nichtig. Das dem Eingeborenen auf Grund des Kreditgeschäftes Geleistete kann nicht deshalb zurückgefordert werden, weil das Kreditgeschäft nichtig gewesen ist.

§ 5. Die Genehmigung zu einem Kreditgeschäft, das der Eingeborene vornehmen will, bedarf der schriftlichen Form. Über die Genehmigung ist eine Urkunde aufzunehmen. Dieselbe soll enthalten:

1. den Namen des Eingeborenen,
2. den Namen der anderen Partei,
3. die Art des Geschäftes (Kauf, Tausch, Darlehn),
4. den Gegenstand, den der Eingeborene erhalten hat oder soll,
5. den Gegenstand, den der Eingeborene leisten soll,
6. die Unterschrift des Beamten mit Ort- und Zeitangabe.

§ 6. Diese Urkunde ist von der zuständigen Stelle zwei Jahre lang, und wenn es sich um unbewegliche Sachen handelt, zehn Jahre lang aufzubewahren.

Eine Abschrift ist der Gegenpartei zu übergeben. Es genügt, wenn bei dem Abschluß des Geschäftes diese Abschrift vorliegt.

§ 7. Vereinbarungen, durch welche eine Vorschrift dieser Verordnung aufgehoben oder abgeändert wird, sowie Rechtsgeschäfte, durch welche diese Verordnung umgangen werden soll (wie insbesondere Schuldversprechen und Schuldanerkenntnisse), sind nichtig.

§ 8. Der Bezirksamtmann usw. kann die Befugnis zur Genehmigungserteilung im Sinne dieser Verordnung einzelnen ihm unterstellten Amtsorganen mit Genehmigung des Gouverneurs übertragen.

§ 9. Diese Verordnung tritt mit dem Tage der Verkündigung in Kraft.

Windhuk, den 30. Oktober 1908.

Der Kaiserliche Gouverneur.
J. V.: Hintrager.

---

18. Strafverordnung der Neu-Guinea-Compagnie für die Eingeborenen.

Vom 21. Oktober 1888 (KolGG. 1, 555), geändert durch Verordnung des Gouverneurs von Deutsch-Neu-Guinea vom 7. April 1899 (KBl. 432, KolGG. 4, 56) und des Reichskanzlers vom 28. Oktober 1908 (KBl. 1087, KolGG. 468).[1][2]

§ 1. Voraussetzungen der Anwendung. Eingeborene des Schutzgebiets, sowie die ihnen gleichgestellten Angehörigen anderer farbigen Stämme, sofern sie nicht durch Naturalisation die Reichsangehörigkeit erworben haben und infolgedessen der ordentlichen Gerichtsbarkeit unterstellt sind, können von den dafür einzusetzenden Gerichten wegen rechtswidriger Handlungen verfolgt und bestraft werden.

§ 2.[3]

---

1. Zu der StrafV. ist eine nicht veröffentlichte AusfBf. des Landeshauptmanns v. 16. Jan. 89 erlassen.
2. Für die Marshall-Inseln gilt die gleichlautende StrafV. d. Reichskanzlers v. 10. März 90 (KolGG. 1, 627) mit entsprechender Änderung in §§ 2, 3 durch die V. d. RK v. 28. Okt. 08
3. Aufgehoben durch Art. I der V d RK. v. 28. Okt. 08

§ 3. Ob eine Strafverfolgung stattzufinden hat, wird von den zuständigen Beamten nach den Umständen des Falles entschieden.[1])

§ 4. Zulässige Strafen. Die zulässigen Strafen sind:

Todesstrafe,
Gefängnis mit Zwangsarbeit,
Zwangsarbeit ohne Verwahrung im Gefängnis,
Geldstrafe.

§ 5. Todesstrafe. Die Todesstrafe ist durch Erschießen oder Erhängen zu vollstrecken.

Der Gouverneur bestimmt, welche der beiden Vollstreckungsarten in dem einzelnen Falle stattzufinden hat.[2])

§ 6. Gefängnis mit Zwangsarbeit. Die zu Gefängnis mit Zwangsarbeit Verurteilten werden zu Arbeiten, welche ihren Körperkräften entsprechen, unter Aufsicht angehalten, und soweit die Arbeiten nicht im Freien geschehen, in zur Absperrung geeigneten Räumen ein- oder nötigenfalls angeschlossen. Sie erhalten keine Löhnung, jedoch die zur Lebenserhaltung notwendige Beköstigung.

§ 7. Zwangsarbeit ohne Gefängnis. Die zur Zwangsarbeit ohne Verwahrung im Gefängnis Verurteilten haben die ihnen auferlegten Arbeiten in der dafür bestimmten Zeit pünktlich zu verrichten. Sie erhalten keine Löhnung und müssen sich selbst beköstigen oder für die ihnen gereichte Beköstigung eine dafür festzusetzende Entschädigung entrichten. Finden sie sich zur Arbeit nicht ein oder entziehen sie sich derselben, so können sie in Haft genommen werden und werden gleich den zu Gefängnis mit Zwangsarbeit Verurteilten behandelt.

---

1. Fassung des Art. II der V. d. RK v. 28. Okt. 08.

2. Fassung der GouvV. v. 7. April 1899. Das Wort „Landeshauptmann" in der V. v. 21. Okt. 88 ist der jetzigen Behördenverfassung entsprechend auch in den übrigen Paragraphen durch das Wort „Gouverneur" ersetzt.

§ 8. Behandlung der zur Zwangsarbeit Verurteilten. Über die Dauer der täglichen Arbeitszeit, die zu gewährenden Ruhepausen, die zu verabreichende Kost, die dafür ev. zu entrichtende Vergütung, die Einrichtung des Gefängnisses und die zur Erhaltung der Disziplin anzuwendenden Mittel wird durch besondere Reglements Bestimmung getroffen.

§ 9. Dauer der Freiheitsstrafen. Die Gefängnisstrafe mit Zwangsarbeit beträgt mindestens drei Tage und geht bis zu fünf Jahren. Die Zwangsarbeit ohne Verwahrung im Gefängnis beträgt mindestens einen Tag und geht bis zu einem Jahre.

§ 10. Geldstrafen, Betrag, Beitreibung. Der Mindestbetrag der Geldstrafe ist 1 Mark, der Höchstbetrag 300 Mark.

Kann eine Geldstrafe wegen Unvermögens des Verurteilten nicht beigetrieben werden, so ist der Betrag von den nächstfällig werdenden Lohnbezügen desselben derart in Abzug zu bringen, daß eine zur Befriedigung der unentbehrlichen Lebensbedürfnisse ausreichende Summe, in der Regel die Hälfte des Arbeitslohnes, ihm verbleibt.

Steht der Verurteilte nicht in einem festen Arbeitsverhältnis, so kann ihm die Entrichtung der Geldstrafe in Naturalien nach einem von dem Gerichtsvorsteher zu bestimmenden Wertsverhältnis gestattet werden.

Ist die Geldstrafe auf keinem dieser Wege einzuziehen, so wird sie in Zwangsarbeit ohne Gefängnis oder nach Umständen in Zwangsarbeit mit Gefängnis umgewandelt.

§ 11. Mildernde Umstände. Beim Vorhandensein mildernder Umstände kann unter den angedrohten Mindestbetrag der Freiheitsstrafe und statt der Freiheitsstrafen auf Geldstrafe erkannt werden.

§ 12. Strafumwandlung. Bei Strafumwandlungen ist der Betrag einer Mark gleich einem Tage Zwangsarbeit ohne Gefängnis und drei Tage solcher Zwangsarbeit sind einem Tage Zwangsarbeit mit Gefängnis gleichzuachten.

§ 13. Versuch; Teilnahme; Strafausschließung und Strafmilderung. In betreff des Versuchs einer strafbaren Handlung, der Teilnahme an einer solchen, und der Strafausschließungs- und Milderungsgründe sind die Bestimmungen des deutschen Strafgesetzbuches zum Anhalt zu nehmen.

§ 14. Todeswürdige Verbrechen. Auf Todesstrafe darf nur erkannt werden:

1. wegen des vollendeten Verbrechens des Mordes oder Totschlags,
2. wegen Brandstiftung im Falle des § 307 Nr. 1 des Strafgesetzbuchs,
3. wegen der in den §§ 312, 322 bis 324 des Strafgesetzbuchs bezeichneten Handlungen, wenn dadurch der Tod eines Menschen verursacht worden ist.

§ 15. Andere schwere Verbrechen. Auf Gefängnis mit Zwangsarbeit nicht unter sechs Monaten ist zu erkennen:

1. wegen Aufruhrs,
2. wegen schwerer Körperverletzung,
3. wegen Notzucht,
4. wegen Raubes.

Ist in den vorgedachten Fällen durch die strafbare Handlung der Tod eines Menschen verursacht worden, so ist auf Gefängnis mit Zwangsarbeit nicht unter zwei Jahren zu erkennen.

§ 16. Bestrafung sonstiger Verbrechen und Vergehen. Im übrigen hat das erkennende Gericht nach den Umständen des Falles zu beurteilen, ob die strafbare Handlung mit Gefängnis und Zwangsarbeit, mit Zwangsarbeit ohne Gefängnis, oder mit Geldstrafe, oder gleichzeitig mit der einen und der anderen dieser Strafen zu ahnden.

§ 17. Entschädigung des Verletzten. Wo nach den Anschauungen und Gewohnheiten der Eingeborenen dem Verletzten von dem Täter eine Entschädigung zu leisten ist, kann in dem Urteil zugleich auf die Gewährung einer solchen Entschädigung erkannt werden.

§ 18. Verfahren. Stationsgerichte. Für die Verhandlung und Entscheidung der Strafsachen sind Stationsgerichte zuständig, welche aus einem Gerichtsvorsteher und einem Gerichtsschreiber bestehen.

Der Gouverneur bestimmt Sitz und Bezirk jedes Gerichts und ernennt den Vorsteher desselben, sowie für Fälle der Behinderung einen Stellvertreter.[1])

§ 19. Mitwirkung von Beisitzern. In den Fällen der §§ 14 und 15 haben bei der Entscheidung zwei Beisitzer mitzuwirken, nachdem sie an der mündlichen Verhandlung teilgenommen haben. In allen anderen Fällen verhandelt und entscheidet der Gerichtsvorsteher ohne Zuziehung von Beisitzern.

§ 20. Ernennung des Gerichtsschreibers und der Beisitzer. Den Gerichtsschreiber ernennt der Gerichtsvorsteher aus den Stationsbeamten oder den achtbaren Weißen seines Bezirks. Er beruft aus denselben auch die Beisitzer, wenn deren Zuziehung erforderlich wird.

§ 21. Teilnahme des Gerichtsschreibers. Der Gerichtsschreiber ist zu jeder richterlichen Verhandlung zuzuziehen.

§ 22. Dolmetscher. Der Zuziehung eines Dolmetschers bedarf es nur, wenn keine der an der Verhandlung teilnehmenden Personen des Gerichts der Sprache des Angeschuldigten mächtig ist.

§ 23. Beweismittel. Geständnis. Das Geständnis des Angeschuldigten kann als Grundlage des Ver-

---

1. Der Gouverneur hat durch Einzelanordnungen die Bezirksamtmänner und deren ordentliche Stellvertreter sowie die Leiter der dem Gouvernement unmittelbar unterstellten Stationen und deren ordentliche Stellvertreter mit der Eingeborenenstrafgerichtsbarkeit betraut.

fahrens nur dienen, wenn es freiwillig, unumwunden und glaubhaft ist.

Lediglich auf Grund des Geständnisses kann die Verurteilung nur ausgesprochen werden, wenn der Angeschuldigte dasselbe vor dem erkennenden Gericht wiederholt.

§ 24. Zeugen. Die Ladung der Zeugen erfolgt durch den Gerichtsvorsteher in möglichst einfacher Form. Daß, und wie sie erfolgt sei, ist in den Akten zu vermerken. Auch Farbige sind Zeugnis abzulegen verpflichtet. Ein Farbiger, welcher ohne genügenden Grund ausbleibt, ist nötigenfalls zwangsweise vorzuführen. Verweigert er sein Zeugnis, so kann er mit Geldstrafe bis zu 30 Mark belegt werden, welche, wenn sie nicht beizutreiben ist, in Gefängnis mit Zwangsarbeit umgewandelt wird.

§ 25. Verpflichtung und Vereidigung der Zeugen. Weiße werden von dem Gerichtsvorsteher in der Hauptverhandlung vor der Vernehmung durch Handschlag verpflichtet

nach bestem Wissen die reine Wahrheit zu sagen, nichts zu verschweigen und nichts hinzuzusetzen.

Erachtet das erkennende Gericht die Aussage eines weißen Zeugen trotz der Verpflichtung durch Handschlag nicht für gewissenhaft, dessen Zeugnis aber für dergestalt wesentlich, daß von ihm die Entscheidung der Sache abhängt, so kann es die Verhandlung aussetzen und bei dem Bezirksrichter die eidliche Vernehmung des Zeugen beantragen, sofern dies nach der Reichsstrafprozeßordnung zulässig ist.

Sitzt der Bezirksrichter vor, so kann er, bzw. das Stationsgericht, die Vereidigung des Zeugen beschließen.

§ 26. Augenschein. Die Einnahme des Augenscheins ist durch den Gerichtsvorsteher regelmäßig vorzunehmen, wenn eine zur Verfolgung geeignete strafbare Handlung bekannt wird, welche Spuren am Tatort hinterlassen hat. Der vorgefundene Tatbestand ist in dem darüber aufzunehmenden Protokoll sorgfältig niederzulegen. Zu einer Leichenschau ist ein Arzt, wenn ein solcher in der Nähe sich befindet, zuzuziehen, welcher in geeigneten Fällen auch die Leichenöffnung und weitere Untersuchung innerer Teile vorzunehmen hat.

§ 27. Durchsuchungen und Beschlagnahme. Durchsuchungen werden unter Leitung des Gerichtsvorstehers, und, sofern keine besonderen Gründe entgegenstehen, im Beisein des Angeschuldigten vorgenommen.

Gegenstände, welche als Beweismittel für die Untersuchung von Bedeutung sein können, sind von dem Gerichtsvorsteher mit Beschlag zu belegen.

§ 28. Verhaftung. Der Angeschuldigte ist zu verhaften, sobald er der Flucht verdächtig, oder wenn anzunehmen ist, daß er Spuren der Tat vernichten oder daß er Zeugen oder Mitschuldige beeinflussen werde, oder wenn die Verhaftung im Interesse der Disziplin geboten ist.

Durch die Haft ist er nur so weit zu beschränken, als es zur Sicherung ihres Zweckes oder zur Aufrechterhaltung der Ordnung erforderlich ist.

Nach der Verhaftung ist er alsbald verantwortlich zu vernehmen.

Die Verhandlung und Entscheidung ist tunlichst zu beschleunigen.

§ 29. Umstände zugunsten des Angeschuldigten. In jeder Lage des Verfahrens haben Vorsteher und Gericht von Amts wegen auch die zugunsten des Angeschuldigten sprechenden Umstände festzustellen und zu beachten; namentlich sind bei Abmessung der Strafe die Umstände, welche die Schuldbarkeit mindern, gebührend zu berücksichtigen.

§ 30. Verteidigung. Auf einen Verteidiger hat der Angeschuldigte nur Anspruch, wenn die Anklage auf eines der in den §§ 14 und 15 bezeichneten Verbrechen gerichtet ist. Er kann ihn wählen oder die Bestellung von Amts wegen verlangen. Die letztere geschieht durch den Gerichtsvorsteher. Von dem Anspruch auf Verteidigung ist dem Angeschuldigten Mitteilung zu machen. Der Verteidiger tritt erst bei der mündlichen Verhandlung in Tätigkeit. Demselben sind die Akten mitzuteilen und ist ihm Unterredung mit dem Angeschuldigten unter Aufsicht zu gestatten.

§ 31. Eröffnung und Ausdehnung des Verfahrens. Der Gerichtsvorsteher eröffnet das Verfahren, sobald er von einer strafbaren Handlung Kenntnis erhält, welche nach seiner Überzeugung zur Strafverfolgung geeignet ist (§ 3).

Das Verfahren ist summarisch und nicht weiter auszudehnen, als erforderlich ist, um festzustellen, ob die angeschuldigte Person zu verfolgen ist oder nicht. Jedoch sind Beweise, deren Verlust für die spätere Verhandlung zu besorgen ist, alsbald vollständig zu erheben.

§ 32. Mündliche Verhandlung. Die Entscheidung erfolgt auf Grund einer mündlichen Verhandlung, welche der Gerichtsvorsteher anberaumt, sobald er das Vorverfahren für abgeschlossen erachtet.

Der Gerichtsvorsteher ladet zu derselben den Angeschuldigten, die Zeugen und etwaige Sachverständige und benachrichtigt die Beisitzer, wo deren Mitwirkung erforderlich ist, sowie den etwaigen Verteidiger.

Ist der Angeschuldigte in Haft, so wird er vorgeführt.

§ 33. Leitung und Gang der Verhandlung. Der Gerichtsvorsteher leitet die Verhandlung. Wirken Beisitzer mit, so steht ihnen zu, Fragen an Zeugen und Sachverständige zu richten. Dasselbe Recht hat der Angeschuldigte oder dessen Verteidiger.

§ 34. Beweisaufnahme. Nach dem Aufruf der Zeugen, welche demnächst wieder abzutreten haben, wird der Angeschuldigte über die Anschuldigung vernommen und zur Beweisaufnahme geschritten.

Der Inhalt jeder wesentlichen Bekundung ist dem Angeschuldigten verständlich zu machen und ist er zu befragen, was er darauf zu erwidern habe.

Über die gesamte Verhandlung ist ein Protokoll aufzunehmen.

§ 35. Entscheidung. Nach Erschöpfung der Beweisaufnahme, zu deren Ergänzung die Verhandlung nötigenfalls vertagt werden kann, wird das Urteil gefällt, welches entweder auf Freisprechung oder auf Bestrafung lautet.

§ 36. Gewinnung des Urteils. Das Gericht entscheidet nach freier Überzeugung, welche es auf Grund der Verhandlung sich bildet. Haben Beisitzer mitgewirkt, so entscheidet die Stimmenmehrheit. Der jüngste Beisitzer gibt seine Stimme zuerst, der Vorsitzende die seinige zuletzt ab.

§ 37. Form und Verkündung des Urteils. In den Urteilen ist die Formel, welche die Freisprechung von oder die Verurteilung wegen der den Gegenstand der Anklage bildenden Handlung ausspricht, von den Gründen zu trennen. Die Gründe teilt der Gerichtsvorsteher nach der Verlesung der Urteilsformel mündlich kurz mit und bringt sie binnen drei Tagen schriftlich zu den Akten.

§ 38. Protokoll. Urteilsgründe. Das Protokoll über die Verhandlung ist von dem Gerichtsvorsteher und dem Gerichtsschreiber, die Urteilsgründe sind nur von ersterem zu unterzeichnen.

§ 39. Rechtsmittel. Prüfung und Bestätigung von Todesurteilen. Gegen die Entscheidungen des Stationsgerichts findet ein Rechtsmittel nicht statt.

Ist auf Todesstrafe erkannt, so sind die Akten durch den Gerichtsvorsteher mittels Berichts dem Gouverneur einzureichen.

Derselbe ist berechtigt, nach Prüfung der Sache ergänzende Ermittelungen oder unter Aufhebung des Verfahrens eine neue Verhandlung der Sache vor demselben oder einem anderen Stationsgericht anzuordnen.

Kein Todesurteil darf vollstreckt werden, bevor es von dem Gouverneur bestätigt ist.

§ 40. Begnadigungsrecht des Gouverneurs. Der Gouverneur kann erkannte Strafen im Wege der Gnade mildern oder ganz erlassen; bei der Umwandlung in eine gelindere Strafe ist er an das in § 12 vorgeschriebene Verhältnis nicht gebunden.

§ 41. Strafvollstreckung. Die Vollstreckung der Strafe erfolgt unter Leitung des Gerichtsvorstehers gemäß der Urteilsformel und nach den allgemeinen oder besonderen Anordnungen, welche über den Strafvollzug erlassen werden.

§ 42. Kosten. Beitreibung zugesprochener Entschädigungen. Sind durch das Verfahren besondere Kosten entstanden, so sind dieselben in einem abgerundeten Betrage dem Verurteilten zur Last zu legen und in gleicher Weise wie Geldstrafen beizutreiben.

Entschädigungen zugunsten des Verletzten, welche nach § 17 erkannt sind, unterliegen ebenfalls der Beitreibung durch das Stationsgericht; jedoch findet im Unvermögensfalle Umwandlung in Freiheitsstrafe nicht statt.

§ 43. Diese Strafverordnung tritt am 1. Januar 1889 in Wirksamkeit. Die zur Ausführung derselben erforderlichen Bestimmungen erläßt der Gouverneur.[1])

Berlin, den 21. Oktober 1888.

Neu-Guinea-Kompagnie. Die Direktion.

A. v. Hansemann, Vorsitzender. Herzog.

---

19. Verordnung des Gouverneurs von Deutsch-Neu-Guinea, betr. die Erhaltung der Disziplin unter den farbigen Arbeitern.

Vom 20. Juni 1900 (KolGG. 6, 248), geändert durch Verordnung des Gouverneurs vom 22. Januar 1907 (KolGG. 61).

§ 1. Gegen Farbige, welche in einem Dienstverhältnis oder in einem Arbeitsvertragsverhältnis stehen, können auf Antrag der Dienst- oder Arbeitgeber wegen fortgesetzter Pflichtverletzung und Trägheit, wegen Widersetzlichkeit oder

1. Vgl. Anm. 1 zur Überschrift.

unbegründeten Verlassens ihrer Dienst- oder Arbeitsstellen sowie wegen sonstiger erheblicher Verletzungen des Dienst- oder Arbeitsverhältnisses Disziplinarstrafen angewendet werden.

Als solche sind zulässig:

Körperliche Züchtigung (Prügelstrafe, Rutenstrafe), Einsperrung mit oder ohne Anschließung in abgesonderten Räumen, Geldstrafen.

Farbige, die nicht entsprechend der Verordnung, betreffend die Ausführung und Anwerbung von Eingeborenen als Arbeiter in Deutsch-Neuguinea vom 31. Juli 1901 [1]) angeworben sind, unterliegen der disziplinaren Bestrafung nur dann, wenn der Verwaltungsbehörde des Arbeitsortes die Abschrift eines mit ihnen geschlossenen Arbeits- oder Dienstvertrages seitens des Arbeitgebers vorgelegt worden ist.

§ 2. Körperliche Züchtigung ist nur gegen männliche, völlig gesunde Arbeiter zulässig.[2]) Gegen noch nicht erwachsene männliche Personen darf nur Rutenstrafe angewendet werden.

§ 3. Die Vollstreckung der Prügelstrafe erfolgt mit einem von dem Gouverneur genehmigten Züchtigungsinstrument;[3]) die Vollstreckung der Rutenstrafe mit einer leichten Rute oder Gerte.

Bei jedem Vollzug der Prügelstrafe darf die Zahl von 25 Schlägen, bei dem Vollzug der Rutenstrafe die Zahl von 20 Schlägen nicht überschritten werden.

Eine weitere Züchtigung darf nicht vor Ablauf von zwei Wochen erfolgen.

§ 4. Der Vollstreckung der Prügelstrafe hat stets ein von dem zur Verhängung der Strafe befugten Beamten dazu bestimmter Europäer beizuwohnen.

---

1. Vgl. Anm. 3 zu § 3 der Ksl. V. v. 3. Juni 08, oben Nr. 11.

2. Sie darf gegen farbige Arbeiter, welche in Niederländisch-Indien beheimatet sind, nur während der Dauer von Freiheitsstrafen angewendet werden. (GouvV. v. 11. Juli 00, KolGG. 6, 248 Anm.)

3. d. h. einem einfachen Holzstock.

§ 5. Die Einsperrung darf drei Tage, Geldstrafen dürfen 30 Mark nicht übersteigen.

§ 6. Die Verhängung und Vollstreckung der Strafen wird durch den mit der Strafgerichtsbarkeit über die Eingeborenen betrauten Beamten verfügt.

Die Befugnis zur Verhängung und Vollstreckung von Disziplinarstrafen kann durch den Gouverneur auch anderen Personen übertragen werden.

§ 7. Über die Disziplinarstrafen ist ein Strafregister zu führen. Abschrift desselben ist vierteljährlich dem Gouverneur einzureichen.

Herbertshöhe, den 20. Juni 1900.

Der Kaiserliche Gouverneur.
v. Bennigsen.

---

20. a) Allerh. Erlaß, betr. die Errichtung des Reichs-Kolonialamts.

Vom 17. Mai 1907. (RGBl. 239. KolGG. 239.)

Ich bestimme hiermit, daß die bisher mit dem Auswärtigen Amte verbundene Kolonialabteilung nebst dem Oberkommando der Schutztruppen fortan eine besondere, dem Reichskanzler unmittelbar unterstellte Zentralbehörde unter der Benennung „Reichs-Kolonialamt" zu bilden hat.[1][2][3])

Wiesbaden, den 17. Mai 1907.

Wilhelm.

An den Reichskanzler. Fürst von Bülow.

---

1. Über die Zuständigkeit der früheren KolAbt. d. Ausw. Amts hatte ein Allerh. Erl. v. 12. Dez. 94 (RBl. 647, KolGG. 2, 133) in Abs. 2 folgendes bestimmt:

„Die gesamte Verwaltung der Schutzgebiete, einschl. der Behörden und Beamten, wird der Kolonial-Abteilung des Auswärtigen Amts unterstellt, welche die hierauf bezüglichen Angelegenheiten unter dieser Bezeichnung und unter der unmittelbaren Verantwortlichkeit des Reichskanzlers wahrzunehmen hat."

b) Allerh. Ordre, betr. die Vertretung des Staatssekretärs des Reichs-Kolonialamts.

Vom 23. Juni 1907. (KBl. 705. KolGG. 273.)

In Verfolg Meiner Ordre vom 17. Mai 1907, betreffend die Errichtung des Reichs-Kolonialamts, bestimme Ich: Der Staatssekretär des Reichs-Kolonialamts wird im Zuständigkeitsbereiche dieser Behörde bei Behinderung durch den Unterstaatssekretär vertreten. Für den Fall, daß auch dieser behindert ist, hat der Reichskanzler die Vertretung besonders zu regeln.

Kiel, den 23. Juni 1907.

Wilhelm.

Fürst von Bülow.

An den Reichskanzler (Reichs-Kolonialamt).

---

2. Das RKolA. ist oberste Reichsbehörde im Sinne des Reichsbeamtengesetzes (RGBl. 07, 245) und der das letztere abändernden und ergänzenden Gesetze und Verordnungen. Ksl. V. v. 24. April 08 (RGBl. 159). — Der StS. d. RKolA. ist gleichzeitig für seine Person zum Stellvertreter des RK. im Geschäftskreise des RKolA. gemäß d. G. v. 17. März 78 (RGBl. 7) bestellt. Allerh. Erl. v. 17. Mai 07 (KBl. 494, KolGG. 239).

3. Nach den vom StS. erlassenen Geschäftsordnungen ist das RKolA. in vier Abteilungen gegliedert. Von diesen bearbeiten drei die Geschäfte der Zivilverwaltung, und zwar Abteilung A die politischen, allgemeinen Verwaltungs- und Rechtsangelegenheiten der Schutzgebiete, Abteilung B die Finanzen, Verkehrs- und technischen Angelegenheiten, Abteilung C die Personalangelegenheiten. Als vierte Abteilung (M) tritt die Militärverwaltung (Kommando der Schutztruppen) hinzu. Näheres ergibt das alljährlich erscheinende „Handbuch für das Deutsche Reich". — Die Kassenangelegenheiten der Kolonial-Zentralverwaltung werden von der „Kolonial-Hauptkasse" (früher: „Legationskasse, Abteilung II") besorgt (KBl. 07, 508). — Die Ausführung von Beschaffungen und Vergebung von Lieferungen geschieht selbständig durch die der Aufsicht der Abteilung B unterstehende „Beschaffungsstelle für die Schutzgebiete". (Vgl. KBl. 09, 935 u. ZKolPol. 09, 769). — Wegen der Bildung von Kommissionen beim RKolA. vgl. den AErl. v. 17. Febr. 08 (unten o). Zurzeit besteht beim RKA. die schon vor dem AErl. für Zwecke der geographischen Erforschung der Schutzgebiete eingesetzte „Landeskundliche Kommission".

c) Allerh. Erlaß, betr. die Aufhebung des Kolonialrats und die Bildung von Kommissionen beim Reichs-Kolonialamte.

Vom 17. Februar 1908. (RGBl. 28. KolGG. 52.)

Unter Aufhebung Meines Erlasses vom 10. Oktober 1890, betreffend die Errichtung eines Kolonialrats, genehmige Ich, daß beim Reichs-Kolonialamt unter Hinzuziehung von Sachverständigen Kommissionen zu dem Zwecke gebildet werden, um das Reichs-Kolonialamt bei der Verwaltung der Schutzgebiete in beratender Weise zu unterstützen. Sie haben hiernach das Weitere anzuordnen.[1])

Berlin, den 17. Februar 1908.

Wilhelm.

An den Reichskanzler. Fürst von Bülow.

---

21. Gesetz über die Einnahmen und Ausgaben der Schutzgebiete.

Vom 30. März 1892 (RGBl. 369, KolGG. 1, 7), geändert durch G. v. 18. Mai 1908 (RGBl. 207, KolGG. 16).

Wir Wilhelm, von Gottes Gnaden Deutscher Kaiser, König von Preußen rc., verordnen im Namen des Reichs, nach erfolgter Zustimmung des Bundesrats und des Reichstags, was folgt:

§ 1. Alle Einnahmen[2]) und Ausgaben der Schutzgebiete müssen für jedes Jahr veranschlagt und auf den

---

1. Vgl. Anm. 3 auf S. 193 (a. E.).

2. Eigene Einnahmen aus den Erträgen des Vermögens (des staatlichen Zwecken gewidmeten, sog. VerwaltungsV. und des werbenden, des sog. FinanzV., zu dem z. B. das Regierungsland gehört; vgl. Stengel 94, Laband 4, 346 u. d Erl. d. AAKolAbt. v. 5. Febr 02, KolGG. 6, 451), Zöllen (ZollV. f. DOA. v. 13. Juni 03, KolGG. 244, DSWA. v. 31. Jan. 03, KolGG. 12, Kamerun 5. Okt. 04,

Etat der Schutzgebiete gebracht werden. Letzterer wird vor Beginn des Etatsjahres durch Gesetz festgestellt.[1])

§ 2. Baldmöglichst nach Schluß des Etatsjahres, spätestens aber in dem auf dasselbe folgenden zweiten Jahre ist dem Bundesrat und dem Reichstag eine Übersicht sämtlicher Einnahmen und Ausgaben des ersteren Jahres vorzulegen.

In dieser Vorlage sind die über- und außeretatsmäßigen Ausgaben zur nachträglichen Genehmigung besonders nachzuweisen.

Die Erinnerungen der Rechnungslegung werden durch diese Genehmigung nicht berührt.

§ 3. Über die Verwendung aller Einnahmen ist durch den Reichskanzler dem Bundesrat und dem Reichstag zur Entlastung jährlich Rechnung zu legen.

§ 4. Erfordern außerordentliche Bedürfnisse eines Schutzgebiets die Aufnahme einer Anleihe oder die Übernahme einer Garantie, so erfolgt dies auf dem Wege der Gesetzgebung.

KolGG. 235, Togo 29. Juli 04, KolGG. 170, DNGuinea 10. Juni 08, KolGG. 211, Samoa 1. Juli 01, KolGG. 6, 356, Kiautschou 2. Dez. 05 u. 27. April 07, KolGG. 309 bzw. 447, sämtlich mit Nachträgen), Steuern, Gebühren, Strafen und der, soweit erforderlich, gewährte Reichszuschuß.

1. An Vorschriften über die Bewirtschaftung der Etats (soweit nicht solche in den Etats selbst in Form sog. dispositiver Vermerke oder in den ihnen beigegebenen Denkschriften enthalten sind) fehlt es in den Schutzgebieten wie im Reiche. Aus den alljährlich erlassenen sog. Kontrollgesetzen (für 1908 v. 17. März 09, RGBl. 320), nach denen die Kontrolle des Reichshaushalts und des Haushalts der Schutzgebiete von dem Rechnungschef des D. Reichs gemäß dem G. v. 11. Febr. 75 (RGBl. 61) zu führen ist, folgt indes, daß das Preuß. G. v. 27. März 72 betr. die Einrichtung und Befugnisse der Pr. Ober-Rechnungskammer (GS. 278) und die Instruktion f. d. Pr. ORK. v. 18. Dez. 24 (v. Kamptz, Annal. 9, 2) auch für die Finanzverwaltung der Schutzgebiete maßgebend sind. Näheres s. bei Seitz, Grundsätze über die Bewirtschaftung des Etats der Schutzgebiete, Berl. 05.

§ 4a.[1]) Soweit nicht in den Etats der Schutzgebiete über die Deckung der als außerordentliche gekennzeichneten Bedürfnisse anderweite Bestimmung getroffen ist, sind die für diesen Zweck bewilligten Summen in den erforderlichen Nennbeträgen im Wege der Anleihe zu Lasten dieser Schutzgebiete flüssig zu machen. Die Anleihe kann auch zu Lasten eines einzelnen oder mehrerer dieser Schutzgebiete aufgenommen werden. Über die Ausführung hat der Reichskanzler dem Reichstage bei dessen nächster Zusammenkunft Rechenschaft abzulegen.

Werden zur Deckung solcher Bedürfnisse Darlehen zur Verfügung gestellt, so ist der Reichskanzler ermächtigt, die dazu erforderlichen Mittel im Wege des Kredits flüssig zu machen.

§ 4b. Die Darlehen sind vom Tage der Auszahlung ab mit $3\,{}^1/_2$ v. H. jährlich zu verzinsen, soweit darüber nicht eine andere gesetzliche Bestimmung getroffen wird.

§ 4c. Die Anleihen und die Darlehen sind vom sechsten auf das Jahr der Anleihebegebung oder der Darlehensgewährung folgenden Rechnungsjahr ab jährlich mit mindestens ${}^3/_5$ v. H. der Anleihe- oder der Darlehensbeträge unter Hinzurechnung der ersparten Zinsen nach einem vom Reichskanzler aufzustellenden Tilgungsplane zu tilgen.

Erfordern die finanziellen Verhältnisse eines Schutzgebiets die Aussetzung der Tilgung eines Darlehens, so erfolgt die Bestimmung darüber im Wege der Gesetzgebung.

Der Reichskanzler wird ermächtigt, vom fünfzehnten auf das Jahr der Anleihebegebung oder der Darlehensgewährung folgenden Rechnungsjahr ab die Tilgung zu verstärken sowie die im Umlaufe befindlichen Schuldverschreibungen zwecks Einlösung zum Nennbetrage binnen dreimonatiger Frist zu kündigen. Den Inhabern der Schuldverschreibungen steht ein Kündigungsrecht nicht zu.

---

1. Die §§ 4a—g sind hinzugefügt durch G. v. 18. Mai 08 (RGBl. 207).

§ 4d. Auf die Ausstellung der Schuldverschreibungen nebst den zugehörigen Zins- und Erneuerungsscheinen sowie auf die Verwaltung der Anleihe und deren Kontrolle finden die §§ 3 und 4 und 9 bis 19 der Reichsschuldenordnung vom 19. März 1900 (Reichs-Gesetzbl. S. 129) Anwendung.

§ 4e. Die zur Verzinsung und Tilgung der Anleihen oder der Darlehen erforderlichen Summen sind nach Maßgabe der den einzelnen Schutzgebieten überwiesenen Beträge alljährlich in die Etats dieser Schutzgebiete aufzunehmen und zur Verfallzeit aus deren bereitesten Mitteln zu zahlen.

Für die Verzinsung und Tilgung der Anleihen haftet jedes der daran beteiligten Schutzgebiete dem Gläubiger gegenüber als Gesamtschuldner; im Verhältnisse der beteiligten Schutzgebiete zueinander sind die einzelnen Schutzgebiete nur nach Maßgabe der ihnen überwiesenen Anleihebeträge haftbar.

Für die Verzinsung und Tilgung der Anleihen übernimmt das Reich die Bürgschaft.

§ 4f. Wann, durch welche Stelle, in welchen Beträgen, zu welchem Zinsfuß und zu welchem Kurse die Ausgabe der Schuldverschreibungen zu erfolgen hat, bestimmt der Reichskanzler.

§ 4g. Soweit die Anleihen oder die Darlehen zum Baue, zur Erweiterung oder zur Erwerbung von Eisenbahnen oder Eisenbahnanteilen, zu Straßenbauten, Hafenanlagen, Strombauten und Staudämmen oder zu ähnlichen Anlagen werbender Art Verwendung finden, sind die Grundeigentümer im Wirtschaftsbereiche dieser Anlagen zu einer ihrem Interesse an der Anlage entsprechenden Leistung zugunsten des Schutzgebiets heranzuziehen. Es kann verlangt werden, daß die Leistung in Form von Landabtretung erfolgt, sofern das Grundstück durch die Abtretung nicht derart zerstückelt wird, daß das Restgrundstück nach seiner bisherigen Bestimmung nicht mehr zweckmäßig benutzt werden kann. Mangels einer Einigung über die Höhe der Leistung sowie über Größe und Art der abzutretenden

Flächen entscheidet eine vom Reichskanzler zu bestellende besondere Kommission von drei Mitgliedern endgültig.

Als Vorsitzender der Kommission ist der Oberrichter des Schutzgebiets zu berufen. Die Beisitzer werden auf Vorschlag des Gouvernementsrats ernannt.

Die Kommission hat das Recht, die Grundeigentümer vorzuladen, Zeugen und Sachverständige eidlich zu hören, eidesstattliche Versicherungen entgegenzunehmen sowie Gerichte und Verwaltungsbehörden um Rechtshilfe zu ersuchen. Die Entscheidungen der Kommission sind schriftlich abzufassen und mit Entscheidungsgründen zu versehen.

§ 5. Für die aus der Verwaltung eines Schutzgebiets entstehenden Verbindlichkeiten haftet nur das Vermögen dieses Gebiets. [1])

§§ 6, 7. [2])

Urkundlich ꝛc.

Gegeben Berlin, den 30. März 1892.

Wilhelm.

Graf von Caprivi.

---

1. Aus § 5 folgt, daß die Schutzgebiete eigene vermögensrechtliche Persönlichkeit besitzen, also selbständige Fisci bilden. Stengel 92. Köbner 1110. Klagen, die Verbindlichkeiten aus der Verwaltung der Schutzgebiete betreffen, sind daher gegen den Landesfiskus des betr. Schutzgebiets, nicht gegen den Reichsfiskus zu richten. RG. U. v. 3. Dez. 09, 11 U 6619/09. — Was die prozessuale Vertretung der Fisci der Schutzgebiete anlangt, so gilt auch für die Schutzgebiete der Grundsatz (vgl. RGZ 15, 39; 20, 148; 35, 13; 43, 14), daß jene einen Akt der laufenden Verwaltung derjenigen Angelegenheiten darstellt, aus denen sich der Prozeß ergibt. Zuständig ist daher z. B. für die Vertretung gegenüber Ansprüchen aus sicherheitspolizeilichen Maßregeln der Gouverneur, nicht der RK. RG. U. v. 15. Okt. 09, 11 U 609/09. Vgl. auch die Erl. d. Ausw. Amts, KolAbt. v. 4. u. 8. April 01 (KolGG. 6 S. 296, 297), die indes nur die Bedeutung von Rechtsausführungen haben. RG. a. a. O. Soweit die Zentralinstanz zuständig ist, kann in laufenden Angelegenheiten neben dem RK. auch das RKolA. die Schutzgebietsfisci vertreten. Vgl. den AErl. v. 12. Dez. 94 (oben Nr. 20a Anm. 1) u. RG. a. a. O sowie U. v. 11. April 08, XII U 4296/06. — Beschlüsse, welche die Pfändung von Gehältern

22. Kaiserliche Verordnung, betr. die Vereinigung von Wohnplätzen in den Schutzgebieten zu kommunalen Verbänden.

Vom 3. Juli 1899. (RGBl. 366. KBl. 506. KolGG. 4, 78.)

Wir Wilhelm, von Gottes Gnaden Deutscher Kaiser, König von Preußen 2c., verordnen auf Grund des Gesetzes, betreffend die Rechtsverhältnisse der deutschen Schutzgebiete (RGBl. 1888 S. 75), im Namen des Reichs, was folgt:

§ 1. Der Reichskanzler ist ermächtigt, Wohnplätze in den Schutzgebieten zu kommunalen Verbänden zu vereinigen. Die hiernach gebildeten kommunalen Verbände sind unter Angabe des Namens, den der Verband zu führen haben wird, öffentlich bekannt zu machen.[1])

---

oder **Pensionen** der Beamten der afr. u. Südsee-Schutzgebiete oder von Angehörigen der Schutztruppen betreffen, sind, soweit der RK. (RKolA.) die vertretende Behörde ist, im Geschäftslokal des RKolA. (Berlin, Wilhelmstr. 62) zuzustellen. AVf. d. Pr. JM. v. 16. Febr. 04 u. 24. Okt. 07 (JMBl. 04, 47; 07, 547; KolGG. 04, 45; 07, 407). — Wegen der Vertretung des Fiskus von Kiautschou bei Pfändung von Bezügen der Beamten, Personen des Soldatenstandes und ihrer Hinterbliebenen s. die Vf. d. StS. d RMA. v. 9. Juli 07 (VBl. f. K. 19, KolGG. 454). — Bezüglich der Vertretung der Schutzgebietsfisci in beamtenrechtlichen Streitigkeiten vgl. §§ 151 f. RBG. in Verbindung mit Art. 1 der Ksl. V. v. 9. Aug. 96 (unten Nr. 27 a). — In betreff der prozessualen Vertretung der Fisci der afr. u. Südsee-Schutzgebiete im Verwaltungszwangsverfahren s. § 7 Ksl. V. v. 14. Juli 05 (unten Nr. 25). In Gerichtskostensachen werden die bez. Fisci durch die Bezirksrichter (vgl. § 4 d. Vf. v 28. Nov. 01, oben Nr 2), der Fiskus von Kiautschou durch den die Geschäfte der Gerichtskasse führenden Gerichtsschreiber (§ 30 V. v. 21. Juni 04, unten Nr. 30) vertreten.

2. § 6 betraf die Form der Etatsaufstellung bis 94/95. Maßgebend ist jetzt im wesentlichen das Schema des Etats für 1902. § 7 betrifft im Abs. 1 Schutzgebiete, deren Verwaltungskosten von einer Kolonialgesellschaft bestritten werden. Solche gibt es zurzeit nicht mehr. Abs. 2 enthält eine Übergangsvorschrift für DOA.

1. Vgl. für DOA. die V. d. RK. v. 31. März 09 (KBl. 425), für DSWA. die V d. RK. v. 28. Jan./14. Mai 09 (KBl. 141, 523), 5. u. 25. Febr. 09 (KBl. 152, 243), sowie die AusfBest. d. Gouv. v. 15. Mai, 16. Aug. u. 10. Nov. 09 (KBl. 715, 950 bzw. 10, 45).

§ 2. Die in Gemäßheit des § 1 gebildeten und öffentlich bekannt gemachten kommunalen Verbände haben die Fähigkeit, unter ihrem Namen Rechte, insbesondere Eigentum und andere dingliche Rechte an Grundstücken zu erwerben, Verbindlichkeiten einzugehen, vor Gericht zu klagen und verklagt zu werden.

§ 3. Die näheren Bestimmungen über die Organisation der kommunalen Verbände, insbesondere über den Erwerb und den Verlust der Zugehörigkeit, über die Rechte und Pflichten der Mitglieder, über die Vertretung nach innen und außen sowie über die Art und Weise, auf welche der Verband über seine Einnahmen und Ausgaben Rechnung zu legen haben wird, erläßt der Reichskanzler.[1])

§ 4. Diese Verordnung tritt mit dem Tage ihrer Verkündung in Kraft.

Urkundlich ꝛc.

Gegeben Eckernförde, den 3. Juli 1899.

Wilhelm.

Fürst zu Hohenlohe.

---

23. Verfügung des Reichskanzlers, betr. die Bildung von Gouvernementsräten.

Vom 24. Dezember 1903. (KBl. 04, 1. KolGG. 03, 284.)

Auf Grund des § 15 des Schutzgebietsgesetzes (RGBl. 1900, S. 813) wird für die Schutzgebiete Deutsch-Ostafrika, [**Deutsch-Südwestafrika**],[2]) Kamerun, Togo, Deutsch-Neu-Guinea und Samoa folgendes bestimmt:

§ 1. Bei jedem Gouvernement wird ein Gouvernementsrat gebildet, der sich aus dem Gouverneur, aus einer Anzahl

---

1. Vgl. Anm. 1 auf S. 199.
2. Vgl. Anm. 7 Abs. 1 zu § 1 SchGG.

von Schutzgebietsbeamten (den amtlichen Mitgliedern) und einer Anzahl von weißen Einwohnern des Schutzgebiets (den außeramtlichen Mitgliedern) oder deren Stellvertretern zusammensetzt. Als Mindestzahl müssen jedem Gouvernementsrate drei außeramtliche Mitglieder angehören. Die Zahl der amtlichen Mitglieder darf diejenige der nichtamtlichen nicht übersteigen.

§ 2. Der Gouverneur bestimmt, welche Beamte dem Gouvernementsrat als amtliche Mitglieder und deren Stellvertreter angehören sollen. Die außeramtlichen Mitglieder und deren Stellvertreter werden von dem Gouverneur berufen. Der Gouverneur soll vorher Berufskreise gutachtlich hören.

Die Namen der außeramtlichen Mitglieder und ihrer Stellvertreter sind dem Reichs-Kolonialamt [1]) mitzuteilen.

§ 3. Die Zeit, auf welche die Berufung der außeramtlichen Mitglieder und ihrer Stellvertreter erfolgt, wird von dem Gouverneur bestimmt und soll mindestens ein Jahr betragen.

§ 4. Das Amt der Mitglieder des Gouvernementsrats ist ein Ehrenamt. Soweit außeramtliche Mitglieder nicht am Orte der Verhandlungen wohnen, können ihnen Fuhrkosten und Tagegelder bewilligt werden, deren Höhe der Gouverneur bestimmt. Die außeramtlichen Mitglieder müssen im Schutzgebiet ihren Wohnsitz haben, es sollen jedoch nach Möglichkeit solche Personen berufen werden, die am Sitze des Gouvernements oder in dessen Nähe wohnen.

§ 5. Die außeramtlichen Mitglieder und ihre Vertreter erhalten eine Ernennungsurkunde. Durch die Annahme verpflichten sie sich, den Sitzungen des Gouvernementsrats beizuwohnen, sofern sie nicht durch wichtige Gründe behindert sind. Der Verlust der Mitgliedschaft tritt in denselben Fällen ein, in welchen gemäß § 32 des deutschen Gerichtsverfassungsgesetzes ein Schöffe zu diesem Amte unfähig ist.

---

1. AErl. v. 17. Mai 07 (oben Nr. 20a).

§ 6. Dem Gouvernementsrate sind vor der Einreichung an das Reichs-Kolonialamt zur Beratung vorzulegen:

a) die Vorschläge für den jährlichen Haushaltsanschlag,
b) die Entwürfe der von dem Gouverneur zu erlassenden oder in Vorschlag zu bringenden Verordnungen, soweit sie nicht lediglich lokale Bedeutung haben.

Glaubt der Gouverneur, bei Gefahr im Verzug oder aus anderen Gründen, ausnahmsweise von der Vorlage eines solchen Entwurfs an den Gouvernementsrat absehen zu müssen, so hat er hierüber an das Reichs-Kolonialamt zu berichten.

§ 7. Dem Gouverneur steht es frei, dem Gouvernementsrat auch andere als die im § 6 bezeichneten Angelegenheiten zur Beratung zu unterbreiten.

§ 8. Die Sitzungen werden vom Gouverneur anberaumt und geleitet.

§ 9. Den Mitgliedern ist rechtzeitig von den für die Sitzungen aufgestellten Tagesordnungen Kenntnis zu geben.

Anträge von außeramtlichen Mitgliedern, welche einen selbständigen Gegenstand der Tagesordnung bilden sollen, sind schriftlich anzubringen. Der Gouverneur kann ihre Beratung versagen, wenn sie nicht von einem zweiten außeramtlichen Mitglied unterstützt sind.

§ 10. Nach dem Ermessen des Gouverneurs oder auf Verlangen eines außeramtlichen Mitglieds ist eine Abstimmung herbeizuführen und über das Ergebnis ein besonderer Vermerk in das Protokoll (§ 11) aufzunehmen.

Der Gouverneur ist an das Ergebnis der Beratung, auch im Falle der Abstimmung, nicht gebunden.

§ 11. Über die Sitzungen des Gouvernementsrats wird ein Protokoll geführt, welches den Hergang der Sitzung wiederzugeben hat. Das Protokoll ist von dem Gouverneur, dem Protokollführer und mindestens zwei außeramtlichen Mitgliedern zu unterzeichnen.

§ 12. Eine Abschrift des Protokolls über eine jede Beratung ist dem Reichs-Kolonialamt einzureichen.

§ 13. Die Mitglieder des Gouvernementsrats sind, sobald dies bei einem Gegenstande von dem Gouverneur gewünscht wird, zur Geheimhaltung verpflichtet.

§ 14. Die Vertreter der Mitglieder haben, soweit sie zur Teilnahme an den Gouvernementsrat zugezogen werden, dieselben Rechte und Pflichten, wie die Mitglieder.

§ 15. Der Gouverneur ist befugt, Ausführungsbestimmungen zu dieser Verfügung zu erlassen.[1])

Berlin, den 24. Dezember 1903.

Der Reichskanzler.
Graf v. Bülow.

---

24. Verfügung des Reichskanzlers, betr. die seemannsamtlichen und konsularischen Befugnisse und das Verordnungsrecht der Behörden in den Schutzgebieten Afrikas und der Südsee.

Vom 27. September 1903. (KBl. 509. KolGG. 214.)

Auf Grund des § 5 der Seemannsordnung vom 2. Juni 1902 (RGBl. S. 175) und der §§ 8, 15 des Schutzgebietsgesetzes (RGBl. 1900, S. 813) wird hiermit für die Schutzgebiete Afrikas und der Südsee verfügt, was folgt:

§ 1. Seemannsämter sind in den Schutzgebieten Afrikas und der Südsee:

die Bezirksrichter in Daressalam, Tanga, Swakopmund,[2]) Duala, Viktoria, Lome, Herbertshöhe, Fried-

1. Vgl. die AusfBest. f. DOA. v. 24. Febr. 04 (KolGG. 50), für Samoa v. 16. Juli 06 (KolGG. 280).

2. Und der Bezirksrichter in Lüderitzbucht. Vf. d. RK. v. 9. Mai 06 (KBl. 333, KolGG. 191).

rich-Wilhelmshafen, Ponape, Jap, [Saipan],[1]) Apia, Jaluit.

Die Seemannsämter in den Schutzgebieten haben auch die Befugnisse, die nach der Vorschrift des § 15 des Gesetzes, betreffend die Untersuchung von Seeunfällen vom 27. Juli 1877 (RGBl. S. 549), im Auslande den deutschen Konsuln zustehen.

§ 2. Den in § 1 Abs. 1 bezeichneten Bezirksrichtern werden die Befugnisse übertragen, die nach der Vorschrift des § 35 des Gesetzes, betreffend die Organisation der Bundeskonsulate sowie die Amtsrechte und Pflichten der Bundeskonsuln vom 8. November 1867 (BGBl. S. 137), den Konsuln zustehen.

Sie erhalten ferner für solche Schiffe, die sich in den Gewässern ihres Bezirks befinden, die Befugnis zur Ausstellung von Flaggenzeugnissen entsprechend der Vorschrift des § 12 des Gesetzes, betreffend das Flaggenrecht der Kauffahrteischiffe, vom 22. Juni 1899 (RGBl. S. 319).

§ 3. Für die in den §§ 1, 2 bezeichneten Amtsgeschäfte werden, soweit nicht gesetzlich Gebührenfreiheit besteht, Gebühren und Auslagen nach den Vorschriften des Gesetzes, betreffend die Gebühren und Kosten bei den Konsulaten des Deutschen Reichs vom 1. Juli 1872 (RGBl. S. 245), erhoben und finden die für die Konsuln geltenden Ausführungsvorschriften und Dienstanweisungen[2]) entsprechende Anwendung.

§ 4. Auf die Vertretung der Bezirksrichter in den ihnen in den §§ 1, 2 zugewiesenen Geschäften und auf deren Übertragung finden die Vorschriften des § 1 Nr. 2, 4 der Verfügung, betreffend die Ausübung der Gerichtsbarkeit in den Schutzgebieten Afrikas und der Südsee vom 25. Dezember 1900, oder die an ihre Stelle tretenden Vorschriften entsprechende Anwendung.

1. Das Bezirksgericht in S. ist aufgehoben durch Vf. d. AAKolAbt. v. 27. April 07 (KBl. 428, KolGG. 229).

2. Vgl. die Bek. d. RK. betr. das Strafverfahren vor den Seemannsämtern v. 13. Mai 03 und die DienstAnw. hierzu an die Konsulate v. 30. Mai 03 (KolGG. 315, 317).

§ 5. Die Gouverneure [**und der Landeshauptmann des Schutzgebiets der Marshall-Inseln, der Vizegouverneur zu Ponape**] [1]) und die Bezirksamtmänner zu Ponape, Jap und [**Saipan**] Jaluit,[1]) sind befugt, für den Bereich der ihnen unterstellten Gebiete polizeiliche und sonstige die Verwaltung betreffende Vorschriften zu erlassen und gegen deren Nichtbefolgung Gefängnis bis zu drei Monaten, Haft, Geldstrafe und Einziehung einzelner Gegenstände anzudrohen.

§ 6. Die Gouverneure können die ihnen im § 5 erteilte Befugnis für bestimmte räumlich begrenzte Bezirke anderen Beamten des Schutzgebiets widerruflich übertragen.[2]) Die Übertragung kann mit Einschränkungen stattfinden.

Die Vorschrift des Abs. 1 findet auf die Gouverneure von Togo und Samoa [**und den Landeshauptmann der Marshall-Inseln**] [1]) keine Anwendung.

§ 7. Die nach den Vorschriften der §§ 5, 6 erlassenen Verordnungen müssen, um verbindlich zu sein, in ihrem Geltungsbezirk öffentlich bekannt gemacht werden. Bis die Gouverneure [**der Landeshauptmann**] nähere Vorschriften über die Art der öffentlichen Bekanntmachung treffen, hat sie in ortsüblicher Weise zu erfolgen.[3])

§ 8. Diese Verfügung tritt mit dem 1. Januar 1904 in Kraft. Mit dem gleichen Zeitpunkt treten außer Kraft: die Verfügung behufs Übertragung konsularischer Befugnisse sowie des Rechts zum Erlasse polizeilicher und sonstiger die Verwaltung betreffender Strafvorschriften auf Beamte der Schutzgebiete von Kamerun und Togo vom 29. März 1889, die Verfügung, betreffend die Ausübung konsularischer Befugnisse, und den Erlaß polizeilicher und sonstiger die Verwaltung betreffender Vorschriften in Deutsch-Ostafrika vom

---

1. Vgl. Anm. 2 zu § 1 SchGG. und die Vf. d. RK. v. 27. Febr. 07 (KolGG. 120).

2. Eine solche Übertragung ist für DOA. an die Bezirksamtmänner erfolgt. GouvVf. v. 26. Febr. 01 u. 23. Nov. 03 (KolGG. 03, 259).

3. Vgl. Anm. 9 zu § 15 SchGG

1. Januar 1891, die Verfügung behufs Übertragung konsularischer Befugnisse auf den Kommissar für das Schutzgebiet der Neu-Guinea-Kompagnie vom 23. Mai 1890, die Vorschriften des § 2 Abs. 2, 3, 4 der Verfügung zur Ausführung der Allerhöchsten Verordnung, betreffend die Übernahme der Landeshoheit über das Schutzgebiet von Deutsch-Neu-Guinea durch das Reich, vom 1. April 1899, die Vorschriften der §§ 2, 3 der Verfügung, betreffend die Regelung der Verwaltung und der Rechtsverhältnisse im Inselgebiete der Karolinen, Palau und Marianen, vom 24. Juli 1899, die Verfügungen, betreffend die Ausübung konsularischer Befugnisse und den Erlaß polizeilicher und sonstiger die Verwaltung betreffender Vorschriften in Samoa, vom 17. Februar 1900, und in Deutsch-Südwestafrika vom 25. Dezember 1900, sowie die Verfügung behufs Übertragung konsularischer Befugnisse sowie des Rechts zum Erlasse polizeilicher und sonstiger die Verwaltung betreffender Vorschriften im Schutzgebiete der Marshall-Inseln vom 3. Januar 1902.

Kl.-Flottbeck, den 27. September 1903.

Der Reichskanzler.

J. V.: Graf v. Bülow.

---

25. Kaiserliche Verordnung, betr. Zwangs- und Strafbefugnisse der Verwaltungsbehörden in den Schutzgebieten Afrikas und der Südsee.

Vom 14. Juli 1905 (RGBl. S. 717. KBl. 05, Beil. zu Nr. 18. KolGG. 169.)[1]

Wir Wilhelm, von Gottes Gnaden Deutscher Kaiser, König von Preußen ꝛc. verordnen für die Schutzgebiete Afrikas und der Südsee im Namen des Reichs, was folgt:

1. Vgl. hierzu die mit Zustimmung des RK (AuswAmts, KolAbt. bzw. RKolA.) von den Gouverneuren erlassenen AusfBest

I. Zwangsverfahren wegen Geldforderungen, zur Erwirkung der Herausgabe von Sachen und zur Erwirkung von Handlungen und Unterlassungen im Verwaltungswege.

A. Geldforderungen und Ansprüche auf Herausgabe von Sachen.

§ 1. Wegen der von den zuständigen Verwaltungsbehörden festgestellten Geldforderungen und Ansprüche auf Herausgabe von Sachen wird die Zwangsvollstreckung, soweit nicht in dieser Verordnung besondere Bestimmungen enthalten sind, durch diejenige Verwaltungsbehörde bewirkt, welche dazu nach den bestehenden Vorschriften zuständig ist oder in Ermangelung solcher Vorschriften durch den Gouverneur ermächtigt wird.[2][3])

Die Zwangsvollstreckung darf nur beginnen, wenn die Anordnung dem Verpflichteten bekanntgemacht ist. Zwischen der Bekanntmachung und dem Beginne der Vollstreckung

---

für DOA. v. 15. Juni 06 (KBl. 07, 48, KolGG. 06, 238), DSWA. v. 21. Dez. 08 (KBl. 09, 197, KolGG. 08, 552), Kamerun v. 24. Sept. u. 3. Okt. 08 (KBl. 1200, 1209, KolGG. 402, 423), Togo v. 1. Febr. 10 (KBl. 209), DNGuinea v. 10. Sept. 08 (KBl. 09, 8, KolGG. 08, 378), Samoa v. 6. Febr. 07 (KBl. 429, KolGG. 90). Den sämtlichen AusfBest. liegt ein einheitliches, s. Zt. vom AAKA. entworfenes Schema zugrunde. Z. T. sind ihnen auch Formularmuster beigefügt. Die in den AusfBest. erteilten Ermächtigungen gelten überall auch für die vom Gouverneur ausdrücklich bestellten Vertreter der Beamten.

2. Nach den AusfBest. sind ermächtigt in: DOA. u. Samoa: Die Vorsteher der für die Feststellung zuständigen Behörden; Kam. u. DNG.: Bezirksamtmänner u. Stationsleiter; DSWA.: Bezirksamtmänner u. Distriktschefs; Togo: Bezirksamtmänner u. Bezirksleiter. Dem Gouverneur ist überall vorbehalten, im Einzelfalle eine bestimmte Person zu beauftragen oder die Funktionen der Vollstreckungsbehörde selbst zu übernehmen. Die Bergbehörde hat die Zwangsvollstreckung durch Ersuchen des Bezirksgerichts auszuführen.

3. AusfBest. zu § 1, Nr. 3: „Für die Gerichte bleibt hinsichtlich der Beitreibung der Geldstrafen und aller Kosten einschl. der Kosten der Strafvollstreckung die Vf. des Reichskanzlers, betr. die Regelung des gerichtlichen Kostenwesens in den Schutzgebieten Afrikas und der Südsee, vom 28. Nov. 1901 maßgebend." (S. oben Nr. 2.)

soll eine mindestens dreitägige Frist liegen, es sei denn, daß Gefahr im Verzug obwaltet. Ist durch besondere Vorschriften die Vollstreckung vor dem Ablauf einer Frist oder vor der Entscheidung über ein gegen die Anordnung eingelegtes Rechtsmittel (Beschwerde, Antrag auf gerichtliche Entscheidung usw.) untersagt, so bewendet es bei diesen Vorschriften.

§ 2. Auf die Zwangsvollstreckung finden die Vorschriften, die in den Schutzgebieten für die Vollstreckung gerichtlicher, die Pflicht zur Zahlung einer Geldsumme oder zur Herausgabe von Sachen aussprechender Urteile gelten, mit folgenden Maßgaben Anwendung:

1. An die Stelle des Bezirksrichters tritt die nach § 1 für die Zwangsvollstreckung zuständige Verwaltungsbehörde. Diese Behörde hat auch die dem Prozeßgericht obliegenden Verrichtungen wahrzunehmen. In den Fällen der §§ 767, 768, 781 bis 784 und 786 der Zivilprozeßordnung tritt an die Stelle der Klage die Erinnerung bei der Verwaltungsbehörde.

2. Die Bezirksrichter und gegebenenfalls die Bezirksgerichte bleiben zuständig:
   a) für die Verhandlung und Entscheidung auf die Klage in den Fällen der §§ 771 bis 774, 805, 856 der Zivilprozeßordnung,
   b) für die Abnahme des Offenbarungseides in den Fällen der §§ 807, 883 der Zivilprozeßordnung.

3. In den Fällen der sofortigen Beschwerde (§ 793 der Zivilprozeßordnung) ist der Gouverneur ermächtigt, die Beschwerdefrist allgemein oder für einzelne Teile des Schutzgebiets zu verlängern.[1])

§ 3. Hat eine mehrfache Pfändung derselben beweglichen Sache (§ 90 des Bürgerlichen Gesetzbuchs) durch

1. AusfBest.: DOA., Kam.: 4 Wochen. DSWA.: 6 Wochen. DNG.: Für Neuhannover, die Admiralitätsinseln, die Inseln im Nordwesten des Schutzgebiets und Kaiser-Wilhelmland mit einigen Ausnahmen drei Monate.

Verwaltungsbehörden oder durch solche und den Bezirksrichter stattgefunden, so begründet ausschließlich die erste Pfändung die Zuständigkeit zur Ausführung der Versteigerung. Die Behörde, welche die zweite oder eine spätere Pfändung bewirkt, hat den anderen beteiligten Behörden Abschrift ihrer Pfändungsverfügung zuzusenden.

Die Versteigerung findet für alle beteiligten Gläubiger auf Betreiben eines jeden von ihnen statt.

Die Verteilung des Erlöses erfolgt nach der Reihenfolge der Pfändungen oder, falls die sämtlichen Beteiligten über die Verteilung einverstanden sind, nach der getroffenen Vereinbarung.

Ist der Erlös zur Deckung der Forderungen nicht ausreichend, und verlangt der Gläubiger, für den die zweite oder eine spätere Pfändung bewirkt ist, ohne Zustimmung der übrigen beteiligten Gläubiger eine andere Verteilung als nach der Reihenfolge der Pfändungen, so ist die Sachlage unter Hinterlegung des Erlöses dem Bezirksrichter, in dessen Bezirke die erste Pfändung stattgefunden hat, anzuzeigen. Dieser Anzeige sind die auf das Verfahren sich beziehenden Schriftstücke beizufügen. Die Verteilung erfolgt nach den Vorschriften der §§ 873 bis 882 der Zivilprozeßordnung durch den Bezirksrichter.

Ist die Pfändung für mehrere Gläubiger gleichzeitig bewirkt, so ist entsprechend zu verfahren.

§ 4. Ist eine Forderung durch Verwaltungsbehörden oder durch solche und durch den Bezirksrichter für mehrere Gläubiger gepfändet, so finden die Vorschriften der §§ 853 bis 856 der Zivilprozeßordnung mit der Maßgabe entsprechende Anwendung, daß die darin dem Amtsgerichte zugewiesene Tätigkeit stets von dem Bezirksrichter ausgeübt wird, auch wenn keine oder nicht die erste der Pfändungen von ihm ausgegangen ist. Ist keine der Pfändungen von dem Bezirksrichter ausgegangen, so ist in den Fällen des § 853 und des § 854 Absatz 2 der Bezirksrichter zuständig, der bei gerichtlicher Zwangsvollstreckung als Vollstreckungsgericht tätig zu sein haben würde (§ 828 der Zivilprozeßordnung).

§ 5. Die Zwangsvollstreckung in das unbewegliche Vermögen (§§ 864, 865 der Zivilprozeßordnung) ist nur zulässig, wenn die beizutreibende Geldforderung den Betrag von dreihundert Mark übersteigt und die Zwangsvollstreckung in das sonstige Vermögen des Schuldners erfolglos war oder voraussichtlich sein wird.

Die Zwangsvollstreckung erfolgt durch den Bezirksrichter, der zuständig sein würde, wenn ein gerichtliches Urteil zu vollstrecken wäre.

Der Bezirksrichter ist durch die Verwaltungsbehörde unter Übersendung einer Ausfertigung der zu vollstreckenden Anordnung und Vorlegung der Nachweise für ihre Vollstreckbarkeit um die Vollstreckung zu ersuchen.

§ 6. Der Gouverneur kann allgemein oder im Einzelfalle vorschreiben, daß die Verwaltungsbehörden die Zwangsvollstreckung auch dann, wenn sie wegen einer Geldforderung in das bewegliche Vermögen erfolgen soll, oder wenn sie auf die Erwirkung der Herausgabe von Sachen gerichtet ist, nur durch Ersuchen des Bezirksrichters ausführen dürfen.

Die Vorschriften des § 5 Absatz 2, 3 finden dabei entsprechende Anwendung.

§ 7. Die Vertretung des Fiskus in Prozessen, die aus einem gemäß den §§ 1 bis 6 stattfindenden Zwangsvollstreckungsverfahren entstehen, erfolgt durch die nach § 1 für die Zwangsvollstreckung zuständige Verwaltungsbehörde. Würde danach derselbe Beamte als Richter und als Vertreter des Fiskus tätig zu sein haben, so ist er in der einen oder der anderen Eigenschaft durch einen Vertreter zu ersetzen.

B. Handlungen und Unterlassungen.

§ 8. Der Reichskanzler und mit seiner Zustimmung der Gouverneur können die ihnen dazu geeignet erscheinenden Verwaltungsbehörden mit Einschluß der Kommunalbehörden ermächtigen, nach Maßgabe der §§ 9 bis 22 Zwang zur

Durchführung von Anordnungen anzuwenden, die die Behörden selbst oder die ihnen vorgesetzten Instanzen in rechtmäßiger Ausübung der obrigkeitlichen Gewalt getroffen haben.[1]) Die Ermächtigung kann mit Einschränkungen erteilt werden.[1]) Auch der Gouverneur selbst ist zur zwangsweisen Durchführung der von ihm oder den nachgeordneten Behörden erlassenen Anordnungen befugt.

§ 9. Soll eine Handlung erzwungen werden, so darf die Behörde nach vorheriger schriftlicher Androhung und Gewährung einer angemessenen Frist zur Vornahme der Handlung diese, sofern es tunlich ist, selbst ausführen oder

---

1. Nach Nr. 1 AusfBest. zu § 8 sind zu Anordnungen polizeilicher Art (Polizeiverfügungen, vgl. § 17 u. den Zusatz am Schlusse der Nr.) und zur Anwendung von Zwang behufs ihrer Durchführung (§§ 9 bis 22 d. V.) ermächtigt in: DOA.: a) Bezirksamtmänner u. Residenten, b) Verwalter von Bezirksnebenstellen, c) Chefs der Militärstationen, d) Offiziere als Führer selbständiger militärischer Posten, e) andere vom Gouv. namentlich benannte Beamte u. Angehörige der Schutztruppe, jedoch zu Geldstrafen nur zu a, c bis 30 Rp, zu b, d, e bis 10 Rp. DSWA.: Bezirksamtmänner u. Distriktschefs, jedoch zu Geldstrafen nur bis 100 Mk. Kam., DNGuinea: Bezirksamtmänner u. (K.: selbständige, vgl. Bek. v. 3. Okt. 08, KolGG. 423) Stationsleiter (K. jedoch zu Geldstrafen nur bis 50 bzw. 30 Mk.); Togo: Bezirksamtmänner u. Bezirksleiter (jedoch zu Geldstrafen nur bis 50 bzw. 15 Mk.); Samoa: „Die vom Gouv. in jedem Fall namentlich benannten Beamten." Die Organe der Hafen-, Schiffahrts-, Eisenbahn-, Jagd- u. Forstpolizei haben nach AusfBest. DOA., DSWA., Kam. u. Togo um zwangsweise Durchführung ihrer Anordnungen die vorbezeichneten Dienststellen zu ersuchen. Die Bergbehörden und Behörden, denen bergpolizeiliche Aufsichtsbefugnisse übertragen sind, in DOA., DSWA., Kam., Togo u. DNGuinea sind ermächtigt, selbst Zwang zur Durchführung ihrer bergpolizeilichen Anordnungen anzuwenden (zu Geldstrafen jedoch nur in DOA. bis 100 Rp, in DSWA., Kam. u. Togo bis 150 Mk.) — Polizeiverfügungen sollen nach AusfBest. zu §§ 8 u. 17 stets ausdrücklich als solche bezeichnet werden.

Die AusfBest. für DOA., DSWA., Kam., Togo u. DNGuinea enthalten als Nr. 3 zu § 8 nachfolgende Vorschrift: „Zu obrigkeitlichen Anordnungen nichtpolizeilicher Art und zur Anwendung von Zwang behufs deren Durchführung sind die vom Gouverneur namentlich bezeichneten Personen (DNGuinea: Bezirksämter) ermächtigt, mit der Einschränkung, daß sie in jedem einzelnen Falle Geldstrafen bis zu 50 Mk. (DOA.: 30 Rp, DSWA. 100 Mk.) androhen und festsetzen dürfen."

durch einen Dritten ausführen lassen und die Kosten von dem Verpflichteten einziehen (§§ 1 ff.). Auch vor endgültiger Feststellung der Höhe dieser Kosten ist die Einziehung nach einer vorläufigen Berechnung zulässig. Mit der Androhung soll eine Belehrung über den Beschwerdeweg (§§ 16 bis 18) verbunden werden.

§ 10. Ist die Ausführung der zu erzwingenden Handlung durch die Behörde oder durch einen Dritten nicht tunlich, so darf die Behörde nach vorheriger schriftlicher Androhung und Gewährung einer angemessenen Frist zur Vornahme der Handlung gegen den Verpflichteten eine Geldstrafe bis zu dreihundert Mark festsetzen. Mit der Androhung soll eine Belehrung über den Beschwerdeweg (§§ 16 bis 18) verbunden werden.

§ 11. Steht fest, daß der zu einer Handlung Verpflichtete außerstande ist, die aus der Ausführung der Handlung durch die Behörde selbst oder durch Dritte entstehenden Kosten zu tragen, so darf die Behörde nach der Vorschrift des § 10 verfahren.

§ 12. Soll eine Unterlassung erzwungen werden, so ist nach der Vorschrift des § 10 mit der Maßgabe zu verfahren, daß die Strafe für den Fall der Zuwiderhandlung angedroht wird und eine Fristgewährung nicht stattfindet.

§ 13. Die Festsetzung der in den §§ 10 bis 12 vorgesehenen Zwangsmittel erfolgt durch eine schriftliche Verfügung, die dem davon Betroffenen bekanntgemacht werden muß. Die Verfügung soll eine Belehrung über den Beschwerdeweg (§§ 16 bis 18) enthalten.

§ 14. Zur Verhütung eines mit Strafe bedrohten Verhaltens dürfen die in den §§ 10 bis 12 bezeichneten Zwangsmittel nicht angewendet werden.[1])

---

1. AusfBest.: § 14 berührt nicht die Befugnis der zu Anordnungen polizeilicher Art ermächtigten Organe, vorschriftswidrige Zustände (z. B. Verkehrshindernisse auf öffentlichen Wegen) durch unmittelbares Eingreifen zu beseitigen sowie die Entstehung oder Fortsetzung solcher Zustände zu hindern.

§ 15. Soweit eine Anordnung mit den in den §§ 9 bis 12 bezeichneten Zwangsmitteln nicht durchführbar ist, kann auch unmittelbarer Zwang gebraucht werden.

§ 16. Gegen die im § 8 bezeichneten Anordnungen, gegen die Androhung, Festsetzung und Ausführung der in den §§ 9 bis 12 bezeichneten Zwangsmittel wie auch gegen den Gebrauch unmittelbaren Zwanges findet, soweit diese Maßnahmen vom Gouverneur ausgegangen sind, die Beschwerde an den Reichskanzler, im übrigen die Beschwerde an den Gouverneur und gegen dessen Entscheidung die weitere Beschwerde an den Reichskanzler statt. Der Gouverneur kann sich durch den mit den oberrichterlichen Geschäften betrauten Beamten bei der Entscheidung vertreten lassen.

Zur Einlegung der Beschwerde ist jeder berechtigt, dessen Person oder Vermögen durch die Maßnahme betroffen ist.

§ 17. Die Beschwerde (weitere Beschwerde) wird bei der Behörde, gegen deren Maßnahme sie gerichtet ist, angebracht. Diese Behörde hat die Beschwerde, wenn sie ihr nicht stattgeben will, an die Behörde abzugeben, der die Entscheidung zusteht. Der Beschwerdeführer ist hiervon in Kenntnis zu setzen.

Richtet sich die Beschwerde entweder gegen Anordnungen polizeilicher Art (Polizeiverfügungen)[1]) oder gegen die Androhung, Festsetzung oder Ausführung der in den §§ 9 bis 12 bezeichneten Zwangsmittel oder gegen den Gebrauch unmittelbaren Zwanges, so ist sie bei der im Absatz 1 Satz 1 bezeichneten Behörde innerhalb zweier Wochen nach der Bekanntmachung an den Beschwerdeführer anzubringen. Die Frist gilt als gewahrt, wenn die Beschwerde innerhalb der Frist bei einer anderen als der im Absatz 1 Satz 1 bezeichneten Behörde angebracht wird. Die Beschwerde ist in

---

1. Vgl. Anm. 1 zu § 8 u. den als Zusatz am Schlusse der Nr. abgedruckten Auszug aus den AusfBest.

solchen Fällen von der angerufenen Behörde zur weiteren Veranlassung an die im Absatz 1 Satz 1 bezeichnete Behörde abzugeben. Letztere Behörde hat dann so zu verfahren, als ob die Beschwerde bei ihr eingelegt worden wäre.

§ 18. Die Beschwerde (weitere Beschwerde) hat keine aufschiebende Wirkung. Jedoch kann die Behörde, deren Maßnahme angefochten ist, die Vollziehung aussetzen. Die gleiche Befugnis hat die für die Entscheidung über die Beschwerde zuständige Behörde.

§ 19. Gegen die Versäumung der im § 17 Absatz 2 bestimmten Frist ist unter den im § 44 der Strafprozeßordnung bezeichneten Voraussetzungen Wiedereinsetzung in den vorigen Stand zulässig. Dieselbe ist bei einer der im § 17 Absatz 1 bezeichneten Behörden binnen zweier Wochen nach Beseitigung des Hindernisses unter Angabe und Glaubhaftmachung der Versäumungsgründe nachzusuchen; wird das Gesuch bei einer anderen Behörde angebracht, so finden die Vorschriften des § 17 Absatz 2 Satz 2 bis 4 entsprechende Anwendung. Mit dem Gesuch ist zugleich die Beschwerde selbst nachzuholen. Über das Gesuch entscheidet endgültig die Beschwerdebehörde.

§ 20. Der Gouverneur ist befugt, die in den §§ 17, 19 bestimmten Fristen allgemein oder für einzelne Teile des Schutzgebiets zu verlängern.[1])

§ 21. Auch, wenn die Beschwerde (weitere Beschwerde) nicht oder nicht rechtzeitig eingelegt ist, kann die Behörde die von ihr getroffene Maßnahme aufheben, abändern oder ihre Vollziehung einstweilen aussetzen.

Die gleiche Befugnis haben die in höherer Instanz zuständigen Behörden gegenüber den Maßnahmen der unteren Instanzen.

§ 22. Ist eine nach den Vorschriften der §§ 10 bis 12 festgesetzte Geldstrafe nicht beizutreiben, so ist sie nach Maß-

1. AusfBest.: wie in Anm. 1 zu § 2.

gabe der §§ 28, 29 des Reichsstrafgesetzbuchs in Haft bis zu vier Wochen umzuwandeln.

Die Entscheidung über die Umwandlung erfolgt auf Ersuchen der Behörde, die für die Festsetzung der Geldstrafe in erster Instanz zuständig war, durch den Bezirksrichter, in dessen Bezirke diese Behörde ihren Sitz hat.

Die Vollstreckung der Haftstrafe liegt gleichfalls dem Bezirksrichter ob und ist erst statthaft, wenn die Anordnung, deren Befolgung durch die Strafe erzwungen werden soll, mit einer Beschwerde nach den Vorschriften der §§ 16, 17 nicht mehr anfechtbar ist.

II. Polizeiliche Strafverfügungen und Strafbescheide der Verwaltungsbehörden.

§ 23. Die Befugnis zum Erlasse polizeilicher Strafverfügungen nach Maßgabe der §§ 453 bis 458 der Strafprozeßordnung [1]) sowie die Befugnis zum Erlasse von Strafbescheiden wegen Zuwiderhandlungen gegen die Vorschriften über die Erhebung öffentlicher Abgaben und Gefälle

---

1. AusfBest.:

1. Zum Erlasse polizeil. Strafverf. sind in DOA.: Bezirksamtmänner, Residenten u. Chefs der Militärstationen; DSWA.: Bezirksamtmänner u. Distriktschefs; Kam. u. DNG.: Bezirksamtmänner u. (Kam.: selbständige) Stationsleiter (vgl. für Kam. Bek. v. 3. Okt. 08, KolGG. 423); Togo: Bezirksamtmänner; Samoa: der Polizeivorsteher zu Apia mit der Einschränkung ermächtigt, daß sie Geldstrafen bis zu 50 Mk. (DOA.: 30 Rp., DSWA.: 100 Mk., Samoa: 60 Mk.), Haft bis zu drei Tagen (Samoa: bis zu einer Woche) sowie Einziehung festsetzen können.

2. Die polizeil. Strafverf. ist auch gegen Beschuldigte im Alter von zwölf bis achtzehn Jahren zulässig.

3. Gegen aktive Militärpersonen dürfen polizeil. Strafverf. nur wegen solcher Übertretungen ergehen, zu deren Aburteilung im gerichtlichen Verfahren die ordentlichen Gerichte zuständig sind. (Vgl. § 2 der MStGO. v. 1. Dez. 98, RGBl. 1189.) Eine Festsetzung von Haft findet nicht statt.

4. Die polizeil. Strafverf. hat außer der Festsetzung der Strafe die strafbare Handlung, Zeit und Ort derselben, die angewendete Strafvorschrift und die Beweismittel sowie die Angabe zu ent-

nach Maßgabe der §§ 459 bis 463 der Strafprozeßordnung[2]) steht den Behörden zu, die der Reichskanzler und mit seiner Zustimmung der Gouverneur dazu ermächtigt. Der Reichskanzler und mit seiner Zustimmung der Gouverneur können den Umfang der Befugnis allgemein oder für einzelne Behörden beschränken.[1])

An Stelle der im § 453 Absatz 3 und im § 459 Absatz 2 der Strafprozeßordnung für den Antrag auf gerichtliche Entscheidung vorgesehenen Fristen tritt eine Frist von zwei Wochen. Der Gouverneur kann diese Frist allgemein oder für einzelne Teile des Schutzgebiets verlängern.[3])

§ 24. Ist vor Bekanntmachung der polizeilichen Strafverfügung oder des Strafbescheids an den Beschuldigten der Richter eingeschritten, so ist die Strafverfügung oder der Strafbescheid wirkungslos.

§ 25. Ist die polizeiliche Strafverfügung oder der Strafbescheid vollstreckbar geworden, so findet wegen derselben Handlung eine fernere Verfolgung nicht statt, es sei denn, daß die Handlung eine Straftat darstellt, zu deren Bestrafung die Behörde nicht zuständig war. In diesem Falle ist während des gerichtlichen Verfahrens die Vollstreckung der Strafverfügung oder des Strafbescheids ein-

---

halten, wohin die Geldstrafe oder die eingezogene Sache abgeliefert werden soll.

Sie hat ferner die Eröffnung zu enthalten:

a) binnen welcher Frist der Beschuldigte auf gerichtliche Entscheidung antragen kann;

b) daß der Antrag auf gerichtliche Entscheidung entweder bei der Dienststelle, welche die polizeil. Strafverf. erlassen hat oder bei dem zuständigen Bezirksrichter anzubringen ist;

c) daß die polizeil. Strafverf., falls innerhalb der Frist zu a ein Antrag auf gerichtliche Entscheidung nicht erfolgt, vollstreckbar wird.

7. Wird bei dem Bezirksrichter auf gerichtliche Entscheidung angetragen, so ist dem Antragsteller darüber kostenfrei eine Bescheinigung zu erteilen.

2. Vgl. Anm. 1 zu § 36.

3. DOA.: Gegenüber Strafverf. der Chefs der Militärstationen vier Monate. DSWA., Kam.: sechs Wochen. DNG. wie in Anm. zu § 2.

zustellen; erfolgt eine rechtskräftige Verurteilung, so tritt die Strafverfügung oder der Strafbescheid außer Kraft.

§ 26. Gegen die polizeiliche Strafverfügung ist nur der Antrag auf gerichtliche Entscheidung zulässig. Wird der Antrag bei der Behörde, die die Strafverfügung erlassen, oder bei der Behörde, die sie dem Beschuldigten bekanntgemacht hat, rechtzeitig angebracht, so hat diese Behörde für die Übersendung der Akten an das Gericht Sorge zu tragen.

§ 27. Gegen den Strafbescheid steht dem Beschuldigten nach seiner Wahl der Antrag auf gerichtliche Entscheidung oder die Beschwerde, und zwar, wenn die Entscheidung vom Gouverneur erlassen ist, an den Reichskanzler, sonst an den Gouverneur zu. In der Wahl des einen dieser Anfechtungsmittel liegt der Verzicht auf das andere. Die Beschwerde oder der Antrag auf gerichtliche Entscheidung ist bei der Behörde anzubringen, die den Strafbescheid dem Beschuldigten bekanntgemacht hat.

Die Beschwerde ist innerhalb zweier Wochen nach der Bekanntmachung an den Beschwerdeführer einzulegen. Die Vorschriften der §§ 16 bis 21 finden auf das Beschwerdeverfahren mit der Maßgabe entsprechende Anwendung, daß eine weitere Beschwerde ausgeschlossen ist. Der Strafbescheid soll eine Belehrung über den Beschwerdeweg enthalten.

§ 28. Sofern ein gerichtliches Verfahren nicht stattgefunden hat, erfolgt die Vollstreckung der auf Grund der §§ 23 bis 27 verhängten Geldstrafen unter entsprechender Anwendung der §§ 2 bis 5.[1]) Soweit danach eine voll-

---

1. AusfBest.: Ist ein Antrag auf gerichtliche Entscheidung bei der Dienststelle, welche die polizeil. Strafverf. erlassen hat, nicht fristgerecht gestellt, auch die in Nr. 7 der AusfBest. zu § 23 vorgesehene Bescheinigung nicht vorgelegt, so ist die Strafverfügung zu vollstrecken.

Wird gegen eine aktive Militärperson eine auf Geldstrafe oder Einziehung lautende polizeil. Strafverf. vollstreckbar, so ist die Vollstreckung bei der zuständigen Militärbehörde zu beantragen und dabei zu bemerken, wohin die Geldstrafe oder die eingezogene Sache abgeliefert werden soll.

streckbare Ausfertigung des Schuldtitels erforderlich ist, tritt an deren Stelle eine mit Vollstreckbarkeitsbescheinigung versehene beglaubigte Abschrift oder Ausfertigung der polizeilichen Strafverfügung oder des Strafbescheids. Der Gouverneur kann vorschreiben, daß alle oder einzelne Verwaltungsbehörden die auf Grund der §§ 23 bis 27 verhängten Geldstrafen auch in das bewegliche Vermögen nur durch Ersuchen des Bezirksrichters vollstrecken dürfen. Die Vorschriften des § 5 Absatz 2, 3 finden alsdann entsprechende Anwendung.

Die Vollstreckung der auf Grund der §§ 23 bis 27 festgesetzten Freiheitsstrafen erfolgt auf Ersuchen der Verwaltungsbehörde durch den Bezirksrichter, in dessen Bezirke diese ihren Sitz hat.

Der Reichskanzler und mit seiner Zustimmung der Gouverneur können die Vollstreckung der Freiheitsstrafen außer in dem Falle des § 463 der Strafprozeßordnung für bestimmte Teile einzelner Schutzgebiete anderen Behörden übertragen.

III. Bekanntmachungen.

§ 29. Die nach dieser Verordnung von den Verwaltungsbehörden zu bewirkenden Bekanntmachungen erfolgen entweder durch Mitteilung zu Protokoll oder durch Zustellung.

Die Zustellungen sollen mittels eingeschriebenen Briefes (Telegramm) oder durch Übergabe der Urschrift oder einer beglaubigten Abschrift des zuzustellenden Schriftstücks stattfinden.

Die die Zustellung veranlassende Behörde ist befugt, ihr unterstellte Beamte mit der Beglaubigung sowie der Übergabe zu beauftragen.

Auf die Zustellung durch Übergabe eines Schriftstücks finden die Vorschriften der §§ 171 bis 173, 180 bis 184, 186, 189 der Zivilprozeßordnung entsprechende Anwendung; in den Akten ist zu vermerken, in welcher Weise, an welchem Orte und zu welcher Zeit die Übergabe erfolgt ist.

Die Zustellung mittels eingeschriebenen Briefes nach dem Deutschen Reiche hin erfolgt gegen Rückschein.

Bei Zustellungen nach dem Auslande bestimmt der Gouverneur für den einzelnen Fall die Frist, nach deren Ablaufe die Zustellung als bewirkt anzusehen ist. Der Gouverneur kann die Bestimmung der Frist für einzelne Teile des Schutzgebiets anderen Behörden übertragen.

IV. Rechtshilfe.

§ 30. Die Behörden desselben Schutzgebiets einschließlich der Gerichte haben einander bei Bekanntmachungen und Vollstreckungshandlungen Rechtshilfe zu leisten. Auch kann die Rechtshilfe der Gerichte von den Verwaltungsbehörden zum Zwecke der eidlichen Vernehmung von Zeugen und Sachverständigen in Anspruch genommen werden.

Ist eine nach dieser Verordnung den Verwaltungsbehörden obliegende Vollstreckungshandlung, Bekanntmachung oder Vernehmung von Zeugen und Sachverständigen in einem anderen Schutzgebiet Afrikas oder der Südsee vorzunehmen, so erfolgt sie durch einen dortigen Bezirksrichter.

Das Ersuchen ist von der Verwaltungsbehörde an den Gouverneur des anderen Schutzgebiets zu richten. In dringenden Fällen kann der Bezirksrichter unmittelbar ersucht werden. Er hat, falls ein anderer Bezirksrichter desselben Schutzgebiets zuständig geworden ist, das Ersuchen an diesen abzugeben.

Die Bezirksrichter haben bei den in dieser Verordnung ihnen zugewiesenen Geschäften einander Rechtshilfe nach Maßgabe der darüber geltenden allgemeinen Bestimmungen zu leisten.

Dem Ersuchen um Vornahme von Vollstreckungshandlungen sind die Urkunden, auf Grund deren die Vollstreckung bewirkt werden soll, in Urschrift oder beglaubigter Abschrift beizufügen.

§ 31. Der Reichskanzler kann vorschreiben,[1]) daß die Bezirksrichter deutschen Verwaltungsbehörden, die außerhalb des Geltungsbereichs dieser Verordnung ihren Sitz haben, bei der Zwangsvollstreckung wegen Geldforderungen und zur Erwirkung der Herausgabe von Sachen, sowie bei Zustellungen oder Vernehmungen von Zeugen und Sachverständigen Rechtshilfe zu leisten haben, wenn diese Behörden darum ersuchen und dabei amtlich bescheinigen:

1. bei der Zwangsvollstreckung wegen Geldforderungen und zur Erwirkung der Herausgabe von Sachen, daß sie nach dem Rechte des Sitzes der ersuchenden Behörde durch diese im Verwaltungszwangsverfahren bewirkt werden darf,
2. in allen Fällen, daß die Erstattung der durch die Rechtshilfe erwachsenen Kosten und Auslagen nach Einsendung einer Berechnung darüber erfolgen wird.

V. Schlußbestimmungen.

§ 32. Wo gemäß dieser Verordnung die Bezirksrichter auf Veranlassung einer Verwaltungsbehörde tätig werden, richtet sich das Verfahren mit Einschluß der Rechtsmittel nach den Vorschriften, die für die gleichartigen richterlichen Geschäfte in bürgerlichen Rechtsstreitigkeiten und in Strafsachen gelten.

§ 33. Der Reichskanzler hat die zur Ausführung dieser Verordnung erforderlichen Vorschriften zu erlassen. Er regelt das Gebührenwesen für die in dieser Verordnung vorgesehenen Arten des außergerichtlichen Verfahrens. Bis zum Zeitpunkte dieser Regelung werden Gebühren für das bezeichnete Verfahren nur insoweit erhoben, als dies zur Zeit des Inkrafttretens dieser Verordnung vorgesehen ist; bare Auslagen sind zu erstatten.

---

1. Allgemeine Vorschriften sind bisher nicht erlassen. Doch wird unter der Voraussetzung, daß die Gegenseitigkeit gewährleistet ist, auf ein entsprechendes Ersuchen die Leistung der Rechtshilfe (richtiger Amtshilfe) jedesmal im Einzelfalle vom RKolA. verfügt.

§ 34. Eingeborene im Sinne des § 2 der Verordnung, betreffend die Rechtsverhältnisse in den deutschen Schutzgebieten, vom 9. November 1900 (RGBl. S. 1005) unterliegen den Vorschriften dieser Verordnung nur insoweit, als dies durch den Gouverneur bestimmt wird.[1])

§ 35. Die in dieser Verordnung dem Reichskanzler zugewiesenen Obliegenheiten werden in dessen Vertretung durch das Reichs-Kolonialamt[2]) wahrgenommen. [**Der Ausdruck Gouverneur bezieht sich im Sinne dieser Verordnung auch auf den Landeshauptmann des Schutzgebiets der Marshallinseln und den Vizegouverneur im Inselgebiete der Karolinen, Palau und Marianen.**][3])

§ 36. Diese Verordnung tritt am 1. Oktober 1905 in Kraft. Gleichzeitig treten die Verordnung, betreffend den Erlaß von Verordnungen auf dem Gebiete der allgemeinen Verwaltung, des Zoll- und Steuerwesens für die westafrikanischen Schutzgebiete, vom 19. Juli 1886 und die Verordnung, betreffend den Erlaß von Verordnungen auf dem Gebiete der allgemeinen Verwaltung des Zoll- und Steuerwesens für das Schutzgebiet der Marshall-, Brown- und Providenceinseln, vom 15. Oktober 1886 außer Kraft.

Die übrigen bis zum Inkrafttreten dieser Verordnung erlassenen Vorschriften, durch die das Verfahren der Verwaltungsbehörden auf bestimmten Gebieten ihrer Tätigkeit, insbesondere dem Zoll- und Steuerwesen, geregelt ist, bleiben in Geltung, bis sie von den Stellen, von denen sie ausgegangen sind, aufgehoben werden. Auf dem Gebiete des Zoll- und Steuerwesens bleiben der Reichskanzler und die von ihm dazu ermächtigten Behörden auch in Zukunft, jedoch unbeschadet der Vorschrift des § 23 Absatz 2 be-

---

1. Solche Bestimmungen sind bisher nicht ergangen.

2. AErl. v. 17. Mai 07 (oben 20a).

3. Vgl. Anm. 2 zu § 1 SchGG. u die Vf. d. RK. v. 27. Febr. 07 (KolGG. 120).

fugt, von dieser Verordnung abweichende Vorschriften zu erlassen.[1])

Urkundlich ꝛc.

Gegeben an Bord Meiner Yacht „Hohenzollern", Gefle, den 14. Juli 1905.

(L. S.) **Wilhelm.**

Fürst v. Bülow.

Zusatz zu 25.

Auszug aus den AusfBest. zur Kaiserl. V. v. 14. Juli 1905.

Zu § 8. 2. Unter Anordnungen polizeilicher Art fallen diejenigen, bei denen die Voraussetzungen des § 10 Pr. Allg. LandR. T. II Tit. 17 zutreffen. Dieser lautet:

„Die nötigen Anstalten zur Erhaltung der öffentlichen Ruhe, Sicherheit und Ordnung und zur Abwendung der dem Publiko oder einzelnen Mitgliedern desselben bevorstehenden Gefahr zu treffen, ist das Amt der Polizei."

Anl. II. 1. In betreff der Auslegung, welche Wissenschaft und Praxis, insbesondere die Rechtsprechung des OVG. dem § 10 II 17. ALR. gegeben hat, ist folgendes hervorzuheben:

---

1. Hinsichtlich der Befugnis zum Erlaß von Strafbescheiden wegen Zuwiderhandlungen gegen die Vorschriften über die Erhebung öffentlicher Abgaben und Gefälle enthalten die AusfBest. folgende Vorschriften: In DOA. regelt sich die Befugnis nach den Steuer- u. Zollverordnungen, in Samoa nach der ‚Ordinance concerning the collection of customs 1894'. In DSWA. sind die Bezirksamtmänner u. Distriktschefs, in Kam. u. DNGuinea die Bezirksamtmänner u. Stationsleiter, in Togo die Bezirksamtmänner zuständig. Für DSWA., Kam. u. DNGuinea ist ferner bestimmt, daß, soweit die Erhebung öffentlicher Abgaben und Gefälle nicht den bezeichneten, sondern besonderen Beamten übertragen ist, diese zum Erlaß von Strafbescheiden befugt sind. (Vgl für Kam. die Bek v. 3. Okt. 08, KolGG. 423.)

Unter Anstalten sind Anordnungen, Vorkehrungen zu verstehen; sie müssen notwendig („nötig") sein... Der Begriff „Ruhe" hat keine selbständige Bedeutung, insbesondere nicht die des Fernhaltens von Lärm, wird vielmehr durch die Begriffe „Erhaltung der öffentlichen Sicherheit" und „Erhaltung der öffentlichen Ordnung" mitgedeckt. Unter „öffentlicher Sicherheit" ist das Fernsein von Gefahren für den Staat sowie für die bürgerliche Gesellschaft zu verstehen. „Öffentliche Ordnung" bedeutet etwas Tatsächliches, den Gegensatz zu Unordnung, wie auch etwas Rechtliches, die öffentliche Rechtsordnung. Die Polizei kann danach zum Schutze des öffentlichen Rechtes, insbesondere des Strafrechtes und des Verwaltungsrechtes, gleichviel ob dessen aufrechtzuerhaltende Norm zur Abwendung von Gefahren oder zur Förderung des allgemeinen Wohles aufgestellt ist, einschreiten; nicht aber zum Schutze des Privatrechts, es sei denn, daß private Rechte durch eine strafbare Handlung bedroht sind oder der Bedrohte die Gefahr zu vermeiden oder abzuwenden außerstande ist oder die Polizei durch besondere gesetzliche Vorschrift (z. B. Gesindeordnung) zur Tätigkeit berufen ist. „Gefahren" sind Zustände, welche die Besorgnis begründen, daß sie einen Schaden herbeiführen werden. Bloße Nachteile, Störungen oder Belästigungen sind keine Gefahren im Sinne der Vorschrift. Nur erhebliche Gefahren erfordern ein polizeiliches Einschreiten. Sie müssen „bevorstehend", das heißt nach verständigem Ermessen zu befürchten sein, und es reicht weder eine bloß mögliche, in weiter Ferne liegende Gefahr aus, noch ist eine unmittelbar bevorstehende Gefahr Voraussetzung.

3. Auch abgesehen von der Verfolgung strafbarer Handlungen (§§ 112f. StPO.) ist die Polizei berechtigt, Personen in polizeiliche Verwahrung zu nehmen, sobald deren eigener Schutz oder die Aufrechterhaltung der öffentlichen Sicherheit oder Ordnung dies dringend erfordert (z. B. wenn ein Betrunkener auf der Straße selbst gefährdet erscheint oder

andere gefährdet). In solchen Fällen muß jedoch spätestens im Laufe des folgenden Tages die Freilassung erfolgen, sofern nicht hinterher der Verdacht einer schweren Straftat sich herausstellt, deshalb eine weitere Festhaltung angezeigt erscheint und das zur Überweisung an das Gericht Erforderliche veranlaßt wird.

Ebenso sind die Beamten der Polizei, falls dies aus Gründen der öffentlichen Sicherheit und Ordnung unbedingt notwendig erscheint, auch in anderen als den in der Strafprozeßordnung vorgesehenen Fällen befugt, in eine Wohnung einzudringen, z. B. wenn deren Beschaffenheit gefahrdrohend ist oder es sich darum handelt, ein Verbrechen zu verhüten.

---

26. Gesetz, betr. die Kaiserlichen Schutztruppen in den afrikanischen Schutzgebieten und die Wehrpflicht daselbst.

In der Fassung der Bek. v. 18. Juli 1896

(RGBl. 653, KolGG. 2, 252).

§ 1. Zur Aufrechterhaltung der öffentlichen Ordnung und Sicherheit in den afrikanischen Schutzgebieten, insbesondere zur Bekämpfung des Sklavenhandels, werden Schutztruppen verwendet, deren oberster Kriegsherr der Kaiser ist.[1])

---

1. Vgl. § 2 SchtrO.: a) Nächst Seiner Majestät dem Kaiser sind die Schutztruppen dem Reichskanzler (Staatssekretär des Reichs-Kolonialamts) unterstellt.

b) Dem Staatssekretär des Reichs-Kolonialamts untersteht das Kommando der Schutztruppen. Diesem sind die Schutztruppen unterstellt . . .

Dem Gouverneur steht die oberste militärische Gewalt im Schutzgebiete zu. Er kann die Schutztruppe nach eigenem Ermessen, sowohl im ganzen wie in ihren einzelnen Teilen, zu militärischen Unternehmungen verwenden. . . . Er darf zu Zwecken der Zivilverwaltung Teile der Schutztruppe so weit verwenden, als die militärischen Rücksichten nicht entgegenstehen. Über diese hat er vorher

I. Bildung, Ergänzung und Rechtsverhältnisse.

§ 2. Die Schutztruppen werden gebildet:

a) aus Offizieren, Ingenieuren des Soldatenstandes, Sanitätsoffizieren, Beamten und Unteroffizieren des Reichsheeres und der Kaiserlichen Marine, welche auf Grund freiwilliger Meldung den Schutztruppen zeitweise zugeteilt werden;

b) aus angeworbenen Farbigen.

§ 3. Die den Schutztruppen zugeteilten deutschen Militärpersonen und Beamten scheiden aus dem Heere und, soweit sie der Kaiserlichen Marine angehören, aus dieser aus, jedoch bleibt ihnen der Rücktritt, bei Wahrung ihres Dienstalters, unter der Voraussetzung ihrer Tauglichkeit, vorbehalten. Die den Schutztruppen zugeteilten Beamten gelten als Militärbeamte.

§ 4. Hinsichtlich des strafgerichtlichen Verfahrens gegen die den Schutztruppen zugeteilten Militärpersonen finden die Vorschriften der Militär-Strafgerichtsordnung Anwendung, vorbehaltlich der durch die besonderen Verhältnisse gebotenen Abweichungen, welche durch Kaiserliche Verordnung bestimmt werden.[2])

II. Versorgung.

§§ 5 bis 14.[3])

---

den Kommandeur zu hören. Er erläßt seine Weisungen für die Schutztruppe an den Kommandeur . .

c) Der Kommandeur ist verantwortlich für die Leistungsfähigkeit der Schutztruppe zur Erfüllung der ihr zugewiesenen Aufgaben, für die Disziplin, Ausbildung, den inneren Dienst und die Verwaltung.

Hat der Kommandeur in militärischer Beziehung gegen Anordnungen des Gouverneurs Bedenken, so ist er verpflichtet, dieselben zur Sprache zu bringen. . . .

2. Vgl. die Ksl. V. v. 2. Nov. 09 u. die AusfBest. hierzu v. 6. Nov. 09 (RGBl. 943, 954).

3. Außer Kraft gesetzt durch § 77 Offizierpensionsgesetzes v. 31. Mai 06 u. § 76 Mannschaftsversorgungsgesetzes v. 31. Mai 06 (RGBl. 565, 593, KolGG. 197, 218). Maßgebend sind jetzt die auf die Schutztruppen bezüglichen Bestimmungen dieser Gesetze.

§§ 15 und 16.[1])

§ 17. Oberste Verwaltungs- bzw. Reichsbehörde im Sinne der Pensionsgesetze ist für die Schutztruppen der Reichskanzler (Reichs-Kolonialamt).[2])

III. Wehrpflicht.

§ 18.[3]) Durch Kaiserliche Verordnung wird bestimmt, in welchen Schutzgebieten und unter welchen Voraussetzungen wehrpflichtige Reichsangehörige ihrer aktiven Dienstpflicht bei den Schutztruppen Genüge leisten dürfen.[4])

§ 19. Die in den Schutzgebieten sich dauernd aufhaltenden Personen des Beurlaubtenstandes des Heeres und der Kaiserlichen Marine können durch Kaiserliche Verordnung in Fällen von Gefahr zu notwendigen Verstärkungen der Schutztruppe herangezogen werden. In dringenden Fällen können solche Verstärkungen vorläufig durch den obersten Beamten des Schutzgebiets angeordnet werden. Jede Einberufung dieser Art ist einer Dienstleistung im Heere oder in der Kaiserlichen Marine gleichzuachten.

§ 20. Auf Geistliche sowie auf Missionare der in den Schutzgebieten tätigen Missionsgesellschaften finden die

---

1. Außer Kraft gesetzt durch § 55 Militärhinterbliebenen-Ges. v. 17. Mai 07 (RGBl. 214, KolGG. 239). Maßgebend sind jetzt die auf die Schutztruppen bezüglichen Bestimmungen dieses Gesetzes.

2. § 73 OPG. § 72 MVG. AErl. v. 17. Mai 07 (oben 20a).

3. Fassung gemäß G. v. 25. Juni 02 (RGBl. 237, KolGG. 6, 481).

4. Vgl. hierzu die Ksl. V. v. 5. Dez 02 (RGBl. 297, KolGG. 6, 556) nebst AusfBest. v. 16. Dez. 02 (KolGG. 6, 559). Nach d. bez. V. werden wehrpflichtige Reichsangehörige, die außerhalb Europas ihren Wohnsitz haben, auf Wunsch zur Ableistung der Dienstpflicht in die Schutztruppe für DSWA. eingestellt (§ 2). Derartige Wehrpflichtige, die im Besitz des erforderlichen Berechtigungsscheins sind, dürfen in diese auch zum einjährig-freiwilligen Dienste eingestellt werden (§ 3). In dieselbe Schutztruppe dürfen ferner wehrpflichtige Reichsangehörige, die in Europa ihren Wohnsitz haben, mit Genehmigung des betreffenden Kriegsministeriums unter Zustimmung des Kommandos der Schutztruppen als Ein- oder Mehrjährig-Freiwillige eintreten (§ 4). — Übungen von Off. u. Mannsch. des Beurlaubtenstandes können bei sämtlichen Schutztruppen abgeleistet werden. § 9c SchtrO.

vorstehenden Bestimmungen (§§ 18 und 19) keine Anwendung.

§ 21.[1])

IV. Übergangs- und Schlußbestimmungen.

§§ 22 bis 24.[2])

§ 25. Die Kaiserliche Schutztruppe für Südwestafrika besteht auch aus Gemeinen des Reichsheeres und der Kaiserlichen Marine." . . .[1])

§ 26.[2])

§ 27. Die näheren Vorschriften über die Organisation der Schutztruppen werden vom Reichskanzler erlassen.[3])

---

27. a) Kaiserliche Verordnung, betr. die Rechtsverhältnisse der Landesbeamten in den Schutzgebieten.

Vom 9. August 1896 (RGBl. 691, KBl. 520, KolGG. 2, 265) in der durch die Neuregelung des Reichsbeamtenrechts bedingten Fassung.

Wir Wilhelm, von Gottes Gnaden Deutscher Kaiser, König von Preußen ꝛc., verordnen im Namen des Reichs für die Schutzgebiete, was folgt:

Art. 1. Das Reichsbeamtengesetz (RGBl. 1907. S. 245), sowie das Beamtenhinterbliebenengesetz vom 17. Mai 1907 (RGBl. S. 208) und das Gesetz,

1. § 21 u. § 25 Satz 2 sind durch die in Anm. 3 zu §§ 5—14 erwähnten Vorschriften außer Kraft gesetzt.
2. Enthalten lediglich Übergangsbestimmungen.
3. Vgl. die „Organisatorischen Bestimmungen für die Kaiserlichen Schutztruppen in Afrika (Schutztruppenordnung)" v. 25. Juli 98 (KolGG. 3, 49; neu abgedruckt unter Berücksichtigung der seither erschienenen Deckblätter KolGG. 08, 309). Wegen der Reisegebührnisse usw. vgl. § 31 SchtrO. sowie die in Anm. 1 zu § 2 Vf. v. 28. Nov. 01 (oben Nr. 2) erwähnten sog. Verpflegungsvorschriften.

betr. die Zurückbeförderung der Hinterbliebenen im Ausland angestellter Reichsbeamten und Personen des Soldatenstandes, vom 1. April 1888 (RGBl. S. 131) finden, soweit nicht in den nachfolgenden Artikeln ein anderes bestimmt ist, auf die Rechtsverhältnisse der Beamten, welche ihr Diensteinkommen aus den Fonds eines Schutzgebietes beziehen,[1]) mit der Maßgabe entsprechende Anwendung, daß, wo in jenen Gesetzen von dem Reich, dem Reichsdienst, den Reichsfonds oder anderen Einrichtungen des Reichs die Rede ist, das betreffende Schutzgebiet und dessen entsprechende Einrichtungen zu verstehen sind.[2])

Art. 2. Im Falle des § 66 Abs. 1 des Reichsbeamtengesetzes erfolgt die Entscheidung über die Versetzung eines Beamten in den Ruhestand durch den Kaiser.

Art. 3. Die Befugnisse, welche nach den im Art. 1 bezeichneten Gesetzen der obersten Reichsbehörde zustehen,

---

1. Besonders geregelt sind die Rechtsverhältnisse der Angehörigen der Landespolizei in DSWA. durch die Ksl. V v. 4. Okt. 07 (RGBl. 736, KolGG. 395). — Vgl. ferner wegen der Disziplinarverhältnisse der Besatzung der Gouvernementsfahrzeuge die Ksl. V. v. 18. Sept. 02 (KBl. 481, KolGG. 6, 534) und die auf Grund dieser vom RK. erlassenen Disziplinarbestimmungen für die Besatzung der Gouvernementsfahrzeuge der afr. u. Südsee-Schutzgebiete v. 30. Sept. 02 (KBl. 481, KolGG. 6, 541). — Eine Zusammenstellung der für die Kolonialbeamten maßgebenden Vorschriften enthält das Buch von Tesch, Laufbahn der Kolonialbeamten, Berlin 08. Vgl. namentlich wegen der Zuschüsse zu den Versorgungsgebührnissen der Beamten und ihrer Hinterbliebenen (Pensionserhöhungen, Witwen- und Waisenbeihilfen) die dort S 330f. abgedruckten Denkschriften zu den Haushaltsetats der Schutzgebiete für 1899, 1900, 1905.

2. Der Diensteid der Landesbeamten ist nach der Ksl. V. v. 4. Sept. 92 (KBl. 455, KolGG. 1, 22) in folgender Form zu leisten: Ich N. N. schwöre zu Gott dem Allmächtigen und Allwissenden, daß ich Seiner Majestät dem Deutschen Kaiser treu und gehorsam sein, meine Dienstpflichten nach Maßgabe der Gesetze und der mir zu erteilenden Instruktionen treu und gewissenhaft erfüllen und das Beste des Reichs und seiner Schutzgebiete fördern will, so wahr mir Gott helfe usw.

werden, soweit nicht durch diese Verordnung ein anderes bestimmt ist, durch den Reichskanzler ausgeübt.

Ingleichen erfolgen die in § 5 Abs. 1, §§ 18, 39, 52 und § 68 Abs. 2 des Reichsbeamtengesetzes, sowie im § 1 des Gesetzes vom 31. Mai 1887 [1]) vorgesehenen Bestimmungen und Entscheidungen ausschließlich durch den Reichskanzler.

Die nach § 66 Abs. 2 des Reichsbeamtengesetzes von dem Reichskanzler zu treffende Entscheidung ist endgültig.

Art. 4. Die Gouverneure und Landeshauptleute sowie in Deutsch-Ostafrika der Abteilungschef für die Finanzverwaltung [2]) und der Oberrichter [3]) erhalten eine Kaiserliche Bestallung. Die übrigen Beamten werden im Namen des Kaisers durch den Reichskanzler angestellt, welcher diese Befugnis, soweit es sich um mittlere und untere Beamte handelt, den Gouverneuren oder Landeshauptleuten übertragen kann.

Art. 5. Die Vorschriften über den Urlaub der Beamten und deren Stellvertretung, über die Tagegelder und Umzugskosten sowie über die Verpflichtung zur Teilnahme an den Kasino- und Messe-Einrichtungen werden vom Reichskanzler erlassen.[4]) Der Reichskanzler bestimmt auch, inwieweit bei

---

1. Kommt nur noch für die Doppelrechnung der Dienstzeit derjenigen Beamten in Betracht, die früher in der Eigenschaft als Reichsbeamte in den Schutzgebieten verwendet worden waren.

2. Die Stelle ist eingegangen. Üblicherweise erhalten jetzt die höchsten Verwaltungsbeamten aller Schutzgebiete (die ersten Referenten) eine Ksl. Bestallung.

3. Üblicherweise erhalten jetzt auch die Oberrichter in den übrigen Schutzgebieten eine Ksl. Bestallung.

4. Vgl. die Vorschriften d. RK., betr den Urlaub, die Stellvertretung, die Tagegelder, Fuhr- und Umzugskosten der Landesbeamten in den Schutzgebieten mit Ausnahme von Kiautschou v. 31. Mai 01 (KBl. 426, KolGG. 6, 331), ergänzt durch V. d. RK. v. 18. Juli 07 (KBl. 706, KolGG. 327), sowie die in Anm. 1 zu § 2 Vf. v. 28. Nov. 01 (oben Nr. 2) erwähnten Vorschriften (Verpflegungsvorschriften usw.). Bemerkt wird dabei noch, daß diese

längerem Urlaub, in Krankheits- und sonstigen Abwesenheitsfällen das Gehalt ganz oder zum Teil einzubehalten ist.

Art. 6, 7.[1])

Art. 8. Die §§ 80—83 des Reichsbeamtengesetzes finden auf die Beamten mit folgenden Maßgaben Anwendung:

1. Die Befugnis in Gemäßheit des § 81 Nr. 1 a. a. O., Geldstrafen bis zum höchsten zulässigen Betrage zu verhängen, steht auch den Gouverneuren und Landeshauptleuten gegenüber den ihnen unterstellten Beamten zu.
2. Den Bezirksamtmännern sowie in Ostafrika dem Chef der Finanzverwaltung[2]) und dem Zolldirektor steht die Befugnis zu, Geldstrafen bis zum Betrage von 30 Mark gegen die ihnen unterstellten Beamten zu verhängen.
3. Gegen richterliche Beamte können Ordnungsstrafen nur vom Reichskanzler verhängt werden.

Art. 9. Die in § 85 Abs. 2 des Reichsbeamtengesetzes bezeichneten vorläufigen Maßregeln können von den im vorhergehenden Artikel unter Nr. 1 und 2 genannten Beamten getroffen werden.

Die §§ 86 bis 93 und 120 bis 123 desselben Gesetzes bleiben außer Anwendung.

Die entscheidenden Disziplinarbehörden, welche je nach Bedürfnis zusammentreten, sind in erster Instanz die Disziplinarkammer für die Schutzgebiete, in zweiter Instanz

---

sämtlichen Vorschriften Bestimmungen über die Zuständigkeit zur Bestellung von Vertretern für Verwaltungsbeamte nicht enthalten. (Wegen der Vertretung der Richter vgl. § 1 Nr. 2 Vf. v. 25. Dez. 00, oben Nr. 1). — Für Kiautschou vgl. Anm. 3 zu § 73 KGG. sowie wegen der Stellvertretung des Gouverneurs Anm. 1 zur AO. v. 27. Jan. 98 (unten Nr. 33) und derjenigen der Richter §§ 2 Nr. 1, 3 Nr. 1 der DAnw. v. 8. Okt. 07 (unten Nr. 29).

1. Aufgehoben durch die nachstehend unter b abgedruckte V. v. 23. Mai 01.

2. Vgl. Anm. 2 zu Art. 4.

der Disziplinarhof für die Schutzgebiete, beide mit dem Sitze in Berlin.

Die Disziplinarkammer entscheidet in der Besetzung von fünf, der Disziplinarhof in der Besetzung von sieben Mitgliedern. Bei ersterer müssen der Vorsitzende und wenigstens zwei Beisitzer, bei letzterem der Vorsitzende und wenigstens drei Beisitzer in richterlicher Stellung in einem Bundesstaate sein.

Die Mitglieder der Disziplinarkammer und des Disziplinarhofes werden für die Dauer der zur Zeit ihrer Ernennung von ihnen bekleideten Reichs- oder Staatsämter vom Kaiser ernannt, sie werden für die Erfüllung der Obliegenheiten ihres Amtes verpflichtet. In gleicher Weise werden für die Disziplinarkammer zwei und für den Disziplinarhof vier stellvertretende Mitglieder ernannt.

Die Geschäftsordnung bei den Disziplinarbehörden wird durch ein Regulativ bestimmt, welches der Disziplinarhof zu entwerfen und dem Reichskanzler zur Bestätigung einzureichen hat.[1])

Art. 10. Die im § 127, § 128 Abs. 2, § 131 des Reichsbeamtengesetzes der obersten Reichsbehörde übertragenen Befugnisse werden gegenüber den Beamten, welche eine Kaiserliche Bestallung erhalten haben, vom Reichskanzler, gegenüber den Bezirksrichtern in Ostafrika vom Oberrichter, gegenüber den übrigen Beamten vom Gouverneur oder Landeshauptmann ausgeübt. Gegen die Entscheidung des Gouverneurs, Landeshauptmanns oder Oberrichters findet Beschwerde an den Reichskanzler statt. Die Beschwerde hat keine aufschiebende Wirkung.

Art. 11. Diejenigen Beamten, welche eine Kaiserliche Bestallung erhalten haben, können durch Kaiserliche Verfügung, die übrigen Beamten, welche eine in den Besoldungsetats aufgeführte Stelle bekleiden, durch Verfügung des

1. S. die GeschO. v. 3. März 97 (KBl. 157, KolGG. 2, 330).

Reichskanzlers jederzeit mit Gewährung des gesetzlichen Wartegeldes in den einstweiligen Ruhestand versetzt werden.

Im Falle des § 37 Satz 2 des Reichsbeamtengesetzes kann eine Pension auch auf bestimmte Zeit bewilligt werden.

Art. 12. Die Verordnungen vom 3. August 1888, betr. die Rechtsverhältnisse der Landesbeamten in den Schutzgebieten von Kamerun und Togo, und vom 22. April 1894, betr. die Rechtsverhältnisse der Landesbeamten in Deutsch-Ostafrika, treten außer Kraft.

Urkundlich rc.

Gegeben Wilhelmshöhe, den 9. August 1896.

Wilhelm.

Fürst zu Hohenlohe.

---

b) Kaiserliche Verordnung wegen Abänderung und Ergänzung der Verordnung vom 9. August 1896, betr. die Rechtsverhältnisse der Landesbeamten in den Schutzgebieten.

Vom 23. Mai 1901 (RGBl. 189, KBl. 425, KolGG. 6, 3), in der durch die Neuregelung des Reichsbeamtenrechts bedingten Fassung.

Wir Wilhelm, von Gottes Gnaden Deutscher Kaiser, König von Preußen rc., verordnen im Namen des Reichs für die Schutzgebiete, was folgt:

Art. I. Für die Regelung der Ansprüche von Beamten der Schutzgebiete auf Pension und Wartegeld finden die jeweilig für die Reichsbeamten geltenden Bestimmungen mit folgenden Maßgaben sinngemäße Anwendung:

1. Die in den Schutzgebieten zugebrachte Dienstzeit wird bei der Pensionierung doppelt in Anrechnung gebracht, sofern sie mindestens ein Jahr gedauert hat;
2. bei Berechnung der Dienstzeit wird dem Dienste in einem Bundesstaate der Dienst in einem anderen Schutzgebiet oder der Reichsdienst gleichgestellt;
3. hinsichtlich der Kürzung, Einziehung und Wiedergewährung der aus Schutzgebietsfonds zu zahlenden Pensionen und Wartegelder hat der Bezug eines Diensteinkommens aus Fonds eines anderen Schutzgebiets oder aus Reichs- oder Staatsfonds dieselben rechtlichen Folgen, wie der Bezug eines Diensteinkommens aus den Fonds des betreffenden Schutzgebiets selbst;
4. der § 59 des Reichsbeamtengesetzes bleibt außer Anwendung. Ein Pensionär eines Schutzgebiets, welcher im Dienste eines anderen Schutzgebiets oder im Reichs- oder Staatsdienst eine Pension erdient, steht dem Pensionär gleich, der eine neue Pension in dem betreffenden Schutzgebiete selbst erdient (§ 58 Abs. 2 des Reichsbeamtengesetzes);
5. der Reichskanzler bestimmt, inwieweit einem in den Ruhestand oder in den einstweiligen Ruhestand versetzten Beamten die Kosten des Umzugs nach dem innerhalb des Reichs von demselben gewählten Wohnorte zu gewähren sind.

Dieser Artikel hat rückwirkende Kraft und findet auch auf solche Beamte der Schutzgebiete Anwendung, welche bereits pensioniert sind.

Art. II. [**Die Bestimmungen in den Artikeln I, IV und VI des Gesetzes wegen anderweiter Bemessung der Witwen- und Waisengelder vom 17. Mai 1897 (RGBl. S. 455)**[1] **treten für die Hinterbliebenen von Beamten der**

---

1. Aufgehoben durch das Beamtenhinterbliebenengesetz vom 17. Mai 07 (RGBl. 208, KolGG. 469), welches jetzt maßgebend ist.

Schutzgebiete entsprechend in Kraft.] Im übrigen finden fortan für die Regelung der Hinterbliebenenbezüge von Beamten der Schutzgebiete die jeweilig für die Hinterbliebenen von Reichsbeamten geltenden Vorschriften sinngemäße Anwendung.

Art. III. Ein Beamter, welcher dauernd oder vorübergehend nicht mehr zum Tropendienste, wohl aber zum Dienste in der Heimat fähig ist, geht der im Dienste des Schutzgebietes erworbenen Ansprüche auf Gehalt, Pension, Wartegeld und Hinterbliebenenversorgung verlustig, sofern er die Übernahme einer Stelle im Reichs- oder Staatsdienst ablehnt, deren Diensteinkommen das im Schutzgebiete zuständige oder zuletzt zuständig gewesene pensionsberechtigende Gehalt erreicht oder übersteigt. Das gleiche gilt, sofern er das Anerbieten ablehnt, ihn unter Wahrung seines früheren Ranges und Dienstalters in den Reichs-, Staats- oder Kommunaldienst, je nachdem er aus dem Reichs-, Staats- oder Kommunaldienst in den Dienst des Schutzgebiets übernommen ist, wieder aufzunehmen.[1])

Art. IV. Artikel 6 und 7 der Verordnung, betr. die Rechtsverhältnisse der Landesbeamten in den Schutzgebieten vom 9. August 1896 (RGBl. S. 691) werden aufgehoben.

Urkundlich ꝛc.

Gegeben Pröckelwitz, den 23. Mai 1901.

Wilhelm.

Graf von Bülow.

---

1. Nimmt der Beamte die ihm angebotene Stelle im Reichsdienst usw. an, so erlöschen seine Gehaltsansprüche usw. gegen das Schutzgebiet infolge der Auflösung des Dienstverhältnisses zu dem letzteren ebenfalls. RG. U. 10. März 03, III 399/02.

c) Allerhöchste Ordre, betr. die Rangverhältnisse der Gouverneure.

Vom 7. Juni 1909 (KBl. 665).

Ich verleihe Meinen Gouverneuren von Deutsch-Ostafrika, Deutsch-Südwestafrika, Kamerun und Kiautschou für die Dauer ihres Amtes und ihres Aufenthaltes innerhalb ihres Amtsbezirks den Rang der Wirklichen Geheimen Räte.

Hiernach sind die Rangverhältnisse Meiner Gouverneure folgende:

I. Im Inlande haben für die Dauer ihrer Verwendung im Kolonialdienste, sofern ihnen persönlich kein höherer Rang zusteht, die Gouverneure von Deutsch-Ostafrika, Deutsch-Südwestafrika, Kamerun und Kiautschou den Rang der Räte erster Klasse, die Gouverneure von Togo, Neuguinea und Samoa den Rang der Räte zweiter Klasse.

II. Im Auslande haben für die Dauer ihres Amtes und ihres Aufenthaltes innerhalb ihres Amtsbezirks die Gouverneure von Deutsch-Ostafrika, Deutsch-Südwestafrika, Kamerun und Kiautschou den Rang der Wirklichen Geheimen Räte. Im übrigen haben sie auch im Auslande ihren inländischen Rang, ebenso wie die Gouverneure von Togo, Neuguinea und Samoa, denen ein erhöhter Rang auch innerhalb ihres Amtsbezirks nicht zusteht.

Ohne Rücksicht auf ihre Rangverhältnisse steht sämtlichen Gouverneuren für die Dauer ihres Amtes und ihres Aufenthaltes außerhalb Europas das Prädikat Exzellenz zu.

Gegeben Neues Palais, den 7. Juni 1909.

Wilhelm.

Fürst v. Bülow.

II.

Besondere Bestimmungen für das Schutzgebiet Kiautschou.

28. Kaiserliche Verordnung, betr. das Gericht zweiter Instanz für das Schutzgebiet Kiautschou.

Vom 28. September 1907.

(RGBl. 735. KBl. f. K. 15. KolGG. 458.)

Wir Wilhelm, von Gottes Gnaden Deutscher Kaiser, König von Preußen usw., verordnen auf Grund des § 6 Nr. 6 des Schutzgebietsgesetzes (RGBl. 1900 S. 813) in Abänderung des § 8 Abs. 1 Unserer Verordnung, betr. die Rechtsverhältnisse in den deutschen Schutzgebieten, vom 9. November 1900 (RGBl. 1900 S. 1005) im Namen des Reichs, wie folgt:

Im Schutzgebiete von Kiautschou wird ein Gericht errichtet, welches aus dem zur Ausübung der Gerichtsbarkeit zweiter Instanz ermächtigten Beamten als Vorsitzenden und vier Beisitzern besteht.[1]) Diesem Gerichte wird die nach dem Gesetz über die Konsulargerichtsbarkeit vom 7. April 1900 begründete Zuständigkeit des Reichsgerichts für das genannte Schutzgebiet übertragen. Auf die Beisitzer und den Gerichtsschreiber, sowie auf das Verfahren finden die Vorschriften des § 8 Abs. 2 bis 5 Unserer Ver-

1. Sitz: Tsingtau. Bezeichnung: „Kaiserliches Obergericht von Kiautschou". § 1 DAnw. v. 23. Okt. 07 (nachstehend).

ordnung, betr. die Rechtsverhältnisse in den deutschen Schutzgebieten, vom 9. November 1900, Anwendung.

Diese Verordnung tritt am 1. Januar 1908 in Kraft ...

Gegeben Rominten, den 28. September 1907.

Wilhelm.
v. Tirpitz.

---

29. Dienstanweisung für die Ausübung der Gerichtsbarkeit im Kiautschougebiete, erlassen vom Reichskanzler.

Vom 23. Oktober 1907. (Amtsbl. 325. KolGG. 459.)

Zur Ausführung der Vorschriften des Schutzgebietsgesetzes in der Fassung vom 10. September 1900 und des Gesetzes über die Konsulargerichtsbarkeit vom 7. April 1900 sowie der Kaiserlichen Verordnung, betr. die Rechtsverhältnisse in den deutschen Schutzgebieten, vom 9. November 1900 und der Kaiserlichen Verordnung, betr. das Gericht zweiter Instanz für das Schutzgebiet Kiautschou, vom 28. September 1907 wird folgendes über die Gerichtsbarkeit im Kiautschougebiete bestimmt:

§ 1. Gerichtsbehörden.

(Zu §§ 2, 6 Nr. 6 des Schutzgebietsgesetzes in Verbindung mit § 5 des Gesetzes über die Konsulargerichtsbarkeit und der Kaiserlichen Verordnung, betr. das Gericht zweiter Instanz für das Schutzgebiet Kiautschou.)

1. Die Gerichte des Schutzgebietes haben ihren Sitz in Tsingtau. Die Gerichtsbehörde erster Instanz führt die Bezeichnung „Kaiserliches Gericht von Kiautschou“, die Gerichtsbehörde zweiter Instanz die Bezeichnung „Kaiserliches Obergericht von Kiautschou“; die zur Ausübung der Gerichtsbarkeit erster Instanz ermächtigten Beamten führen die Bezeichnung „Kaiserlicher Richter“, der zur Ausübung

der Gerichtsbarkeit zweiter Instanz ermächtigte Beamte führt die Bezeichnung „Kaiserlicher Oberrichter".

2. Die Justizverwaltung wird von dem Oberrichter, dem Gouverneur und dem Reichskanzler (Reichs-Marineamt) ausgeübt.

Die Verwaltung der Etatsmittel der Gerichte, einschließlich der des Gerichtsgefängnisses sowie die Führung der damit zusammenhängenden Verwaltungsgeschäfte erfolgt durch den Oberrichter unter Aufsicht des Gouverneurs. Dem Reichskanzler (Reichs-Marineamt) liegt die Sorge für eine geordnete und schnelle Rechtspflege ob. Zu deren Sicherung beaufsichtigt er die Geschäftsführung der richterlichen Beamten; er prüft Beschwerden gegen diese Geschäftsführung und entscheidet über sie. Der Oberrichter hat ihm am Schlusse des Geschäftsjahres (Kalenderjahres) einen zusammenfassenden Geschäftsbericht über die gesamte Ausübung der Gerichtsbarkeit im Schutzgebiete zu erstatten. Die erforderlichen Unterlagen sind dem Oberrichter von den Richtern zu liefern. Über die disziplinaren Verhältnisse der richterlichen Beamten trifft Art. 8 Nr. 3 der Kaiserlichen Verordnung, betr. die Rechtsverhältnisse der Landesbeamten in den Schutzgebieten, vom 9. August 1896/23. Mai 1901 Bestimmung.

Der Oberrichter führt die Dienstaufsicht über die bei den Gerichten beschäftigten nichtrichterlichen Beamten und regelt die Verteilung der Geschäfte unter ihnen. Der Gouverneur kann Anordnungen hierüber erlassen.

3. Den Gerichten steht für die von ihnen ausgehenden Schriftstücke der unmittelbare Verkehr mit allen deutschen Behörden und Beamten zu. Ausgenommen ist der Verkehr mit dem Reichskanzler, dem Reichs-Marineamt und anderen Zentralbehörden des Reichs und der deutschen Bundesstaaten; dieser erfolgt durch Vermittelung des Gouvernements.

4. Das Gericht hat dem Gouvernement von jeder Einleitung eines Strafverfahrens wegen Verbrechens oder Vergehens gegen einen Beamten oder Angestellten des Schutzgebietes unter Beifügung einer beglaubigten Ab-

schrift des Eröffnungsbeschlusses sowie von dem Ausgange des Verfahrens Mitteilung zu machen und von jeder gegen einen Beamten oder Angestellten eingehenden Klageschrift in einem Zivilprozesse Abschrift zu übersenden.

§ 2. Obergericht und Oberrichter.

1. Der Oberrichter wird in Fällen der tatsächlichen oder rechtlichen Behinderung vertreten durch die Richter nach der Reihenfolge ihres richterlichen Schutzgebietsdienstalters und, falls auch diese verhindert sind, durch die zur Vertretung der Richter berufenen Personen (siehe § 3 Nr. 2 und 3).

2. Der Oberrichter kann geeigneten bei dem Obergericht oder dem Gericht angestellten oder sonst beschäftigten nichtrichterlichen Beamten die Erledigung bestimmter Arten von Geschäften, die zur Zuständigkeit des Oberrichters oder der Richter gehören, durch schriftliche Verfügung allgemein übertragen, die zur Zuständigkeit eines Richters gehörigen Geschäfte jedoch nur mit dessen Zustimmung. Diese Befugnis erstreckt sich nicht auf die Urteilsfällung, die Beurkundung von Verfügungen von Todes wegen, die Entscheidung über Durchsuchungen, Beschlagnahme von Gegenständen und Verhaftungen sowie auf die Ernennung der Beisitzer und die Zulassung zur Rechtsanwaltschaft. Die Übertragung hindert weder den Oberrichter noch den Richter, Geschäfte der betreffenden Art selbst wahrzunehmen; sie ist jederzeit widerruflich. Die Übertragung und der Widerruf bedürfen der Zustimmung des Gouverneurs.

3. Der Oberrichter ist befugt, für das Obergericht und das Gericht die Abhaltung von Gerichtstagen außerhalb Tsingtaus anzuordnen.

§ 3. Gericht.

1. Bei dem Gericht werden so viele selbständige Abteilungen gebildet, als etatsmäßige Richter vorhanden sind.

Über die Verteilung der richterlichen Geschäfte und die gegenseitige Vertretung der Richter während des nächsten

Geschäftsjahres beschließen alljährlich im Monat Dezember die Richter unter Vorsitz des Oberrichters nach Stimmenmehrheit; bei Stimmengleichheit gibt die Stimme des Oberrichters den Ausschlag. In der Geschäftsverteilung ist vorzusehen, daß, falls dem Gouverneur ein Marinejustizbeamter beigeordnet ist, dieser zur Vertretung eines behinderten Richters berufen ist.

Die Geschäftsverteilung ist vom Oberrichter bekannt zu machen; sie darf im Laufe des Geschäftsjahres nur geändert werden, wenn diese infolge einer Organisationsänderung, einer Personalveränderung oder einer nicht nur vorübergehenden Behinderung eines Richters erforderlich wird.

3. Ist die Vertretung eines verhinderten Richters durch einen der nach der Geschäftsverteilung berufenen richterlichen Beamten aus rechtlichen oder tatsächlichen Gründen nicht möglich, so wird ein Vertreter vom Reichskanzler (Reichs-Marineamt) bestellt. In dringlichen Fällen kann der Oberrichter mit Zustimmung des Gouverneurs vorläufige Anordnungen über die Vertretung treffen.

4. Jeder Richter kann den in seiner Abteilung beschäftigten Beamten die Erledigung einzelner zu seiner Zuständigkeit gehöriger Geschäfte, mit Ausnahme der in § 2 Nr. 2 bezeichneten, durch schriftliche Anordnung übertragen.

§ 4. Beisitzer.

(Zu § 2 des Schutzgebietsgesetzes in Verbindung mit §§ 8 bis 13 des Gesetzes über die Konsulargerichtsbarkeit und der Kaiserlichen Verordnung, betr. das Gericht zweiter Instanz für das Schutzgebiet Kiautschou.)

1. Die Beisitzer und Hilfsbeisitzer des Obergerichts und des Gerichts werden vom Oberrichter ernannt. Es sind nur deutsche Reichsangehörige zu ernennen. Die Ernennungen bedürfen der Zustimmung des Gouverneurs. Der Oberrichter hat Namen und Stand der Beisitzer und Hilfsbeisitzer dem Reichskanzler (Reichs-Marineamt) anzuzeigen.

2. Die Worte, welche der Vorsitzende bei der Beeidigung an die Beisitzer zu richten hat, lauten:

„Sie schwören bei Gott, dem Allmächtigen und Allwissenden, die Pflichten eines Beisitzers des Kaiserlichen Obergerichts (Gerichts) von Kiautschou getreulich zu erfüllen und Ihre Stimme nach bestem Wissen und Gewissen abzugeben."

§ 5. Rechtsanwälte und Notare.

(Zu §§ 2 und 6 Nr. 8 des Schutzgebietsgesetzes in Verbindung mit § 17 des Konsulargerichtsbarkeitsgesetzes und § 11 der Kaiserlichen Verordnung, betr. die Rechtsverhältnisse in den deutschen Schutzgebieten.)

1. Die Zulassung zur Rechtsanwaltschaft und die Zurücknahme der Zulassung erfolgen durch den Oberrichter und bedürfen der Zustimmung des Gouverneurs.

In der Regel sollen nur deutsche Reichsangehörige zugelassen werden, die die Befähigung zum Richteramte in einem deutschen Bundesstaate erworben haben. Im übrigen setzt der Oberrichter die Voraussetzungen der Zulassung sowie der Zurücknahme derselben fest.[1])

Gegen eine Verfügung, durch die ein Antrag auf Zulassung zur Ausübung der Rechtsanwaltschaft abgelehnt oder die Zulassung zurückgenommen wird, findet Beschwerde an den Reichskanzler (Reichs-Marineamt) statt.

2. Für die Dienstverhältnisse der Notare bleibt die Verordnung vom 18. Februar 1903 (Beil. z. MarVBl. 1903 S. IX)[2]) bestehen.

§ 6. Gerichtsschreiber.

1. Die Gerichtsschreiber werden vom Reichskanzler (Reichs-Marineamt) angestellt. Sie führen die Bezeichnung

1. Vgl. die Bek. d. Oberrichters v. 24. Jan. 08 (Amtsbl. 53, KolGG. 563).

2. Vgl. Anm. 1 zu § 11 V. v. 9. Nov. 00.

„Sekretär des Kaiserlichen Obergerichts bzw. Gerichts“, sofern ihnen nicht ein Titel besonders verliehen ist.

2. Der Oberrichter kann die Geschäfte des Gerichtsschreibers einer anderen geeigneten, bei den Gerichten angestellten oder sonst beschäftigten Person übertragen.

3. Die mit den Geschäften eines Gerichtsschreibers beauftragten Personen, die nicht bereits entsprechend beeidigt sind, haben vor Ausübung ihrer Verrichtungen einen Eid dahin zu leisten:

„Ich schwöre bei Gott, dem Allmächtigen und Allwissenden, die Pflichten eines Gerichtsschreibers getreulich zu erfüllen, so wahr mir Gott helfe.“

§ 7. Gerichtsvollzieher.

Die Gerichtsvollzieher werden vom Reichskanzler ernannt. Solange besondere Beamte nicht ernannt sind, beauftragt der Oberrichter einen der Beamten des Obergerichts oder des Gerichts mit der Wahrnehmung der Geschäfte.

§ 8. Privatklagesachen.

(Zu § 3 des Schutzgebietsgesetzes in Verbindung mit § 19 Nr. 2 des Gesetzes über die Konsulargerichtsbarkeit.)

1. Zur Vornahme des Sühneversuchs vor Erhebung einer Privatklage wegen Beleidigung (§ 420 RStPO.) ist der Oberrichter zuständig; er kann mit der Vornahme im Einzelfalle einen nichtrichterlichen Beamten beauftragen.

2. Dem Beschuldigten ist beglaubigte Abschrift des Antrages auf Vornahme des Sühneversuchs nebst Terminbestimmung nach den Vorschriften über Zustellungen in Strafsachen zuzustellen. Erscheint er im Sühnetermin nicht, so wird angenommen, daß er sich auf die Sühneverhandlung nicht einlassen will.

3. Eine Bescheinigung über die Erfolglosigkeit des Sühneversuchs kann nur erteilt werden, wenn der Antragsteller im Termin erschienen ist.

4. Die Vertretung der Parteien durch Bevollmächtigte ist unzulässig. Gebrechliche Personen, Personen, die weder lesen noch schreiben können, und Minderjährige können mit einem erwachsenen Angehörigen, Ehefrauen mit ihrem Ehemanne erscheinen; im übrigen ist die Zuziehung eines Beistandes unzulässig, sofern nicht der Oberrichter sie ausnahmsweise aus besonderen Gründen gestattet.

5. Kommt im Termin ein Vergleich zustande, so ist er zu Protokoll festzustellen. Jeder Partei ist auf Antrag eine Ausfertigung gegen Erlegung der Schreibgebühren zu erteilen.

6. Das Verfahren ist gebührenfrei; bare Auslagen sind nach den für das Gericht geltenden Vorschriften zu erstatten.

§ 9. Schlußbestimmung.

Diese Dienstanweisung tritt am 1. Januar 1908 in Kraft.

Mit dem gleichen Zeitpunkte wird die Dienstanweisung, betr. Ausübung der Gerichtsbarkeit im Kiautschougebiete, vom 1. Juni 1901 (Beil. z. MarVBl. 1901 S. XVI) aufgehoben.

Berlin, den 23. Oktober 1907.

J. V. des Reichskanzlers.

v. Tirpitz.

---

30. Verordnung des Gouverneurs von Kiautschou, betr. die Zustellungen, die Zwangsvollstreckung und das Kostenwesen.

Vom 21. Juni 1904 (VBl. f. K. 16, Amtsbl. 129, KolGG. 288), genehmigt vom Reichskanzler (RMarA.) am 1. Oktober 1904.

Auf Grund der §§ 6 Nr. 7 und 15 des Schutzgebietsgesetzes i. d. F. des Gesetzes v. 25. Juli 1900, des § 10 der Kaiserl. V. betr. die Rechtsverhältnisse in den deutschen Schutzgebieten v. 9. November 1900, sowie des § 1 der V. des Reichskanzlers v. 28. April 1898 verordne ich folgendes:

Einleitende Bestimmungen.

§ 1. In den zur Zuständigkeit des Kaiserlichen Gerichts von Kiautschou gehörigen Rechtsangelegenheiten gelten für die Zustellungen, die Zwangsvollstreckung und das Kostenwesen die allgemeinen im § 3 des Schutzgebietsgesetzes erwähnten Vorschriften, soweit nicht im folgenden abweichende Bestimmungen getroffen sind.

Erster Abschnitt:

Zustellungen.

§ 2. Im Schutzgebiete gelten folgende Arten der Zustellung:

a) die Zustellung gegen Empfangsbescheinigung durch den Gerichtsboten,
b) die Zustellung durch den Gerichtsvollzieher (§§ 166 bis 169, 190, 191 der ZPO.),
c) die Zustellung durch den Gerichtsschreiber (§§ 208 bis 213 daselbst),
d) die Zustellung durch die Post (§§ 193 bis 197 daselbst), jedoch erst von einem durch den Oberrichter im Amtsblatte bekannt zu machenden Zeitpunkte an,
e) die Zustellung durch Aufgabe zur Post (§§ 175 und 192 daselbst),
f) die Zustellung von Anwalt zu Anwalt (§ 198 daselbst),
g) die öffentliche Zustellung (§§ 203 bis 207 daselbst),
h) die Zustellung nach besonderer Anordnung des Richters.

§ 3. Regelmäßig soll gegen Empfangsbescheinigung durch den Gerichtsboten zugestellt werden.

Aus der Empfangsbescheinigung soll hervorgehen:

1. das Aktenzeichen und der wesentliche Inhalt des zugestellten Schriftstücks.

2. die Person, an welche zugestellt werden soll, und die Person, an welche zugestellt ist,
3. Ort und Zeit der Zustellung,
4. die Unterschrift des Gerichtsboten.

Die Anfertigung einer Urschrift für die Akten ist nicht nötig.

§ 4. Durch den Gerichtsvollzieher wird, und zwar nach den Vorschriften der ZPO., zugestellt, wenn die betreibende Partei dies ausdrücklich beantragt, oder wenn der Richter es anordnet.

§ 5. Für die Zulässigkeit der Zustellung von Anwalt zu Anwalt gelten als Anwälte auch:

1. die zur Vertretung des Fiskus im Prozesse berufenen oder als Prozeßbevollmächtigte bestellten Beamten des Gouvernements;
2. Vormünder, Pfleger und Beistände, sowie die einer Partei von Amts wegen oder auf Antrag zugeordneten Prozeßbevollmächtigten, soweit sie öffentliche Beamte sind;
3. Beamte, welche die Vertretung einer Partei freiwillig, aber nach eingetretener Vermittelung des Gerichts übernommen haben.

§ 6. In den Fällen der öffentlichen Zustellung genügt die einmalige Bekanntmachung in den für die öffentlichen Bekanntmachungen des Gerichts bestimmten Blättern.

Der Richter kann anordnen, daß die einmalige Bekanntmachung im Amtsblatte oder in einer im Schutzgebiete erscheinenden Zeitung genügt. Bei öffentlichen Zustellungen an Chinesen bedarf es nicht der Bekanntmachung in Blättern, die außerhalb des Schutzgebietes erscheinen.

§ 7. Ist eine der unter a bis g des § 2 dieser Verordnung genannten Zustellungen nicht zweckmäßig, so ordnet der Richter die Art der Zustellung an.

Der Richter kann die Hilfe der Zivil- und Militärbehörden im Schutzgebiete in Anspruch nehmen. Die Zustellung geschieht durch die von der ersuchten Stelle beauftragte Person nach den Vorschriften über die Zustellung gegen Empfangsbescheinigung (§ 3).

Chinesen können in besonderen Fällen zur Entgegennahme eines zuzustellenden Schriftstückes auf richterliche Anordnung vorgeführt werden.

§ 8.[1])

§ 9. Solange besondere Gerichtsvollzieher nicht ernannt sind, haben die Parteien der Vermittelung des Gerichtsschreibers sich zu bedienen; die Vorschriften über die Zustellungen von Anwalt zu Anwalt (§ 5) bleiben unberührt. Soweit nicht durch die Zustellung eine Frist in Lauf gesetzt oder der Beginn der Zwangsvollstreckung ermöglicht werden soll, hat der Gerichtsschreiber die Zustellung zu veranlassen, wenn nicht die Partei den Auftrag zur Zustellung sich ausdrücklich vorbehält.

§ 10. Die Urschriften der zuzustellenden Schriftstücke, sowie die Zustellungsnachweise bleiben bei den Akten. Auf Antrag hat der Gerichtsschreiber der Partei eine Bescheinigung über die Zustellung zu erteilen. Wird durch die Zustellung eine Frist in Lauf gesetzt, so soll der Gerichtsschreiber auf dem zuzustellenden Schriftstücke vermerken, auf wessen Betreiben zugestellt wird.

§ 11. Wo nach den Vorschriften der ZPO. die Zustellung einer Zustellungsurkunde erforderlich ist, wird die im § 10 dieser V. vorgeschriebene Bescheinigung zugestellt.

§ 12. Die Vorschrift des § 187 ZPO. findet auf alle Zustellungen Anwendung.

§ 13. Die Schriftstücke werden beglaubigt durch den Gerichtsschreiber, den Gerichtsvollzieher oder, wenn die Partei, welche die Zustellung betreibt, durch eine Behörde, einen Beamten oder einen Rechtsanwalt vertreten ist, auch durch die Behörde, den Beamten oder den Rechtsanwalt.

1. S. jetzt § 7 DAnw. v. 23. Okt. 07, oben Nr. 29.

Die von den Anwälten zur Zustellung eingereichten Schriftstücke müssen von diesen beglaubigt sein.

§ 14. Sind an Chinesen Schriftstücke zuzustellen, welche eine Ladung oder die Androhung von Rechtsnachteilen enthalten, so sollen die Ladung, die Terminsstunde und ein kurzer Hinweis auf die angedrohten Rechtsnachteile auch in chinesischen Zeichen auf das zuzustellende Schriftstück gesetzt werden.

§ 15. Die Vorschrift des § 207 Abs. 1 ZPO. findet auf alle durch Vermittelung des Gerichtsschreibers bewirkte Zustellungen Anwendung.

§ 16. In Rechtsangelegenheiten, die außerhalb des Schutzgebietes verfolgt werden, kann der Richter auf den unmittelbaren Antrag der die Zustellung betreibenden auswärtigen Partei die Zustellung veranlassen. Anfechtung des einen derartigen Antrag abweisenden Bescheides findet nicht statt.

§ 17. Für die Zustellungen gelten Deutschland, andere Schutzgebiete und die Konsulargerichtsbezirke mit Ausnahme der in Schantung belegenen Orte mit Detachements und deren Umgebung als Ausland.

§ 18. In den Fällen des § 132 des Bürgerlichen Gesetzbuches wird nur durch den Gerichtsvollzieher zugestellt, und zwar unter Vermittelung des Gerichtsschreibers, solange besondere Gerichtsvollzieher nicht ernannt sind. In diesen Fällen ist die Urschrift und die Zustellungsurkunde der betreibenden Partei auszuhändigen.

Zweiter Abschnitt:

Zwangsvollstreckung.

§ 19. Die Zwangsvollstreckung ist, außer aus den im 8. Buche der ZPO. bezeichneten Titeln, auch zulässig:

1. aus Urteilen und Entscheidungen, die in Chinesensachen von dem Richter oder vom Bezirksamtmann erlassen sind.

2. aus den auf Grund einer Sühneverhandlung gemäß § 420 StPO. geschlossenen Vergleichen.

Für die Zwangsvollstreckung werden diese Schuldtitel so behandelt, als ob sie Urteile des Kaiserlichen Gerichts von Kiautschou wären.

§ 20. Solange Gerichtsvollzieher noch nicht ernannt sind (§ 8 dieser V.), ist in den Fällen, in denen die Zwangsvollstreckung durch einen Gerichtsvollzieher zu erfolgen hat, der Vollstreckungsauftrag dem Gerichtsschreiber zur weiteren Veranlassung einzureichen.

§ 21. Erscheint die Zwangsvollstreckung durch den Gerichtsvollzieher unzweckmäßig, so kann der Richter abweichende Anordnungen treffen.

Er kann die Bezirksämter und das Polizeiamt, in den Standorten der Detachements auch diese, um Vornahme der Zwangsvollstreckung ersuchen. Die Zwangsvollstreckung erfolgt in diesen Fällen durch die von der ersuchten Behörde dazu bestellte Person nach den für den Gerichtsvollzieher bestehenden Vorschriften, soweit nicht das Gericht abweichende Bestimmungen trifft.

§ 22. Soll aus einem Urteil gegen Chinesen vollstreckt werden, so genügt die Zustellung einer abgekürzten Urteilsausfertigung, die Tatbestand und Gründe nicht enthält. Der Tenor soll auch in chinesischer Übersetzung mit zugestellt werden.

§ 23. Das Vollstreckungsgericht kann auch ohne Antrag und ohne Anhörung einer Partei die im § 825 ZPO. erwähnten Anordnungen treffen, insbesondere die Herausgabe gepfändeter Sachen an einen Auktionator zum Zwecke der Versteigerung anordnen.

§ 24. Aus Schuldtiteln, die in Deutschland, einem anderen Schutzgebiete, einem Konsulargerichtsbezirke oder einem Staate erwachsen sind, dessen Behörden im Wege der Rechtshilfe die Urteile deutscher Gerichte vollstrecken, kann das Gericht auf unmittelbaren Antrag des Gläubigers die Zwangsvollstreckung bewirken. Die Anfechtung des einen derartigen Antrag abweisenden Bescheides findet nicht statt.

Dritter Abschnitt:

Kostenwesen.

Erster Titel: Allgemeine Bestimmungen.

§ 25. Bei der Berechnung des Wertes im Sinne der Zivilprozeßordnung und der Kostengesetze ist die Mark gleich einem halben Dollar zu rechnen.

§ 26. Die Kostensätze betragen im Schutzgebiet ebensoviel Dollar und Zent, wie sie in Preußen Mark und Pfennige betragen würden.

§ 27. Für die Gebühren der Notare, der Rechtsanwälte und der Gerichtsvollzieher gelten die in Preußen allgemein geltenden gesetzlichen Bestimmungen ...[1]) soweit nicht in dieser V. ein anderes bestimmt ist. Die Vorschriften der §§ 25, 26 und 33 dieser V. finden Anwendung.

§ 28. Die Höhe von Gebühren- und Auslagen-Vorschüssen bestimmt nach seinem Ermessen und unter Ausschluß von Rechtsmitteln das Gericht.

§ 29. Wo in den Kostengesetzen die Entscheidung der Aufsichtsbehörde, insbesondere dem Justizminister, zugewiesen ist, trifft sie endgültig der Oberrichter.

§ 30. In Gerichtskostensachen ist zur Vertretung des Fiskus des Schutzgebietes der Gerichtsschreiber des Kaiserlichen Gerichts von Kiautschou berufen, welcher die Geschäfte der Gerichtskasse führt.

§ 31. Der Oberrichter ist befugt, Gerichtskosten (einschließlich der baren Auslagen) wegen Armut des Zahlungspflichtigen, Schwierigkeit der Beitreibung und aus ähnlichen Gründen, reine Gerichtsgebühren auch aus Billigkeitsrücksichten niederzuschlagen.

Bei Vergleichen kann das Gericht die Kosten nach freiem Ermessen aber nicht unter dem Werte der baren

---

1. Folgt Aufzählung. Vgl. Anm. 6 zu § 19 KGG.

Auslagen und nicht über dem nach § 26 dieser V. zu ermittelnden Kostenbetrage festsetzen.

§ 32. Gebührenfreiheit genießen außer den in den allgemeinen Kostengesetzen bezeichneten Personen, Vereinen und Stiftungen:

a) die deutschen Schutzgebiete,

b) die im § 8 Nr. 2—7 des PrGKG. bezeichneten Personen, Vereine und Stiftungen, wenn sie ihren Sitz in Deutschland oder einem Schutzgebiet haben, oder unter deutscher Konsulargerichtsbarkeit stehen.

§ 33. Eine Erhöhung der Gebührensätze bei Verhandlungen in fremden Sprachen findet nicht statt.

§ 34. Die Gerichtskosten werden zwangsweise eingetrieben auf Grund des Vollstreckungsauftrages und auf Betreiben des die Geschäfte der Gerichtskasse führenden Gerichtsschreibers.

§ 35.[1])

Zweiter Titel: Einzelbestimmungen.

§ 36. Für die Höhe der den Rechtsanwälten nach § 63 der D. GebO. zustehenden Gebühren ist es entscheidend, ob in Deutschland die Sache in erster Instanz vor das Schöffengericht, die Strafkammer oder das Schwurgericht gehören würde.

§ 37. Für die Zustellung gegen Empfangsbescheinigung durch den Gerichtsboten (§ 3 dieser V.) werden Gerichtsgebühren nicht erhoben.

§ 38. 1. An Stelle des § 17 Abs. 1 GVollzGebO. (RGBl. 1898 S. 683) treten folgende Bestimmungen:

Reisekosten erhält der Gerichtsvollzieher nach Maßgabe der im Schutzgebiete für Beamte und Militärpersonen bestehenden besonderen Bestimmungen.

2. Eine Abführung von Teilen der durch den Gerichtsvollzieher verdienten Gebühr an den Fiskus findet nicht statt.

1. Enthält eine Übergangsbestimmung.

3. Alle dem Gerichtsvollzieher von Amts wegen aufgetragenen Zustellungen erfolgen gebührenfrei.

4. Die §§ 2—6 der Allg. Verf. des Pr. Justizministers v. 8. Dezember 1899, betr. die nicht durch Gesetz bestimmten Gebühren der Gerichtsvollzieher, sowie die Gebühren der Gerichtsvollzieher im Verwaltungszwangsverfahren (JMBl. 1899 S. 721) finden Anwendung.

§ 39. Die D. GebO. für Zeugen u. Sachverständige (RGBl. 1898 S. 689) findet nur auf Nichtchinesen Anwendung. Nichtchinesischen Zeugen, Sachverständigen und Dolmetschern können auf Antrag höhere, als die ihnen nach der Gebührenordnung zustehenden Beträge zugebilligt werden, wenn dieses nach den besonderen Umständen des Falles unter Berücksichtigung der örtlichen Verhältnisse ausnahmsweise angemessen erscheint.

Für chinesische Zeugen, Sachverständige und Dolmetscher setzt das Gericht die Gebühren nach seinem Ermessen fest.

§ 40. Zum Pr. GKG. (GS. 1899 S. 326) wird folgendes bestimmt:

1. Für die gerichtliche oder notarielle Beglaubigung von Unterschriften und Handzeichen werden statt der Gebühren der §§ 42 und 43 fünf Dollar für jeden Beglaubigungsvermerk erhoben, jedoch nur zwei Dollar, wenn der Wert des Rechtsverhältnisses zweihundert Dollar nicht übersteigt.
2. Für die im § 58 Nr. 1 bezeichneten Angelegenheiten wird eine Gebühr von einem vom Hundert des Wertes, mindestens werden aber zehn Dollar erhoben.
3. An Stelle des § 72 Nr. 1, 2 treten folgende Vorschriften:

   Für die Eintragung in das Handelsregister sind zu erheben:

   I. bei Einzelkaufleuten:

      a) für die Eintragung der Firma, sowie von Veränderungen fünfzehn Dollar,

      b) für Löschungen fünf Dollar,

II. bei offenen Handelsgesellschaften und Kommanditgesellschaften das Doppelte dieser Sätze.

4. Den im § 72 Nr. 3 bezeichneten Gesellschaften treten die Kolonialgesellschaften hinzu. Statt der Sätze zu 1 a des § 72 werden bei allen diesen Gesellschaften zwanzig Dollar eingesetzt.

5. Für die Eintragung der Prokura werden zehn Dollar, für ihre Löschung fünf Dollar erhoben.

6. An Stelle der in dem § 74 Abs. 2 und 3 genannten Sätze wird unterschiedslos eine Gebühr von einem Dollar und fünfzig Cent erhoben.

Schlußbestimmungen.

§ 41. Diese Verordnung tritt am 1. Juli 1904 in Kraft. . .

§ 42. Der Oberrichter wird mit der Ausführung dieser Verordnung beauftragt.

Tsingtau, den 21. Juni 1904.

Der Kaiserliche Gouverneur.
Truppel.

---

31. Verordnung des Gouverneurs von Kiautschou, betr. die Rechtsverhältnisse der Chinesen.[1])

Vom 15. April 1899. (MVBl. S. XXV. KolGG. 4, 191.)

Unter Aufhebung der Verordnung, betreffend die Rechtsverhältnisse der Chinesen vom 1. Juli 1898, wird folgendes bestimmt:

1. Vgl. auch wegen der Zustellungen, Zwangsvollstreckungen und des Kostenwesens die GouvV. v. 21. Juni 04 (vorstehend).

I. Allgemeine Bestimmungen.

§ 1. Werden bei einer strafbaren Handlung Chinesen und Nichtchinesen als Täter, Teilnehmer, Begünstiger oder Hehler gemeinschaftlich beschuldigt, oder sind Chinesen und Nichtchinesen in einen bürgerlichen Rechtsstreit verwickelt, so ist das Kaiserliche Gericht auch zur Verhandlung und Entscheidung gegen Chinesen zuständig. In diesem Falle findet das für Nichtchinesen geltende Recht auch auf Chinesen Anwendung.

§ 2. In den Fällen, welche nicht unter § 1 fallen, wird die Gerichtsbarkeit über Chinesen durch den Richter und vom Gouverneur ernannte Beamte (Bezirksamtmänner) ausgeübt.

§ 3. Die Bezirksamtmänner haben, soweit sie noch nicht als Reichsbeamte beeidigt sind, vor ihrem Dienstantritt folgenden Eid zu leisten:

„Ich schwöre bei Gott dem Allmächtigen und Allwissenden, die Pflichten eines Bezirksamtmannes treu und gewissenhaft zu erfüllen. So wahr mir Gott helfe!"

§ 4. Zur Erforschung der chinesischen Rechtsanschauungen sind erforderlichenfalls die Dorfältesten oder andere geeignete Persönlichkeiten zu hören.

II. Strafrechtspflege.

§ 5. Alle Handlungen, welche

1. durch Verordnungen des Gouverneurs mit Strafen bedroht sind,
2. nach den Gesetzen des Deutschen Reiches den Tatbestand eines gegen das Reich, sowie gegen Gesundheit, Leben, Freiheit und Eigentum eines andern gerichteten Verbrechens und Vergehens, oder
3. den Tatbestand einer Übertretung enthalten, welche im Interesse der öffentlichen Ordnung unter Strafe gestellt ist oder
4. im Chinesischen Reich mit Strafen belegt werden,

sind strafbar.

§ 6. Die zulässigen Strafen sind:

1. Prügelstrafe bis zu 100 Schlägen,
2. Geldstrafe bis zu 5000 Dollar,
3. zeitige Freiheitsstrafe bis zu 15 Jahren,
4. lebenslängliche Freiheitsstrafe,
5. Todesstrafe.

Auf sie kann allein oder in Verbindung miteinander oder mit Ausweisung aus dem Schutzgebiet erkannt werden.

Bei der Ausweisung ist dem Beschuldigten für den Fall seiner Rückkehr eine Strafe anzudrohen, welche sofort vollstreckt werden kann, wenn der Beschuldigte wieder innerhalb des Schutzgebietes betroffen wird.

Bei Umwandlungen von Geldstrafen in Freiheitsstrafen ist der Betrag von 1 Dollar einer ein- bis fünftägigen Freiheitsstrafe gleich zu achten.

§ 7. Die Strafmündigkeit beginnt mit dem vollendeten 12. Lebensjahre. Personen, welche das 18. Lebensjahr noch nicht vollendet haben, sind nur in Ausnahmefällen zu Freiheitsstrafen zu verurteilen und dann von anderen Verbrechern getrennt zu halten. Für die Handlungen jugendlicher Personen kann deren Vater, älterer Bruder, Vormund oder diejenige Person zu einer Strafe verurteilt werden, deren Obhut der jugendliche Verbrecher anvertraut ist.

§ 8. Gegen eine Person weiblichen Geschlechts darf auf Prügelstrafe nicht erkannt werden.

§ 9. Die Vollstreckung der Prügelstrafe erfolgt mit einem vom Gouverneur genehmigten Züchtigungsinstrument. Das auf Prügelstrafe lautende Urteil kann auf ein- oder mehrmaligen Vollzug ergehen. Bei jedem Vollzug darf die Zahl von 25 Schlägen nicht überschritten werden. Bei der Vollstreckung ist auf den Körperzustand der Verurteilten Rücksicht zu nehmen.

§ 10. Die Freiheitsstrafe kann mit Zwangsarbeit verbunden werden. Die Art der Beschäftigung bestimmt der mit Ausübung der Polizeigewalt betraute Beamte. Widerspenstige Personen dürfen bei der Arbeit gefesselt werden.

Personen, welche zum ersten Male zu einer Freiheitsstrafe verurteilt werden, können gegen Sicherheitsleistung, in besonderen Fällen auch ohne solche, auf freiem Fuß belassen werden.

In derselben Weise können Gefangene, welche sich während ihrer Strafzeit gut geführt und mindestens die Hälfte ihrer Strafe verbüßt haben, vorläufig entlassen werden.

Wird eine Person, welche vorläufig auf freiem Fuße belassen oder aus der Haft entlassen ist, innerhalb eines Jahres seit ihrer Verurteilung oder Entlassung wiederum verurteilt, so ist die erste Strafe ganz zu vollstrecken und die Sicherheit der Staatskasse verfallen.

Die nach Absatz 2 und 3 notwendigen Verfügungen trifft der Beamte, welcher das Endurteil erlassen hat, oder sein rechtlich berufener Stellvertreter.

§ 11. Zur Verfolgung einer strafbaren Handlung ist derjenige Bezirksamtmann zuständig, in dessen Bezirk die Tat begangen oder der Beschuldigte ergriffen ist, oder derjenige, in dessen Bezirk der Beschuldigte seinen Wohnsitz hat. In der Regel ist die Untersuchung von demjenigen Bezirksamtmann zu beenden, welcher die erste Untersuchung vorgenommen hat.

§ 12. Die Bezirksamtmänner sind befugt, auf Freiheitsstrafen bis zu drei Monaten, Prügelstrafen und Geldstrafen bis zu Dollar 500 allein oder in Verbindung miteinander oder mit Ausweisung zu erkennen.

Das Urteil, welches einer schriftlichen Begründung nicht bedarf, ist dem Angeschuldigten zu verkünden. Das Urteil ist in ein Spruchbuch nach anliegendem Muster einzutragen.

Über die Protokollierung der Zeugenaussagen und die Vereidigung von Nichtchinesen, welche als Zeugen vernommen werden, entscheidet der richterliche Beamte nach seinem Ermessen.[1])

§ 13. Hält der Bezirksamtmann seine Strafgewalt nicht für ausreichend, so hat er alle erforderlichen Untersuchungshandlungen vorzunehmen und die Akten dem Richter einzusenden. Dem Richter steht es frei, weitere Beweise zu erheben, oder die Untersuchung persönlich zu führen. Er entscheidet auf Grund der Akten.

§ 14. Urteile, durch welche auf Todesstrafe erkannt ist, bedürfen der Bestätigung durch den Gouverneur. Dieser bestimmt die Art, in welcher die Todesstrafe zu vollstrecken ist.

§ 15. Gegen die Urteile der Bezirksamtmänner ist die Berufung an den Richter zulässig, wenn auf höhere Strafe erkannt ist als Freiheitsstrafe von sechs Wochen oder Geldstrafe von 250 Dollar.

Die Berufung ist innerhalb drei Tagen nach der Verkündung des Urteils bei dem Bezirksamtmann, dessen Entscheidung angefochten wird, zu Protokoll zu erklären. Ist die Berufung zulässig, so richtet sich das weitere Verfahren nach § 13.

§ 16. Gerichtskosten werden nicht erhoben. Die Geldstrafen fließen zur Staatskasse.

III. Zivilrechtspflege.

§ 17. Den Entscheidungen ist das örtliche Gewohnheitsrecht zugrunde zu legen. Der Gouverneur bestimmt durch jedesmalige Verordnung, welche Reichsgesetze bei Zivilstreitigkeiten, wo nur Chinesen beteiligt sind, Anwendung finden.

---

1. Vgl. hierzu die GouvV., betr. Rechtspflege in Chinesensachen, v. 7. Aug. 02, genehm. v. RK. (RMarA.) am 9. Dez. 02 (AmtsBl. 113, KolGG. 6, 650):

„Nichtchinesen, welche den an sie als Zeugen oder Sachverständige ergangenen Ladungen des Gerichts oder eines Bezirksamtes nicht nachkommen oder grundlos ihr Zeugnis oder Gutachten verweigern, werden mit Geldstrafe bis zu 150 Mark oder mit Haft bis zu vier Wochen bestraft."

§ 18. Die Klage ist schriftlich bei dem zuständigen Beamten einzureichen oder bei diesem oder einer anderen von ihm dazu bestimmten Person zu Protokoll zu erklären.

§ 19. Als Beweismittel sind Urkunden, Zeugen, Sachverständige und Augenscheinseinnahme zulässig. Die Bestimmung des § 12 Absatz 3 findet entsprechende Anwendung.[1])

§ 20. Wenn der Wert des Streitgegenstandes 250 Dollar nicht übersteigt, sind die Bezirksamtmänner zur Entscheidung zuständig. Örtlich zuständig ist der Bezirksamtmann, in dessen Bezirk der Beklagte sich aufhält oder seinen Wohnsitz hat.

Ist der Streitgegenstand eine unbewegliche Sache, so ist derjenige Bezirksamtmann zuständig, in dessen Bezirk die Sache belegen ist.

§ 21. Der Richter entscheidet in allen Fällen, die nicht zur Zuständigkeit der Bezirksamtmänner gehören.

Gegen die Urteile der Bezirksamtmänner ist die Berufung an den Richter zulässig, wenn der Wert des Streitgegenstandes 150 Dollar übersteigt.

Das Verfahren richtet sich nach §§ 13 und 15.

§ 22. Wird der Kläger abgewiesen, weil sich die von ihm behaupteten Tatsachen als unwahr herausgestellt haben, so kann er in eine Geldstrafe genommen werden, welche den Wert des Streitgegenstandes nicht übersteigen darf. Ist die Geldstrafe nicht beizutreiben, so tritt Freiheitsstrafe, welche mit Zwangsarbeit verbunden sein kann, an ihre Stelle.

§ 23. Wird der Beklagte verurteilt, so kann gegen ihn für den Fall, daß er dem Urteil nicht binnen einer bestimmten Frist nachkommt, eine Geld- oder Freiheitsstrafe festgesetzt werden. Von der eingehenden Geldstrafe ist der Kläger zu befriedigen.

§ 24. In bürgerlichen Rechtsstreitigkeiten werden vom Kläger zwei Prozent vom Werte des Streitgegenstandes an Kosten erhoben, jedoch nicht unter 1 Dollar bei Sachen,

---

1. Vgl. Anm. 1 S. 256.

die zur Zuständigkeit der Bezirksamtmänner gehören, bei allen übrigen nicht unter 10 Dollar. Der unterliegende Teil ist zum Ersatz der Kosten an den Kläger zu verurteilen.

§ 25. Die Art der Zwangsvollstreckung bestimmt der Beamte, welcher das Urteil erster Instanz gesprochen hat.

§ 26. Dem mit der Ausübung der Gerichtsbarkeit betrauten Beamten steht es frei, in geeigneten Fällen die Kosten niederzuschlagen.

§ 27. Diese Verordnung tritt mit ihrer Verkündigung in Kraft.

Tsingtau, den 15. April 1899.

Der Kaiserliche Gouverneur

Jaeschke.

---

32. Verordnung des Gouverneurs von Kiautschou, betr. Dienstverletzungen chinesischer Arbeiter und Dienstboten.

Vom 1. Juli 1898. (Amtsbl. 00, 57. KolGG. 5, 192.)

Chinesen, die in einem Dienstverhältnis oder Arbeitsverhältnis stehen, können auf Antrag der Dienst- und Arbeitgeber wegen fortgesetzter Pflichtverletzung und Trägheit, wegen Widersetzlichkeit oder unbegründeten Verlassens ihrer Dienst- und Arbeitsstellen sowie wegen sonstiger erheblicher Verletzungen des Dienst- und Arbeitsverhältnisses und Verleitung anderer dazu mit Geldstrafe bis zur halben Höhe des Monatslohnes, mit körperlicher Züchtigung bis zu 50 Hieben und, in Verbindung mit diesen Strafen oder allein, mit Freiheitsstrafen, nicht über 21 Tage, bestraft werden.

Zu der Verhängung dieser Strafen ist der zuständige Bezirksamtmann befugt.

Tsingtau, den 1. Juli 1898.

Der Kaiserliche Gouverneur.

Rosendahl.

---

33. Allerhöchste Order, betr. Verwaltung des Kiautschou-gebietes.[1])

Vom 27. Januar 1898. (MVBl. 63. KolGG. 4, 160.)

Ich bestimme hierdurch folgendes: Mit dem Eintreffen des nach China entsandten Bataillons Marineinfanterie und der Kompagnie Matrosenartillerie ist die Landungsabteilung Meines Kreuzergeschwaders zurückzuziehen. Die gesamte Verwaltung des an der Kiautschou-Bucht vertragsmäßig an Deutschland überlassenen Gebietes wird von diesem Zeitpunkt an bis auf weiteres dem Reichskanzler (Reichs-Marineamt) übertragen. Die militärische Besatzung für dieses Gebiet wird dem Staatssekretär des Reichs-Marineamts unterstellt, welcher den Oberbefehl nach Meinen Anordnungen zu führen hat. Mit Bezug auf die höhere Gerichtsbarkeit über die militärische Besatzung des überlassenen Gebietes sehe ich Ihren Vorschlägen entgegen. Sie haben hiernach das Weitere zu veranlassen.

Berlin, Schloß, den 27. Januar 1898.

Wilhelm.

Fürst v. Hohenlohe.

An den Reichskanzler (Reichs-Marineamt).

---

1. Vgl. hierzu aus der Allerh. O. v. 1. März 98 (MVBl. 64, KolGG. 4, 161): Im Anschluß an Meine Order vom 27. Januar 1898 bestimme Ich hierdurch: 1. An der Spitze der Militär- und Zivilverwaltung im Kiautschou-Gebiet steht ein Seeoffizier mit dem Titel Gouverneur. Derselbe ist oberster Befehlshaber der militärischen Besatzung im Kiautschou-Gebiet und Vorgesetzter aller in demselben angestellten Militärpersonen sowie der Beamten der Militär- und Zivilverwaltung 2. Ich verleihe dem Gouverneur für die ihm unterstellte Besatzung und über die sonstigen im Kiautschou-Gebiet angestellten Militärpersonen und Beamten die gerichtsherrlichen, Disziplinar- und Urlaubsbefugnisse eines Marinestationschefs. 5. Die Stellvertretung des Gouverneurs fällt dem ältesten Befehlshaber der militärischen Besatzung im Kiautschou-Gebiet zu. 6. Die gerichtsherrlichen, Disziplinar- und Urlaubsbefugnisse des Gouverneurs gehen während einer Vertretung auf den Stellvertreter über, sofern derselbe Stabsoffizier ist. 7 Ich verleihe dem Staatssekretär des Reichs-

34. Verfügung des Reichskanzlers, betr. Regelung der Rechtsverhältnisse und die Ausübung der Gerichtsbarkeit in Kiautschou.

Vom 27. April 1898. (MVBl. 151. KolGG. 4, 167.)

Zur Ausführung der Vorschriften der Kaiserl. Verordnung v. 27. April 1898 (RGBl. S. 173), betr. die Rechtsverhältnisse in Kiautschou, wird auf Grund des § 11 des Ges., betreffend die Rechtsverhältnisse der deutschen Schutzgebiete (RGBl. 1888 S. 75), folgendes bestimmt:

§ 1. Verordnungsrecht des Gouverneurs.

(Zu § 3, Ziffer 1, 2, 10 und 11 des Gesetzes vom 15. März 1888; §§ 2, 3 und 7 der Verordnung.)

Der Gouverneur wird bis auf weiteres ermächtigt, Anordnungen zu erlassen über:

1. die Rechtsverhältnisse der Chinesen und der Angehörigen farbiger Volksstämme, soweit dieselben nicht der Gerichtsbarkeit des § 1 der Kaiserlichen Verordnung unterstellt sind,
2.[1])
3. das Zustellungswesen,
4. die Zwangsvollstreckung,
5. das gerichtliche Kostenwesen,

zu 3 bis 5, insoweit es sich um die Anwendung einfacherer Bestimmungen als derjenigen der deutschen Gesetze handelt.

Ferner wird der Gouverneur ermächtigt, für das Gebiet von Kiautschou oder für einzelne Teile desselben polizeiliche und sonstige die Verwaltung betreffende Vorschriften zu er-

---

Marineamts über die ihm unterstellte militärische Besatzung im Kiautschou-Gebiet und über die sonstigen in diesem Gebiet angestellten Militärpersonen die gleichen gerichtsherrlichen, Disziplinar- und Urlaubsbefugnisse wie die des kommandierenden Admirals.

1. Betraf Befugnis zur Regelung der Rechtsverhältnisse an unbeweglichen Sachen einschl. des Bergwerkseigentums. Maßgebend ist jetzt die Ksl V. v. 21. Nov. 02, oben Nr. 5.

lassen und gegen die Nichtbefolgung derselben Gefängnis bis zu drei Monaten, Haft, Geldstrafe und Einziehung einzelner Gegenstände anzudrohen.

Der Gouverneur hat die von ihm erlassenen Verordnungen ohne Verzug dem Reichskanzler (Reichs-Marineamt) zur Genehmigung vorzulegen. Die Gültigkeit seiner Anordnungen erleidet hierdurch keinen Aufschub.

§§ 2—6.[1])

Berlin, den 27. April 1898.

Der Reichskanzler.
Fürst zu Hohenlohe.

---

35. Auszug aus der Verordnung des Gouverneurs von Kiautschou, betr. Ordnung des Polizeiwesens in Tsingtau.[2])

Vom 14. Juni 1900. (Amtsbl. 5. KolGG. 5, 211.)

§ 1. Für das Stadtgebiet von Tsingtau mit dem Sitze in Tsingtau ist ein Polizeiamt errichtet, an dessen Spitze ein Polizeioffizier steht. Dem Polizeiamte unterstehen die Polizeistationen.

§ 3. Dem Polizeiamte liegt ob, die nötigen Anstalten zur Erhaltung der Sicherheit, Bequemlichkeit, Reinlichkeit, Gesundheit und Ruhe und zur Abwendung dem Publikum drohender Gefahren zu treffen.

Falls der eigene Schutz oder die Aufrechterhaltung der öffentlichen Sittlichkeit, Sicherheit und Ruhe es erfordern, können Personen in polizeiliche Verwahrung genommen werden.

§ 4. a) Das Polizeiamt ist befugt, in Ausübung der ihm nach § 3 verliehenen Gewalt Verfügungen zu erlassen.

---

1. Aufgehoben. In betreff der Gerichtsbarkeit ist jetzt die DAnw. v. 23. Okt. 07 (oben Nr. 29) maßgebend.
2. Vgl. auch in betreff der Baupolizei die GouvV. v. 11. Okt. 98 Amtsbl. 07, 85, KolGG. 07, 436).

b) Zur Durchführung dieser Verfügungen stehen dem Polizeiamte folgende Zwangsbefugnisse zu: die Ausführung der zu erzwingenden Handlung ist durch einen Dritten auf Kosten des Inanspruchgenommenen zu erwirken; persönliche Leistungen und Unterlassungen sind durch Androhung und Festsetzung von Strafen, Geldstrafen bis zu 100 Dollar, Prügelstrafe (nur bei Chinesen) bis zu 15 Hieben, Haft bis zu einer Woche zu erzwingen; unmittelbarer Zwang ist nur im äußersten Falle anzuwenden.

c) Die polizeilichen Verfügungen werden schriftlich zugestellt oder mündlich zu Protokoll eröffnet. In beiden Fällen ist Beschwerdeweg und Beschwerdefrist bekannt zu geben.

d) Gegen die polizeilichen Verfügungen und Androhungen findet eine schriftliche Beschwerde mit einwöchentlicher Frist, vom Tage der Zustellung oder Eröffnung an gerechnet, an den Gouverneur statt, dessen Entscheidung endgültig ist. Die Beschwerde hat keine aufschiebende Wirkung.

§ 5. Der Polizeioffizier ist befugt, gegen Chinesen bei Übertretungen und Zuwiderhandlungen gegen Verordnungen des Gouverneurs im Falle, daß die Schuld zweifellos erwiesen ist, eine sofort zu vollstreckende Strafe bis zu 10 Dollar oder bis zu 25 Hieben zu verhängen.

§ 6. Chinesen, welche wegen Übertretungen von Verordnungen des Gouverneurs oder Straftaten gegen §§ 360, 364 bis 370 RStGB. festgenommen sind, können gegen Hinterlegung von Geld oder Zurücklassung von geldwertigen Gegenständen in Freiheit belassen werden. Über die Freigabe der Sicherheit entscheidet der richterliche Beamte; dieselbe verfällt, wenn der Hinterleger nicht an dem von ihm angegebenen Orte zu ermitteln ist oder sich auf richterliche Ladung nicht gestellt oder binnen einer Woche sich nicht zu den täglich abgehaltenen Terminen des Bezirksamts einfindet. Die die Sicherheit betreffenden Entscheidungen werden durch Beschluß des mit der Strafsache befaßten richterlichen Beamten (Richters, Bezirksamtmanns) getroffen

III.

Übersicht über die Behörden in den Schutzgebieten.

Nach dem Stande vom April 1910.

(Die Leiter der mit † bezeichneten Behörden sind zur Eheschließung und zur Beurkundung des Personenstandes ermächtigt.)

Deutsch-Ostafrika.

1. Gouvernement: Daressalam.

2. Allgemeine Verwaltung.

a) Bezirksämter (und Bezirksnebenstellen): Daressalam, †Bagamojo (Sadani), †Pangani (Handeni), Tanga, †Wilhelmstal, †Mohoro, †Kilwa (Chole), †Lindi (Kibata, Mikindani, Liwale), †Ssongea, †Langenburg (Muaja), †Morogoro (Kilossa), †Mpapua (Kondoa-Irangi), †Tabora (Schinjanga), Muansa (Schirati), †Moschi (Aruscha), †Udjidji (Bismarckburg).

b) Residenturen: †Bukoba, †Ruanda, †Urundi.

c) Militärstationen, welche gleichzeitig Geschäfte der Zivilverwaltung wahrnehmen: †Iringa, †Mahenge, †Kilimatinde.

d) Biologisch-landwirtschaftliches Institut: Amani.

e) Bauinspektion: Daressalam.

3. Justizverwaltung.

Obergericht: Daressalam.

Bezirksgerichte: † Daressalam, † Tanga, † Muansa.

4. Zollverwaltung.

Hauptzollämter: Daressalam, Bagamoja, Tanga, Lindi, Muansa. Ferner zahlreiche Nebenzollämter und Zollstationen.

Deutsch-Südwestafrika.[1])

1. Gouvernement: Windhuk.

2. Allgemeine Verwaltung.

a) Bezirksämter (unterstellte Distriktsämter): † Windhuk, † Swakopmund, † Lüderitzbucht, † Keetmanshoop († Hasuur), † Gibeon, † Karibib, † Outjo († Okaukwejo, † Zesfontein), † Grootfontein (Namutoni), † Warmbad, † Rehoboth, † Waterberg.

b) Selbständige Distriktsämter: † Omaruru, † Gobabis, † Okahandja, † Bethanien, † Maltahöhe.

c) Hafenamt: Swakopmund.

d) Bergbehörde: Windhuk.

3. Justizverwaltung.

Obergericht: Windhuk.

Bezirksgerichte: Windhuk, Swakopmund, Lüderitzbucht, Keetmanshoop, Omaruru.

4. Zollverwaltung.

Zollämter: Windhuk, Keetmanshoop, Swakopmund, Lüderitzbucht. Ferner eine Reihe von Zollstationen.

5. Eisenbahnverwaltung.

Betriebsleitung: Windhuk.

---

1. Die Grenzen der Verwaltungs- und Gerichtsbezirke in DSWA. sind auf der von Sprigade u. Moisel bearbeiteten Karte dieses Schutzgebiets (Berlin, Dietrich Reimer, 1910) angegeben, der auch ein Ortschaftsverzeichnis beigefügt ist.

Kamerun.

1. Gouvernement: Buëa.

2. Allgemeine Verwaltung.

a) Bezirksämter: Duala, Viktoria, Kribi, † Edea, † Jaunde, Ossidinge.

b) Verwaltungsbezirke: Buëa, Johann-Albrechtshöhe, Jabassi, Molundu, Bare, Lomie.

c) Stationen: Rio del Rey, Joko, Akonolinga, Ntum, Campo.

d) Versuchsanstalt für Landeskultur: Viktoria.

3. Justizverwaltung.

Obergericht: Buëa.

Bezirksgerichte: † Duala, † Viktoria, † Kribi, † Lomie.

4. Zollverwaltung.

Hauptzollamt: Duala. Zollämter: Kribi, Viktoria. Ferner mehrere Zollstationen.

Togo.

1. Gouvernement: Lome.

2. Allgemeine Verwaltung.

a) Bezirksämter: Lome Stadt, Lome Land, † Anecho, † Misahöhe.

b) Stationen: Atakpame, Kete-Kratschi, Sokode-Bassari, Mangu-Jendi.

3. Justizverwaltung.

Obergericht: In Buëa (Kamerun). Vgl. § 8 V. v. 9. Nov. 1900.

Bezirksgericht: † Lome.

4. Zollverwaltung.

Zollämter: Lome, Agbanake, Tokpli, Noepe. Ferner 16 Zollhebestellen.

Deutsch-Neu-Guinea

einschließlich des Inselgebiets der Karolinen, Palau und Marianen sowie der Marshall-, Brown- und Providence-Inseln.

1. Gouvernement: Rabaul.

2. Allgemeine Verwaltung.

   Bezirksämter und unterstellte Regierungsstationen: Rabaul (†Namatanai [Neu-Mecklenburg-Süd], †Käwieng [Neu-Mecklenburg-Nord], †Kieta [Salomonsinseln]), Friedrich-Wilhelmshafen (†Eitape [Kaiser Wilhelmsland]), Ponape [Ostkarolinen] (†Truk), Jap [Westkarolinen, Marianen] (†Saipan [Marianen], †Korror [Palauinseln], †Angaur [Palauinseln]), Jaluit [Marshallinseln] (†Nauru).

3. Justizverwaltung.

   Obergericht: Rabaul.
   Bezirksgerichte: †Herbertshöhe,[1]) †Friedrich-Wilhelmshafen, †Ponape, †Jap, †Jaluit.

4. Zollverwaltung.

   Zollamt: Simpsonhafen. (Im übrigen wird der Zolldienst durch die Bezirksämter und Stationen wahrgenommen.)

Samoa.

1. Gouvernement: Apia.

2. Allgemeine Verwaltung.

   a) Polizeivorsteher, Chinesenkommissar: Apia.
   b) Station: Savaii.

3. Justizverwaltung.

   Obergericht und Bezirksgericht: Apia.

---

1. Verlegung nach Rabaul bevorstehend.

4. Zollverwaltung.
Zollamt: Apia.

Kiautschou.

1. Gouvernement: Tsingtau.

2. Landesverwaltung.
†[1]) Zivilkommissar: Tsingtau.
Bezirksämter: Tsingtau und Litsun.

3. Justizverwaltung.
Kaiserl. Obergericht und Kaiserl. Gericht: Tsingtau.

4. Besondere Lokalbehörden: Bauverwaltung, Werft, Hafenamt, Polizeiamt, Landamt, sämtlich in Tsingtau.

(Die Geschäfte des Zollamts werden durch das Chinesische Seezollamt wahrgenommen.)

1. Für den Fall der Behinderung des Zivilkommissars ist der Ksl. Richter zur Eheschließung und Beurkundung des Personenstandes ermächtigt. Erl. d. RK. v. 21. Jan. 01 (KolGG. 6, 572).

Sachregister.

Besondere Abkürzungen: DA. = Deutsch-Ostafrika. SWA. = Deutsch-Südwestafrika. K. = Kamerun. T. = Togo. NG. = Deutsch-Neu-Guinea. Ki. = Kiautschou. SchG. = Schutzgebiete.

Die Zahlen bezeichnen die Seiten.

H.

J.

K.

U.

V.

Herrosé & Ziemsen, G. m. b. H., Wittenberg.

Guttentag'sche Sammlung

Deutscher Reichsgesetze.

Text-Ausgaben mit Anmerkungen. Taschenformat.

---

1. **Verfassung** des Deutschen Reichs. Von Dr. **L. von Rönne.** 9. Aufl. von Landrat **P. von Rönne.** 1904. Mit Abänderungen vom Mai 1906. 2 M. 40 Pf.
2. **Strafgesetzbuch** für das Deutsche Reich. Von Dr. **H. Rüdorff.** 23. Aufl. neubearbeitet von Prof. Dr. **Fr. v. Liszt** und Dr. **Ernst Delaquis.** 1910. M. Pf.
3. **Militärstrafgerichtsordnung** nebst Einführungsgesetz Von Wirkl. Geheimen Kriegsrat Dr. jur. **A. Romen** u. Kriegsgerichtsrat Dr. jur. **Carl Rissom.** 1910. Im Druck.
4. **Handelsgesetzbuch vom 10. Mai 1897** unter Ausschluß des Seerechts. 13. Aufl. herausgegeben von Geh. Justizrat Prof. Dr. **A. Mosse.** 1905. 3 M.
5. Allgemeine Deutsche **Wechselordnung.** 10. Aufl. von Justizrat Dr. **J. Stranz** und Rechtsanwalt Dr. **M. Stranz,** und das Reichsgesetz über die **Wechselstempelsteuer** von Geh. Regierungsrat **P. Loeck.** 10. Aufl. 1909. 3 M.

5a. **Wechselstempelsteuergesetz** apart. 10. Aufl. 1 M. 25 Pf.

6. **Reichsgewerbeordnung** nebst Ausführungsbestimmungen. Von **Berger** und **Wilhelmi.** 18. veränderte und sehr vermehrte Auflage von Stadtrat Dr. **Karl Flesch** in Verbindung mit Dr. **Friedr. Hiller** u. Dr. **Herm. Luppe.** 1910. M.

Ergänzungsband: **Preußische Ausführungsanweisung.** 1904. 2 M.

7. **Post- und Telegraphen-Gesetzgebung.** Nebst Weltpostvertrag und internationalem Telegraphenvertrag. 6. Aufl. von Geh. Ober-Postrat Dr. **M. König.** 1908. 4 M.

8. Die Reichsgesetze über den **Unterstützungswohnsitz die Freizügigkeit, den Erwerb und Verlust der Bundes- und Staatsangehörigkeit.** Von Geheimrat Dr. **J. Krech,** Mitglied d. Bundesamtes für das Heimatwesen. 7. Aufl. Mit Anhang: Gesetz für Elsaß-Lothringen v. 1909. 1908. 3 M.

9. **Sammlung kleinerer strafrechtlicher Reichsgesetze.** Bearbeitet von **M. Werner,** Geh. Ober-Regierungsrat. 2. Aufl. 1903. 3 M.

10. Das **Reichsbeamtengesetz** von **J. Pieper.** 2. Aufl. 1901. 4 M. 50 Pf.

— In der Fassung von 1907 siehe Nr. 82.

11. **Zivilprozeßordnung mit Gerichtsverfassungsgesetz.** in den neuesten Fassungen. Von **R. Sydow.** Fortgeführt von **L. Busch.** 12. Aufl. 8⁰. 1910. 6 M. 50 Pf.

Die Novelle als Anhang der 11. Aufl. einzeln ist jetzt vergriffen!

12. **Strafprozeßordnung und Gerichtsverfassungsgesetz** nebst den Gesetzen, betr. die Entschädigung der im Wiederaufnahmeverfahren freigesprochenen Personen und die Entschädigung für unschuldig erlittene Untersuchungshaft. Von Dr. **A. Hellweg,** Reichsgerichtsrat. 15. Aufl. 1908. 2 M.

13. **Konkursordnung und Anfechtungsgesetz.** Von **R. Sydow.** Fortgeführt von **L. Busch.** 10. Aufl. 1906. 2 M. 25 Pf.

14. **Gerichtsverfassungsgesetz** mit Einführungsgesetz. Herausgegeben von **R. Sydow.** Fortgeführt von **L. Busch.** 9. Aufl. 1905. Mit Nachtrag v. 1. VI. 1909. 1 M. 50 Pf.

15. **Das Deutsche Gerichtskostengesetz** nebst den Gebührenordnungen für Gerichtsvollzieher, Zeugen und Sachverständige. Von **R. Sydow.** Weiter bearbeitet von **L. Busch.** 8. Aufl. 1907. Mit Nachtrag v. 1. VI. 1909. 2 M.

16. **Rechtsanwaltsordnung.** Von **R. Sydow.** 6. Aufl. von Justizrat **M. Jacobsohn.** 1907. 1 M. 20 Pf.

17. **Die Deutsche Gebührenordnung für Rechtsanwälte und das Preußische Gebührengesetz** vom 27. September / 6. Oktober 1899. Von **R. Sydow.** Fortgeführt von **L. Busch.** 9. Aufl. 1910. 2 M.

18. **Reichsstempelgesetz (Börsensteuer, Frachturkunde, Kraftfahrzeuge, Personenfahrkarte, Tantieme für Aufsichtsratsmitglieder).** Vom 15. Juli 1909. Von **P. Loeck,** Geh. Regierungsrat. 10. Aufl. 1910. 8°. M. Pf.

19. **Die Seegesetzgebung.** Von Dr. **W. E. Knitschky.** 4. Aufl. bearbeitet von Oberlandesgerichtsrat **Otto Rudorff** in Hamburg. 1908. Mit Anhang vom Januar und Juli 1909. 6 M.

20. **Krankenversicherungsgesetz.** Von weil. Dr. **E. von Woedtke.** 11. Aufl. von Geh. Reg.-Rat Dr. **G. Eucken-Addenhausen.** 1905. 3 M.

21. Die **Konsulargesetzgebung.** Von Professor Dr. **Ph. Zorn.** 2. Aufl. 1901. 3 M.

22. **Patentgesetz.** Nebst Ausführungsbestimmungen, völkerrechtlichen Verträgen und der Patentanwalts-Ordnung. 7. Aufl. bearbeitet von **R. Lutter,** Geh. Reg.-Rat im Kaiserl. Patentamt. 1908. 2 M. 80 Pf.

23. **Gewerbe-Unfallversicherungsgesetz.** Von weil. Dr. **E. v. Woedtke.** 9. Aufl. von **Franz Caspar,** Direktor im Reichsamt des Innern. 1907. 2 M. 50 Pf.

24. **Aktiengesellschaft und Kommanditgesellschaften auf Aktien.** Von Justizrat Dr. **H. Veit Simon** und Amtsrichter **L. Keyssner.** 1910. 6. Aufl. Im Druck.

25. **Brausteuergesetz** vom 15. Juli 1909. Von **A. Düffe**, Oberzollrevisor. 2. Aufl. 1909. 3 M.

26. **Die Reichsgesetzgebung über Münz- und Notenbankwesen**, Papiergeld, Prämienpapiere und Reichsschulden. Von Dr. jur. **R. Koch**, Präsident des Reichsbankdirektoriums. 6. Aufl. 1910. 4 M.

27. Die Gesetzgebung, betr. **das Gesundheitswesen** im Deutschen Reich. Von Dr. jur. **C. Goesch** und Dr. med. **J. Karsten.** 1888. 1 M. 60 Pf.

28. **Bau-Unfallversicherungsgesetz.** Vom 30. Juni 1900. Von **R. Chrzescinski**, Kaiserl. Regierungsrat. 3. Aufl. 1900. 2 M.

29. **Erwerbs- und Wirtschaftsgenossenschaften.** Von **L. Parisius** und Dr. **H. Crüger.** 13. Aufl. von Dr. **H. Crüger.** 1910. 1 M. 50 Pf.

30. **Invalidenversicherungsgesetz** vom 13. Juli 1899. Von weil. Dr. **E. v. Woedtke.** 10. Aufl. von Regierungsrat **H. Follmann.** 1906. 4 M.
Siehe auch Handausgabe von Freund Seite 24.

31. **Gewerbegerichtsgesetz.** Von Stadtrat **L. Mugdan.** 6. Aufl. bearbeitet von **W. Cuno,** Erstem Bürgermeister zu Hagen i. W. 1906. 2 M. 20 Pf.

32. **Reichsgesetz, betr. die Gesellschaften mit beschränkter Haftung.** Von **L. Parisius** und Dr. **H. Crüger.** 10. Aufl. von Dr. **H. Crüger.** 1910. 1 M. 40 Pf.

33. **Vereins- und Versammlungsrecht.** Von Dr. **E. Ball.** 2. Aufl. von Dr. **F. Friedenthal.** 1907. 2 M. 50 Pf.
Reichs-Vereinsgesetz vom 19. April 1908 vide Nr. 88.

34. Die **Abzahlungsgeschäfte.** Gesetz vom 16. Mai 1894. 2. vermehrte Aufl. besorgt von Dr. **E. Wilke,** Landgerichtsrat. 1901. 1 M. 20 Pf.

35. Die **Reichs-Eisenbahngesetzgebung.** Von **W. Coermann,** Kaiserl. Amtsrichter. 1895. 2 M. 25 Pf.

36. Gesetze, betr. die **privatrechtlichen Verhältnisse der Binnenschiffahrt und der Flößerei.** Von **E. Löwe,** Landgerichtsrat. 4. Aufl. 1909. 3 M.

37. Gesetz gegen den **unlauteren Wettbewerb.** 5. Auflage. Von Justizrat **Pinner.** 1909. 1 M.

38/39. **Bürgerliches Gesetzbuch nebst Einführungsgesetz** von Dr. **A. Achilles.** In Verbindung mit Professor Dr. **André,** Kammergerichtsrat **Ritgen,** Reichsgerichtsrat **Strecker,** Ministerialrat Dr. **Unzner** herausgegeben von Geh. Ober-Justizrat **Greiff.** 6. Aufl. 8°. 1909. 6 M. 50 Pf.

40. Gesetz, betr. die **Pflichten der Kaufleute bei Aufbewahrung fremder Wertpapiere (Depotgesetz).** Mit Erläuterungen. Von **F. Lusensky,** Geh. Ober-Regierungsrat. 2. Aufl. 1905. 1 M.

41. **Börsengesetz.** In der Fassung der Novelle von 8. Mai 1908. 2. Aufl. Von Wirkl. Geh. Ob. Regierungsrat **Th. Hemptenmacher,** Staatskommissar an der Berliner Börse. 1908. 2 M.

42. **Grundbuchordnung** nebst den preußischen Ausführungsbestimmungen. Mit Einleitung. Von Prof. Dr. **O. Fischer.** 5. Aufl. 1909. 2 M.

43. **Zwangsvollstreckung in das unbewegliche Vermögen** im Reiche und in Preußen. Mit Einleitung, Kosten- und Gebührentabellen. Von Dr. **J. Krech**, Kaiserl. Geh. Regierungsrat und Professor Dr. **O. Fischer.** 5. Aufl. 1907. 2 M.

44. Das Reichsgesetz über das **Auswanderungswesen** vom 9. Juni 1897. Von Professor Dr. **Felix Stoerk.** 1899. 2 M. 25 Pf.

45. Das **Entmündigungsrecht** unter Berücksichtigung der für Preußen geltenden Vorschriften nebst der preußischen Justiz-Ministerial-Verfügung vom 28. November 1899. Von Landgerichtsrat Dr. **P. Koll** in Cöln. 1900. 1 M. 50 Pf.

46. Die Gesetze des Reiches und Preußens über die **freiwillige Gerichtsbarkeit.** Von **Herm. Jastrow**, Amtsgerichtsrat. 4. Aufl. 1906. 3 M.

47. **Das deutsche Vormundschaftsrecht und das preuß. Gesetz** über die Fürsorgeerziehung Minderjähriger nebst den dazu gehörigen preußischen Nebengesetzen. Von **Max Schultzenstein**, Oberverwaltungsgerichtsrat und Amtsgerichtsrat Dr. **Paul Köhne**. 2. Aufl. 1901. 3 M.

48. **Gesetze** und Verordnungen, betr. den **Drogen-, Gift- und Farbenhandel** außerhalb der Apotheken. Von Dr. **Broh**, Rechtsanwalt. 1899. 1 M. 25 Pf.

49. Deutsche **Kolonialgesetzgebung**. Von Professor Dr. **Philipp Zorn**. 1901. 4 M. 50 Pf.

50. Der **Viehkauf** (Viehgewährschaft) nach dem Bürgerlichen Gesetzbuche. Nebst Verordn. betr. die Hauptmängel und Gewährsfristen beim Viehhandel. Von Rechtsanwalt Dr. **H. Stölzle** und Königl. Kreistierarzt **H. Weiskopf**. 4. Aufl. 1908. 4 M.

51. **Hypothekenbankgesetz** vom 13. Juli 1899. Von Dr. **H. Göppert**, Gerichts-Assessor. 1900. 1 M. 80 Pf.

52. Gesetz, betreffend die gemeinsamen **Rechte der Besitzer von Schuldverschreibungen.** Von Dr. **Heinrich Göppert**, Gerichts-Assessor. 1900. 2 M.

53. **Reichspreßgesetz** vom 7. Mai 1874. Kommentar von **A. Born**, Polizeiassessor. 1900. 1 M. 50 Pf.

54. **Die Reichsgesetzgebung über den Verkehr mit Nahrungsmitteln, Genußmitteln und Gebrauchsgegenständen.** Von Dr. **Georg Lebbin,** Nahrungsmittelchemiker. 1900. 2 M. 25 Pf.

55. **Das Recht der Beschlagnahme von Lohn- und Gehaltsforderungen.** Von Justizrat **Georg Meyer.** 3. Aufl. 1908. 2 M. 50 Pf.

56. **Gesetz,** betr. die **Bekämpfung gemeingefährlicher Krankheiten.** Nebst Ausführungsbestimmungen. Von Dr. **Bruno Burkhardt,** Regierungsrat, Mitglied des Kais. Gesundheitsamts. 1900. 1 M. 40 Pf.

57. **See-Unfallversicherungsgesetz.** Von **Dr. Max Mittelstein,** Oberlandesgerichtsrat in Hamburg. 1901. 2 M.

58. **Das Recht der unehelichen Kinder nach** dem BGB. Von **Hermann Jastrow,** Amtsg.-Rat. 1901. 1 M. 80 Pf.

59. Reichsgesetz über die **Beurkundung des Personenstandes und die Eheschließung.** Von Dr. **F. Fidler,** Amtgerichtsrat. 1901. 1 M. 80 Pf.

60. Gesetz, betreffend das **Urheberrecht an Werken der Literatur und der Tonkunst.** Von Landrichter **Otto Lindemann.** 2. Aufl. 1907. 1 M. 60 Pf.

61. Gesetz über das **Verlagsrecht.** Von Justizrat **Ernst Heinitz.** 1901. 1 M. 50 Pf.

62. Über die **privaten Versicherungsunternehmungen.** Von **H. Könige,** Reichsgerichtsrat. 2. Aufl. in Bearbeitung.

63. **Gesetzestafel des Deutschen Reichsrechts.** Systematisch geordnete Nachweisung des z. Z. geltenden Reichsrechts. Ergänzungsband zu der Guttentag'schen Sammlung Deutscher Reichsgesetze. Von **Hugo Bruhns,** Syndikus. 1902. 8°. 2 M. 50 Pf.

64. Gesetzsammlung betr. den **Handel mit Drogen und Giften.** Reichsgesetzl. Bestimmungen und Anhang mit den landesgesetzl. Verordnungen sämtlicher Bundesstaaten. Von Rechtsanwalt **H. Sonnenfeld,** Syndik. d. Berl. Drogisten-Innung. 1902. 3 M.

65. **Das Weingesetz** in der Fassung v. 1909. Mit Ausführungsbestimmungen von Dr. **Georg Lebbin,** Handels- u. Gerichtschemiker. 2. Aufl. 1909. 2 M. 50 Pf.

66. **Die Eisenbahn-Gesetzgebung.** Von **W. Pietsch,** Geh. exp. Sekretär im Reichs-Eisenbahn-Amt. 1902. 5 M.

67. **Militär-Strafgesetzbuch.** In Vorbereitung.

68. **Das Fleischbeschaugesetz.** Vom 3. Juni 1900. Von Dr. **Georg Lebbin,** Gerichtschemiker und Rechtsanwalt Dr. **Georg Baum.** 1903. 4 M.

69. **Reichsgesetz über die Naturalleistungen der bewaffneten Macht im Frieden** nebst den in Preußen geltenden Bestimmungen. Von Regierungsassessor Dr. **Walter v. Hippel.** 1903. 1 M. 25 Pf.

70. **Das Reichs-Haftpflichtgesetz,** vom 7. Juni 1871. Von Regierungsrat Dr. **G. Eger.** 1903. Preis 3 M.

71. **Kinderarbeit in gewerblichen Betrieben,** v. 30. März 1903. Von **H. Spangenberg,** Oberverwaltungsgerichtsrat. 2. Aufl. 1904. 1 M. 60 Pf.

72. **Unfallversicherungsgesetz für Land- und Forstwirtschaft** von weil. Dr. **E. von Woedtke,** fortgesetzt von **Alfred Radtke,** Geh. Regierungsrat und Senatspräs. im Reichsversicherungsamt. 2. Aufl. 1904. 4 M. 50 Pf.

73. **Entschädigung für unschuldig erlittene Verhaftung und Bestrafung.** Nebst Anhang, enth. die dazu gehörigen Nebengesetze über Schadensersatz. Von Dr jur. **A. Romen,** Wirkl. Geh. Kriegsrat. 1904. 2 M.

74. Die **Kaufmannsgerichte** nebst den preuß. Ausführungsbestimmungen. Von Prof. Dr. **Max Apt,** 3. Aufl. 1905. 2 M.

75. **Reichsgesetz über die Konsulargerichtsbarkeit.** Von Dr. jur. **A. F. Vorwerk,** Rechtsanwalt in Schanghai. 2. Ausgabe, mit dem Schutzgebietsgesetz und der Ausführungsverordnung, betr. die Rechtsverhältnisse in den Schutzgebieten. 1908. 2 M.

76. **Die Rechtshilfe im Verkehr mit den ordentlichen Gerichten nach deutschem Reichsrecht.** Von Landrichter Dr. **A. Friedländer.** 1906. 1 M. 80 Pf.

77. **Das Reichserbschaftssteuergesetz.** Vom 3. Juni 1906. Von **Ulrich Hoffmann,** Geh. Registrator im Kgl. Preuß. Finanzministerium. 1910. M. P.

78. **Zigarettensteuergesetz.** Vom 15. Juli 1909. Von Dr. **Cuno,** Regierungsassessor. 2. Aufl. 1909. Im Druck, nach Erlaß der sämtl. Ausf.-Best.

79. **Die Militärpensionsgesetze** vom 31. Mai 1906 nebst Ausführungsbestimmungen. Zum Gebrauch für Heer, Marine und Schutztruppe von Dr. jur. **A. Romen,** Wirklicher Geheimer Kriegsrat.
a) I. Teil: Offizierpensionsgesetz. 1907. 3 M. 50 Pf.
b) II. Teil: Mannschaftsversorgungsgesetz. 1908. 3 M. 50 Pf.

80. Reichsgesetzgebung über **gerichtliche Registerführung.** Von **Otto Lindemann,** Landrichter. 1906. 3 M.

81. Gesetz, betr. **Urheberrecht an Werken der bildenden Künste und der Photographie.** Von Dr. **Ludw. Fuld,** Rechtsanwalt. 1907. 1 M.

82. **Reichsbeamtengesetz** in der Fassung vom 18. Mai 1907 und seine Ergänzungen von Geheimrat Professor Dr. **Ad. Arndt.** 1908. 3 M.

83. Reichsgesetz über **den Versicherungsvertrag** nebst Einführungsgesetz. Von Dr. **Paul Hager** und Dr. **R. Behrend,** Regierungsräte im Kaiserl. Aufsichtsamt f. Privatversicherung. 1908. 5 M.

84. **Sammlung kleinerer privatrechtlicher Reichsgesetze** von Landrichter **Georg Müller.** 1908. 6 M. 50 Pf.

85. **Scheckgesetz** mit Einleitung usw. Von Prof. Dr. **Max Apt.** 5. Aufl. Mit Postscheckordnung v. 6. XI. 1908 und im Anhang „Besteuerung des Schecks". 1909. 2 M.

Postscheckordnung vom 6. XI. 08. Apart mit Erläuterungen u. Ausführungsbestimmungen. (30 Pf.)

86. **Die Auslieferungsverträge des Deutschen Reiches** von Landrichter **A. Cohn.** 1908. 4 M.

87. Gesetz zum **Schutz der Warenbezeichnungen.** Von Geh. Reg.-Rat, Mitgl des Patentamts Dr. **Freund** u. Rechtsanwalt **Magnus.** 5. Aufl. 1909. 3 M. 50 Pf.

88. **Vereinsgesetz** vom 19. April 1908. Von Dr. jur. **A. Romen,** Wirkl. Geh. Kriegsrat. 2. Aufl. 1908. 1 M. 50 Pf.

89. **Vogelschutzgesetz** vom 30. Mai 1908 nebst den das Flugwild betr Bestimmungen der Preußischen Jagdordnung von Dr. jur. **Leo von Boxberger.** 1908. 1 M.

90. Die Haager Abkommen über das **Internationale Privatrecht** von Dr. **G. A. E. Bogeng.** 1908. 2 M. 20 Pf.

91. **Eisenbahn-Verkehrsordnung** vom 23. Dez. 1908. Mit Ausführungsbestimmungen. Von Regierungsassessor bei der Eisenbahndirektion Breslau Dr. **Ernst Blume.** 1909. 2 M. 50 Pf.

92. **Gesetz**, betr. den **Verkehr mit Kraftfahrzeugen.** Von Amtsrichter **R. Kirchner.** 1909. 2 M. 80 Pf.
93. **Gesetz** über die **Sicherung der Bauforderungen** v. Justizrat Dr. **E. Harnier.** 2. Aufl. 1909. 1 M. 30 Pf.
94. **Haftpflicht der Reichs- und Staats-Beamten** v. Dr. **H. Delius.** 2. Aufl. 1909. 3 M. 50 Pf.
95. Die Berner Uebereinkunft über **internationales Urheberrecht** von Dr. **Herm. Dungs,** vortrag. Rat im Reichsjustizamt. 1910. 1 M.
96 **Branntweinsteuergesetz** vom 15. Juli 1909. Unter Berücksichtigung der für das Reich erlassenen Ausführungsbestimmungen. Von Geh. Reg. Rat **Johs. Nay,** vortrag. Rat im Reichsschatzamt. 1910. 3 M. 50 Pf.
97. **Schutzgebietsgesetz** nebst der Verordnung betr. die Rechtsverhältnisse in den Schutzgebieten, Anwendung der Konsulargerichtsbarkeit sowie Ausführungsbestimmungen und ergänz. Vorschriften. Von **Johs. Gerstmayer** Wirkl. Legationsrat u. Vortrag. Rat im Reichskolonialamt. 1910. M.
98. **Sechs Haager Abkommen** über **Internationales Privatrecht.** Von Dr. **Herm. Dungs,** vortrag. Rat im Reichs-Justizamt. 1910. M.
99. **Die Abkommen der Haager Friedenskonferenz** von Dr. jur. **Hans Wehberg.** M.

Guttentag'sche Sammlung

Preußischer Gesetze.

Text-Ausgaben mit Anmerkungen. Taschenformat.

---

1. **Die Verfassungs-Urkunde** für den Preußischen Staat. Mit Einleitung, vollständigem Kommentar. Von Prof. Dr. **Adolf Arndt.** 6. Aufl. 1907. 3 M.

2. **Preußische Beamten-Gesetzgebung.** Enthaltend die wichtigsten Beamtengesetze in Preußen. Von **C. Pfafferoth.** 4., neubearb. Aufl. 1905. Mit Anhang: Abänderung vom 27. Mai 1907. 2 M.

3. **Die Aufnahme des Nottestaments** durch die bestellten Urkundspersonen. Anweisung mit Musterbeispielen und Abriß des Erbrechts von Amtsgerichtsrat **C. Kurtz.** 1904. 1 M. 50 Pf.

4. **Gebührenordnung** für Notare vom 25. Juni 1895. Von **R. Sydow.** 3. Aufl. bearbeitet von Justizrat Dr. **Rausnitz.** 1908. 1 M. 60 Pf.

5. **Gesetz vom 24. April 1854 (betr. die außerehel. Schwängerung).** Von Dr. **Schulze.** 1873. 75 Pf. Gültiges Recht siehe: Reichsgesetze Nr. 58.

6. **Die Preuß. Ausführungsgesetze und Verordnungen zu den Reichs-Justizgesetzen.** Von **R. Sydow.** 3. vermehrte Aufl. 1895. 2 M. 40 Pf. S. Seite 25, Busch-Eylau, Ausführungsgesetze.

7. **Allg. Gerichtsordnung und Preuß. Konkursordnung.** Von **F. Vierhaus.** Vergriffen.

8. **Vormundschaftsordnung.** Von **F. Schultzenstein.** Gültiges Recht siehe: Reichsgesetze Nr. 47.

9. **Die Preußische Grundbuchgesetzgebung.** Von Prof. Dr. **Fischer.** Vergriffen. Siehe: Reichsgesetze Nr. 42.

10. **Einkommensteuergesetz.** Von **A. Fernow,** Geh. Ober-Finanzrat. 7. Aufl. 1908/9. Mit Nachtrag v. 22. III. u. 26. V. 09. 3 M. 25 Pf.

11. **Gewerbesteuergesetz.** Von **A. Fernow,** Geh. Ober-Finanzrat. 5., vermehrte Aufl. 1910. 3 M.

12. **Allgemeines Berggesetz** für die Preußischen Staaten vom 24. Juni 1865. Von **W. Westhoff** und **W. Schlüter.** 2. Aufl. 1907. Mit Nachtrag v. 1909. 5 M.

13. **Ergänzungssteuergesetz** (Vermögenssteuergesetz). Von **A. Fernow,** Geh. Ober-Finanzrat. 4. vermehrte Aufl. 1907. 2 M. 40 Pf.

14. **Kommunalabgabengesetz.** Vom 14. Juli 1893 und Gesetz wegen Aufhebung direkter Staatssteuern. Von Dr. **F. Adickes,** Oberbürgermeister. 4. Aufl. 1906. 1 M. 50 Pf.

15. Die **Kreisordnungen** für den Preußischen Staat. Von **O. Kolisch,** Landgerichtsrat. 1894. 4 M.

16. **Konzessionierung gewerblicher Anlagen.** Preuß. Ausführungs-Anweisung zu §§ 16 u. ff. der Gewerbe-Ordnung. Von Dr. **W. v. Rüdiger,** Geh. Regierungs- u. Gewerberat. 2. Aufl. 1901. 2 M.

17. **Preußisches Gerichtskostengesetz.** Mit Kostentabellen. Von Dr. **P. Siméon,** Landgerichtsrat. 5. Aufl. 1908. 2 M. 60 Pf.

18. **Preußisches Stempelsteuergesetz** vom 30. Juni 1909. Mit Ausführungsbestimmungen und Tabellen. Von **P. Loeck,** Geh. Regierungsrat. 6. Aufl. mit Anhang. 8°. 1907/09. 6 M.

19. **Das Jagdscheingesetz.** Mit ausführlichen Erläuterungen. Von **F. Kunze,** Wirklichem Geh. Ober-Regierungsrat. 2. Aufl. 1899. 2 M.

20. **Die preußischen Erbschaftssteuergesetze.** Unter Berücksichtigung der Novelle vom 31. Juli 1895. Von **U. Hoffmann,** Geh. Registrator im Königl. preuß. Finanzministerium. 1905. 4 M.
(Reichs-Erbschaftssteuergesetz s. Reichsgesetze Nr. 77).

21. **Gesetz über die Handelskammern.** Von **F. Lusensky,** Geh. Regierungsrat. 2. Aufl. 1909. 3 M.

22. **Gesetz, betr. Anstellung und Versorgung der Kommunalbeamten.** Von Dr. **W. Ledermann,** Magistratsassessor zu Berlin. 1899. 1 M. 25 Pf.

23. **Ausführungsgesetz zum Bürgerlichen Gesetzbuche.** Von Landrichter Dr. **P. Siméon.** 2. Aufl. 1905. 1 M. 80 Pf.

24. **Die Hinterlegungsordnung** in der Fassung des Ausführungsgesetzes z. BGB. v. 20. Sept. 1899 nebst Ausführungsbestimmungen. Von Regierungsrat Dr. **Georg Bartels.** 2. Aufl. 1908. 2 M.

25. **Preußische Kommunalbeamtengesetzgebung.** Von Magistr.-Assess. Dr. **Fr. Kremski**, Berlin. 1901. 3 M.

26. **Gesetze über das Diensteinkommen der Lehrer und Lehrerinnen, Ruhegehalt und Fürsorge für Hinterbliebene.** Tabelle zur Berechnung der Ruhegehalts-, Witwen- u. Waisenbezüge. Von Dr. **Ed. Cremer**, Beigeordneter. 1900. 2 M. 40 Pf.

27. **Gesetz,** betreffend die **Warenhaussteuer.** Von Geh. Ober-Finanzrat Dr. **G. Strutz.** 1900. 1 M. 20 Pf.

28. **Gesetz über die Fürsorgeerziehung Minderjähriger.** Von Landgerichtsdirektor Dr. **P. F. Aschrott.** 2. umgearbeitete Aufl. 1907. 2 M. 80 Pf.

29. **Gesetz,** betr. **die ärztlichen Ehrengerichte, das Umlagerecht und die Kassen der Aerztekammern.** Von Amtsgerichtsrat Dr. **F. Fidler.** 1901. 1 M. 50 Pf.

30. **Die das Preußische Staatsschuldbuch** und **Reichsschuldbuch** betr. Gesetze nebst Ausführungsbestimmungen. Von Wirkl. Geh. Ober-Finanzrat **J. Mücke**, Mitglied der Staatsschuldenverwaltung. 1902. 2 M.

31a. **Die geltenden Preußischen Gesindeordnungen.** Herausgegeben in zwei Bänden von **Stephan Gerhard**, Rechtsanwalt in Berlin. 1902.

Band I: Gesindeordnung für die altpreußischen Provinzen vom 8. XI. 1810, mit Erläuterungen unter Berücksichtigung der Ergänzungsgesetze und der Rechtsverhältnisse der Gesindevermieter, sowie die Gesindeordnungen für Neuvorpommern und Rügen und für die Rheinprovinz. 2 M. 50 Pf.

31b. **Band II:** Gesindeordnungen für Hannover, Schleswig-Holstein, Hessen-Nassau und den Regierungsbezirk Hohenzollern. 2 M. 50 Pf.
Siehe auch Seite 24: Ratgeber von Grieben.

32. **Die Städteordnung für die sechs östlichen Provinzen Preußens vom 30. Mai 1853.** Von **Dr. jur. Walter Ledermann,** Magistrats-Assessor zu Berlin. 8°. 1902. 6 M.

33. **Rentenguts- und Anerbenrechts-Gesetzgebung in Preußen.** Von Landgerichtsrat **M. Peltasohn** und Rechtsanwalt **Bruno Peltasohn.** 1903. 3 M.

34. Sammlung der wichtigsten **preußischen Strafgesetze** nebst Anhang: Gesetz betr. polizeiliche Strafverfügungen vom 23. April 1883. Von **Otto Lindemann,** Amtsrichter. 1903. 2 M. 50 Pf.

35. **Geschäftsordnung für Gerichtsvollzieher.** Gerichtsvollzieherordnung und Gebührensätze von Amtsgerichtssekretär **Emil Exner.** 1904. 3 M. 50 Pf.

36. **Polizeiverordnungen in Preußen.** Von **Otto Lindemann,** Landrichter. 1904. 1 M. 50 Pf.

37. Gesetz über die **Enteignung von Grundeigentum** vom 11. Juni 1874. Von Landrichter **O. Meyer.** 1905. 2 M.

38. **Kreis- und Provinzial-Abgabengesetz.** Vom 23. April 1906. Von **Fr. Schmidt,** Gemeindevorsteher. 1906. 1 M. 25 Pf.

39. Gesetz betr. die **Unterhaltung der öff. Volksschulen.** Von **Dr. A. Marcks,** Reg.-Rat. 1906. 2 M.
40. **Verwaltungsstrafverfahren** bei Zuwiderhandlungen gegen die Zollgesetze und indirekte Reichs- und Landesabgaben, sowie die Bestimmungen über die Schlacht- und Wildpretsteuer vom 26. Juli 1897. Von **Dr. Richard Katzenstein,** Gerichtsassessor. 1907. 3 M. 60 Pf.
41. Die **preußischen Jagdpolizeigesetze.** Von **Fr. Kunze,** Wirkl. Geh. Oberregierungsrat und **R. Kühnemann,** Rechtsanwalt. 2. Aufl. 1907. 3 M. 60 Pf.
42. Die Gesetzgebung über die **Allgemeine Landesverwaltung** und über die **Zuständigkeit der Verwaltungs- und Verwaltungsgerichtsbehörden.** Von Rechtsanwalt **Dr. Karl Friedrichs.** 1908. 3 M.
43. Gesetz betr. die **Zulassung einer Verschuldungsgrenze** für land- und forstwirtschaftlich benutzte Grundstücke v. 20. August 1906 nebst Ausführungsvorschriften. Von Dr. jur. **R. Leweck,** Syndikus der Ostpreuß. Landschaft. 1908. 2 M. 40 Pf.
44. **Quellenschutzgesetz** vom 14. Mai 1908 nebst den Ausführungsbestimmungen von **Carl Voelkel,** Geheimer Bergrat. 1909. 1 M.
45. **Rechtsverhältnisse der Juden in Preußen** von Dr. jur. et rer pol. **Max Kollenscher,** Rechtsanwalt. 1910 2 M. 40 Pf.

Die Preußischen Ausführungsgesetze, Verordnungen und ministeriellen Verfügungen zu dem Bürgerlichen Gesetzbuche und den Reichs-Justizgesetzen nebst anderen zugehörigen Gesetzen. Von **L. Busch.** 2. Aufl. von Landrichter **O. Eylau.** 8°. Preis geb. 4 M. 50 Pf.

Preußische Bürgerliche Gesetzsammlung. Sammlung der noch geltenden Landesgesetze privatrechtlichen Inhalts. Herausgegeben von den Gerichtsassessoren **D. Fischer** und **Dr. F. Schroeder.** 8°. 2 Bände Preis geb. in ganz Leinen 20 M.

Erster Band: **Das Allgemeine Landrecht mit den Einführungs-Patenten.** Preis 6 M.

Zweiter Band: **Gesetze von 1773—1902.** Preis 14 M.

Preußisches Baupolizeirecht. Mit Kommentar der Baupolizeiverordnung für die Vororte von Berlin. Vom 28. Mai 1907. Von Gemeinde-Baurat **Carl Saß,** Königlichen Reg.-Baumeister a. D. Preis 6 M.

Straßen- und Baufluchtliniengesetz. Kommentar für den praktischen Gebrauch mit zeichnerischen Darstellungen von Gemeindebaurat **Karl Saß,** Kgl. Regierungsbaumeister a. D. 8°. Preis kartoniert 3,— M.

Fluchtliniengesetz. — Das Gesetz, betreffend die **Anlegung** und **Veränderung** von Straßen und Plätzen in Städten und ländlichen Ortschaften vom 2. Juli 1875. Des Kommentars von weil. Oberverwaltungsgerichtsrat R. Friedrichs. Sechste, völlig neubearbeitete Auflage. Von Senatspräsident Dr. jur. Hugo von Strauß und Torney. 1909. Im Druck.

Invalidenversicherungsgesetz vom 13. Juli 1899. Handausgabe mit Anmerkungen herausgegeben von Dr. Richard Freund, Vorsitzendem der Landes-Versicherungsanstalt Berlin. 3 Aufl. geb. 5 M.

Wie leitet man eine Versammlung? Geschäftlicher Handweiser für Vorsitzende. Von einem Mitgliede des deutschen Reichstages und des preußischen Abgeordnetenhauses. 2. Aufl. 1908. kart. 1 M.

Praktischer Ratgeber für Dienstherrschaften nach dem Preuß. Gesinderecht unter Berücksichtigung der neueren Entscheidungen bearbeitet von H. Grieben, Verwaltungsdir. a. D. u. Bürgermeister. 1908. 1 M.

Das Recht der Handlungsgehilfen und Handlungslehrlinge. Von Rechtsanwalt Hugo Horrwitz. 2. Aufl. 1905. (203 S.) Geb. in Leinen 3 M.

Die Registratur. 2. Auflage. 1906. Von Hermann Kollrack, Kgl. Polizeisekretär am Berliner Polizeipräsidium. 8°. (84 S.) Kart. 1 M. 40 Pf.

Die Pflichten des Waisenrates. Ein praktischer Leitfaden für Waisenräte und Verwaltungsbeamte. Von F. Baum, Geh. Justizrat und Vormundschaftsrichter. Achte vermehrte und verbesserte Auflage. 1906. 8°. (46 S.) 60 Pf.

Der Vormund, Gegenvormund, Pfleger u. Familienrat. Nach dem Bürgerlichen Gesetzbuch, dem Reichsgesetz über die Angelegenheiten der freiwilligen Gerichtsbarkeit und dem Ausführungsgesetz zum BGB. Ein praktischer Leitfaden. Von F. Baum, Geh. Justizrat und Vormundschaftsrichter. 1899. 8°. (64 S.) 50 Pf.

Schlagwort-Register.

R. = Nummer der Sammlung Deutscher **Reichsgesetze.**
P. = Nummer der Sammlung **Preußischer** Gesetze.
S. = Seite.

---

5. 87 000. IV. 10.

Kolibri 360 GmbH
Ferdinand-Jühlke-Straße 7
99095 Erfurt, Deutschland
produktsicherheit@kolibri360.de